Von den Japanern besetztes Gebiet

Dehra Dun—Saharanpur	*Autobus*	60 km
Saharanpur—Kalkutta	*Eisenbahn*	1540 km
Kalkutta—Goalanda	*Eisenbahn*	240 km
Goalanda—Chandpur	*Flußdampfer*	70 km
Chandpur—Chittagong	*Eisenbahn*	220 km
Chittagong—Cox's Bazar	*Flußboot*	150 km
Cox's Bazar—Japanische Linien	*zu Fuß*	120 km
	Insgesamt	2400 km

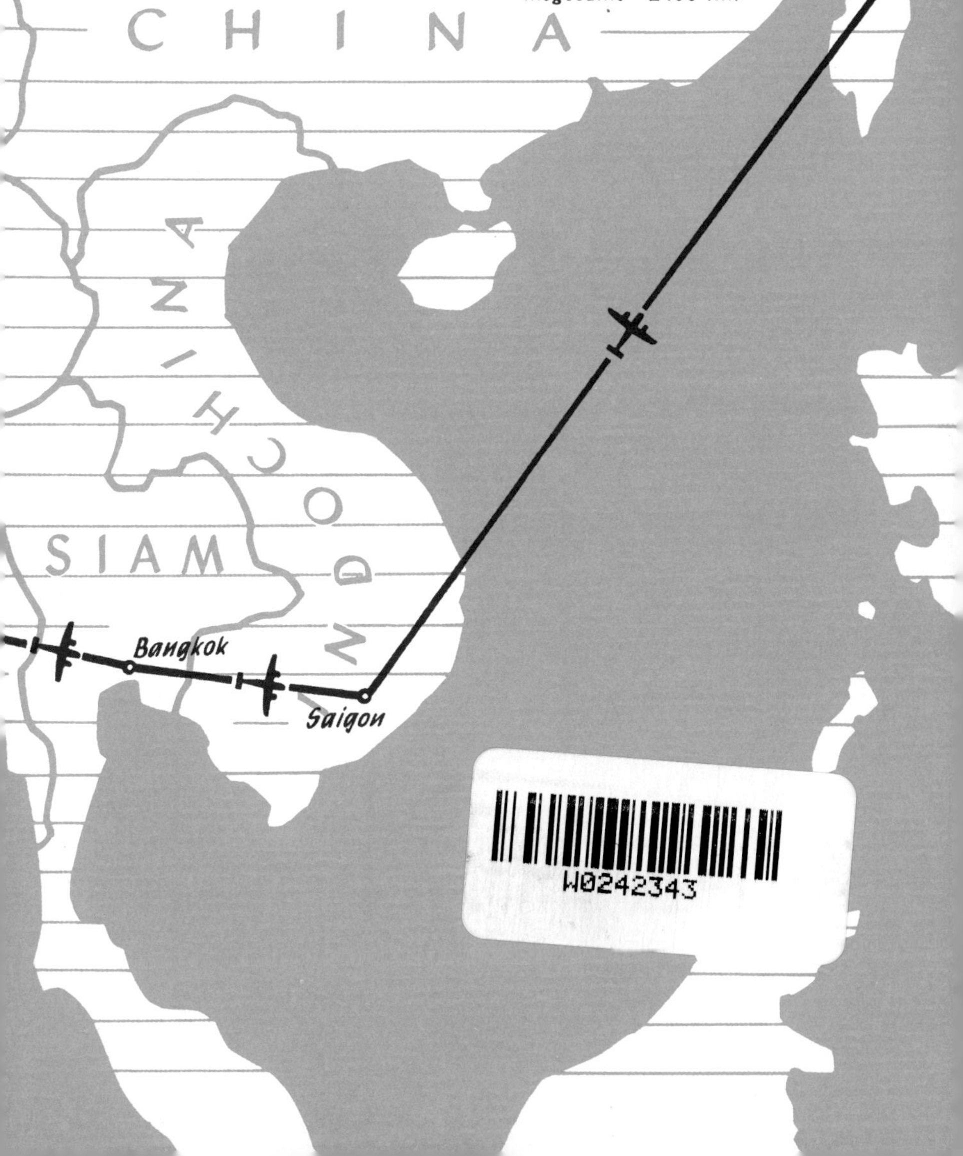

DIE CHANCE WAR NULL

ROLF MAGENER

Die Chance war Null

Mit einem Geleitwort zur Neuauflage
von Professor Dr. Jürgen Strube
und einem Nachwort
des Verfassers

HVA

ISBN 3-8253-7117-4

Imprimé en Allmagne · Printed in Germany
Druck: betz-druck GmbH, 64291 Darmstadt

GELEITWORT

In diesem Jahr hätte Dr. Rolf Magener sein neunzigstes Lebensjahr vollendet. Zu diesem Anlass wurde diese Neuauflage vorbereitet. Am 5. Mai 2000 ist Dr. Magener gestorben.

Nach seinem Urteil war die Chance Null, dass seine Flucht aus dem Lager für Zivilgefangene Dehra Dun in Indien während des Zweiten Weltkrieges gelingen könnte. Aber er wagte die Flucht trotzdem, bestand alle Gefahren und erreichte Tokio. Das Abenteuer, das zu bestehen er sich eigentlich nicht zugetraut hatte, gelang.

Meine erste Begegnung mit Dr. Magener im Herbst 1968 führte zu meinem Eintritt in die BASF Aktiengesellschaft im »Umlauf Finanzen«. Für einen Juristen wie mich war der Wunsch, bei »Finanzen« und nicht bei »Recht und Steuern« zu beginnen, keine Flucht, sondern ein Wagnis, vielleicht auch ein Abenteuer. Der Wunsch nach einer Tätigkeit im Ausland, nach Gestaltungschancen und Aufstiegsmöglichkeiten trieb mich an.

Hätte man mich 1968 gefragt, wie ich meine Chancen beurteilte, einmal Vorsitzender des Vorstands der BASF zu werden, so wäre auch ich zu dem Schluss gekommen: Null!

Wäre die Flucht nicht gelungen, wäre Dr. Magener nie Finanzchef der BASF geworden. So konnte er eine Expansionsphase des Unternehmens, die besonders hohe Anforderungen an die Finanzierung und Transparenz stellte, mitgestalten. Seiner Überzeugung nach kann ein Unternehmen nur dann international wachsen, wenn es Führungsnachwuchs mit Freude am Gestalten der Chancen und Eingrenzen der Risiken findet und diese dann auch fördert. Die Faszination seiner Persönlichkeit und seine Weltoffenheit haben den Weg vieler Menschen beeinflusst. Menschen zu gewinnen und an sich zu binden, war eine seiner großen Gaben. Die zum Geburtstag für die Neuauflage vorgesehene Liste der Gratulanten bestätigt diese herzliche Verbundenheit.

Dr. Magener beherrschte die Kunst, Glück zu haben, und die Kunst, lange zu leben. Gracian hat im »Handorakel« dazu hilfreiche Hinweise gegeben:

> »Die Kunst, Glück zu haben. Es gibt Regeln für das Glück, denn für den Klugen ist nicht alles Zufall. Die Bemühung kann dem Glück nachhelfen. Einige begnügen sich damit, sich wohlgemut an das Tor der Glücksgöttin zu stellen, und zu warten, dass sie öffne. Andere, schon besser, streben vorwärts und machen ihre kluge Kühnheit geltend, damit sie auf den Flügeln ihres Wertes und ihrer Tapferkeit die Göttin erreichen und ihre Gunst gewinnen mögen …«
>
> »Kunst lange zu leben. Gut leben. Zwei Dinge werden schnell mit dem Leben fertig: Dummheit und Liederlichkeit. Die einen verlieren es, weil sie es zu bewahren nicht den Verstand, die anderen, weil sie nicht den Willen haben …«

Die Anwendung dieser Hinweise im wirklichen Leben, in Ausnahmesituationen, in Grenzbereichen menschlicher Belastbarkeit veranschaulicht dieses Buch.

In den Herzen vieler Menschen, die ihm herzlich und dankbar verbunden waren, wird Dr. Magener weiterleben.

Jürgen Strube
Vorsitzender des Vorstands
BASF Aktiengesellschaft

TABULA GRATULATORIA

Dr. Rolf Magener gab uns eine Chance. Er ist uns Vorbild, Freund und Förderer. Wir sind ihm dankbar verbunden.

Dr. Roland Bardy, BASF Aktiengesellschaft*

Dr. Detlef Böckmann, BASF Aktiengesellschaft*

Christian Dyckerhoff, BDO Deutsche Warentreuhand AG

August von Finck

Dr. Helmut G. Hadrys, Krupp Thyssen Stainless

Dr. Paul Hadrys,
BEMAG Beteiligungs-Management GmbH

Dr. Karl-Ludwig Hermann,
American Bioactive Colloids Inc.*

Dr. Alexander Graf Hoyos,
Allianz Elementar Versicherungs-AG

Dr. Christian Humbert,
ADIG Allgemeine Deutsche Investment GmbH

Dr. Jürgen F. Kammer, Süd-Chemie AG

Christoph von Krafft, BASF Canada*

Rolf Kleinlein, J. P. Morgan

Dr. Franz J. Leibenfrost, Compass Partners International

* dort nicht mehr aktiv

Dr. Claus Löwe, J. P. Morgan

Dr. Hartmut Mielsch, Harpen AG

Dr. Erwin Morawski, Wilh. Werhahn*

Dieter Noack, BASF Aktiengesellschaft

Hans-Heinrich Otte, BDO Deutsche Warentreuhand AG

Hans Pfanz-Sponagel, BASF Aktiengesellschaft

Hans-Jürgen Pfisterer, BASF Aktiengesellschaft

Prof. Dr. Klaus Pohle, Schering Aktiengesellschaft

Dr. Hans W. Rapp, BASF Aktiengesellschaft*

Dr. Claus D. Rohleder, C. H. Boeringer Sohn*

Wolfram Scheerbaum, BASF Aktiengesellschaft*

Ernst Schennen, HIT International Trading AG

Dr. Ronaldo Schmitz, Deutsche Bank AG

Jürgen S. Schrader, BASF Antwerpen*

Prof. Dr. Jürgen Strube, BASF Aktiengesellschaft

Kilian Freiherr von der Tann, KSB Aktiengesellschaft*

Kurt F. Viermetz, J. P. Morgan*

Emmerich Graf von Wengersky, Steyr-Daimler-Puch*

Dr. Burkhard Witteler, BASF Aktiengesellschaft*

* dort nicht mehr aktiv

DEHRA DUN

Im Norden Hindostans, am Fuße des höchsten Gebirges der Welt, unweit des Bergfürstentums Nepal, liegt Dehra Dun. Gegen den Hintergrund einer sich lang hinziehenden, fein konturierten Vorgebirgskette erstreckt sich die Stadt. Einem steinernen Vorhang gleich verdeckt das Vorgebirge die Eisgipfel des Himalaja.

An der Schwelle des Schweigens noch einmal der ganze geräuschvolle indische Lebensaufruhr: wimmelnde, überquellende Menschheit, Basar und Geschrei, Geschiebe in den Gassen, Hindus und Moslems, scharfer Geruch orientalischer Gewürze, heiliger Kuhdung und Lingams.

Hier, am Rande der belebten Welt, hat Seine Britische Majestät am Dschungelsaum eine kleine, stacheldrahtumsponnene Lagerstadt für Zivilgefangene des zweiten Weltkrieges anlegen lassen. The City of Despair – Stadt der Verzweiflung: eine lieblose Zwangsherberge. Unter tropischer Sonne, zwischen Teegärten und Busch, wurden auf altes Ackergelände Zeile an Zeile flacher, rohrgedeckter Baracken gesetzt. Die Strohdächer reichen bis tief an den Boden herab und legen ein Höhlenhalbdunkel um die Gebäude. Nur vereinzelt ragen Bäume empor; Aasvögel, nach Abfällen ausspähend, sitzen in den Ästen. Sonst sieht man Stauden, Schrebergärtchen, Ausläufe, lange Reihen von Latrinen. Weder Frauen noch Kinder gibt es hier, aber sonst ist die Bevölkerung bunt zusammengesetzt: Neben Deutschen leben Italiener, Bulgaren, Ungarn, Rumänen, Finnen – gemeinsam verlieren sie hier ihre Zeit. Die Deutschen, aus allen Ländern zwischen dem Irak und Hongkong, sind bei weitem in der Überzahl.

Im Massenkäfig herrscht das Massenlos: Massenpferchung, Massenverpflegung, Massenlangeweile. Wiewohl Ereignislosigkeit und brütender Stumpfsinn Lagermerkmale sind, bringt doch auch das Dumpfe zuweilen etwas Erregendes hervor. Dann gärt es, braut sich zusammen und entlädt sich jäh ...

Ich hatte nach der ersten Begegnung mit ihm den bestimmten Eindruck, daß er für eine Flucht der richtige Partner wäre. Wir standen uns – und es war das erste Mal, daß er in mein Blickfeld trat – als Gegner in einem Wettspiel auf dem Lagersportplatz gegenüber und waren dann gemeinsam zu meiner Baracke gegangen, uns dort etwas auszuruhen, denn es war ein monsunschwüler Nachmittag gewesen, an dem man sich besser nicht bewegt hätte. Er setzte sich, heiß und triefend, neben mich auf einen Hocker aus Kistenholz unter den selbstangepflanzten Papayabäumen, denen die Früchte unmittelbar aus dem Stamm, wie strotzende Brüste, wachsen. Sein Atem ging kurz, aber er lachte. Ein verwegenes, unbekümmertes Lachen, ein wenig mit Verachtung untermischt, wie es für ihn, Heins von Have, so bezeichnend war. Ich schätzte ihn etwas älter als mich ein; er war es, wenn auch nur um wenige Jahre, die Anfang Dreißig keinen großen Unterschied bedeuten. Etwas Klares, Festes, Scharfumrissenes, zu dem das harte Blau seiner Augen paßte, war spürbar an ihm. Wir hatten jeder ein großes, dickwandiges Glas mit Tamarindensaft vor uns und tranken in tiefen Zügen.

Have war in Batavia, wo er zuletzt gelebt hatte und als Kaufmann tätig gewesen war, von den Holländern interniert und vor der Landung der Japaner auf Java mit den anderen Deutschen aus Indonesien nach Britisch-Indien gebracht worden. Er stieß daher erst später zu uns, die wir bereits seit dem 3. September 1939 unsere Freiheit verloren hatten. Der Ruf eines tollkühnen Ausbrechers ging ihm voraus, der es sich zum besonderen Vergnügen machte, die Inder zu düpieren und die Engländer zu bluffen. Man hatte ihn zunächst mit den anderen aus Niederländisch-Indien in einem Camp nicht weit von Kalkutta untergebracht, und als von dort eine Überführung der Gefangenen in ein Zwischenlager im Westen des Landes erfolgte, unternahm er seinen ersten Fluchtversuch, zusammen mit einem anderen Hamburger, Hans Peter Hülsen, und zwar durch Abspringen aus dem fahrenden Zuge. Das Unternehmen, nach einem zunächst sehr verheißungsvollen Verlauf, scheiterte, ebenso wie der zweite, kurz darauf unternommene Versuch, mit dem gleichen Gefährten, der dabei das Leben verlor.

Have berichtete in kurzen, bestimmten, doch nonchalant hingeworfenen Sätzen, ohne Beschönigungen, nur die Tatsachen schildernd, die allerdings ungewöhnlich genug waren. Während des Sprechens bemaß er die Luft etwas kurz, gerade für die Satzlänge ausreichend, wodurch seine Stimme einen leisen, wie gefährlich klingenden Tonfall annehmen konnte.

„Übler Ausgang, das letzte Mal, geht mir scharf an die Nieren“, beschloß er seinen rasch erstatteten Bericht.

„Haben Sie nicht durch den Tod des anderen eine Weile genug?“

„Im Gegenteil“, antwortete er, „jetzt habe ich noch weniger Ruhe als früher.“

„Denken Sie schon wieder an —?“ Ich machte eine Bewegung mit dem Kopf in Richtung des Stacheldrahts.

„Daran denke ich eigentlich immer, vom ersten Tage der Internierung an. Und jetzt nach dem Verlust von Hülsen treibt es mich noch stärker fort als früher. Ich muß jetzt 'raus, ich muß einfach!“

Er wischte sich mit der Innenseite des Oberarms über das feuchte Gesicht und die sandgelben, von der Anstrengung des Spiels noch nassen Haare, trank einen guten Zug und lachte.

„An sich sollte man zwischendurch immer 'n büßchen rraus an die frische Luft, die Engländer ärgern. Hier drinnen ist's zu muffig, nöch?" sagte er auf platt.

„Natürlich sollte man, aber nicht für 'n büßchen, sondern möglichst für dauernd. Das Fatale ist nur, daß man wieder eingefangen wird und dort endet, wo man begonnen hat."

„Richtig, aber 'mal wird es gelingen, und diesmal steht es fest, ganz felsenfest, daß ich beim nächsten Versuch durchkomme. Brief und Siegel gebe ich Ihnen darauf!"

Das wurde mit einer an das Unverschämte grenzenden Zuversicht gesagt und von einer charakteristischen Bewegung des rechten Armes begleitet, der mit geschlossener Hand ruckartig an die Seite geführt wurde, als würde der Degen in die Scheide gestoßen.

„Ihr Wort in Gottes Ohr —"

„Glauben Sie mir, es läßt sich schaffen. Ich habe draußen gesehen, wie weit man kommen kann, vor allem, wenn man einigermaßen Englisch spricht. Sehen Sie mal . . ." und nun entwickelte er rasch seine Gedanken, die sich unter geschickter Berufung auf die gemachten Erfahrungen zu einem faszinierenden Plane fügten. Freilich enthielt er noch Lücken und Unwahrscheinlichkeiten genug, auf die ich, als ein von Haus aus eher pessimistischer Beurteiler von Chancen, ihn nachdrücklich hinwies. Als ich ihn beispielsweise auf das doch sehr naheliegende Interesse der Militärpolizei für Flüchtlingsvorhaben aufmerksam machte, bemerkte er, und damit war die Sache für ihn abgetan:

„Mein Lieber, wenn man einem MP nur mit genügend souveräner Verachtung gegenübertritt, ist er zu überspielen."

Er machte eine kurze Pause und sagte dann: „Im übrigen, Sie zeigen ein Interesse für diese Dinge, als wenn Sie selber mehr fürs Durchbrennen als fürs Durchsitzen wären."

„Über meine wirklichen Neigungen sprechen wir ’mal später.“

Wir holten uns noch etwas zu trinken, und ich erzählte Have wie beiläufig, aber nicht ohne Hintergedanken, daß ich ein College in England besucht hatte und von Jugend an viel mit Angelsachsen umgegangen war. Ich ließ auch einfließen, daß die I.G.-Farbenindustrie, meine Firma, mich verschiedentlich nach London, Indien und auch in andere Länder des Ostens entsandt hätte, wobei ich Gelegenheit fand, die Lebensgewohnheiten der Engländer ausgiebig zu beobachten. Er hörte mir mit einer Aufmerksamkeit zu, die vielversprechend war.

Wie schon in den Vorjahren, häuften sich auch diesmal die Ausbrüche aus dem Lager Dehra Dun in den Monaten April und Mai. Im Winter wird es hier, in der Nachbarschaft vergletscherter Bergkolosse, kalt, die Tropenschwüle wird von Frösten durchkühlt. Das Vorgebirge führt, obwohl es die eisigen Höhenwinde abfängt, eigene Kaltluft zu Tal. Es ist zu frisch, um im Freien zu übernachten. Der Sommer hebt mit Waschküchenhitze an; der Himmel verschleiert sich milchig. Die Ebene dampft und bildet eine dicke Dunstschicht, die von der nicht mehr sichtbaren Sonne unbarmherzig aufgeheizt wird. Es gibt dann kein Nachlassen, keine Abkühlung, auch nachts nicht, wenn der Gefangene unter seinem Moskitonetz keucht. Später folgen die wochenlangen Wolkenbrüche des Monsuns, und man sitzt in der Baracke wie in einem U-Boot eingeschlossen, — ringsum die Wassermassen. Bei solchem Wetter kann sich ein Ausbrecher draußen nicht halten. Im Frühjahr dagegen ist die Luft trocken und sprühig, die Hitze erträglich; die Erde, noch nicht ausgeglüht, führt genügend Wasser. Dem erfrischten Lande darf sich der Flüchtling anvertrauen.

Eine Internierung in Indien bedeutet für den, der sich mit Fluchtgedanken trägt, doppelte Gefangenschaft: einmal innerhalb des Stacheldrahts und dann nochmals im Lande als solchem, dessen natürliche Grenzhindernisse seinen Befreiungsplänen wie ein zweites großes Bollwerk entgegenstehen. Indien erscheint dann als großes, undurchdringliches Dreieck, dessen Basis der Himalaja bildet, während die Schenkel vom Ozean begrenzt werden. Im Nordwesten verriegeln Wüsten, im Nordosten Dschungel die Ausgänge. Der Weg nach Afghanistan ist durch die Sperrforts des Khyberpasses verlegt, das dortige Grenzgebiet für Weiße wegen der ewig aufrührerischen Afridistämme nicht begehbar. Südlich von Bombay liegt die kleine portugiesische Enklave Goa. Im Kriege neutral, war sie in Anbetracht der Schwierigkeit der anderen Strecken anfänglich das Ziel der Ausbrüche, besser gesagt nur ein Zwischenaufenthalt, denn man hätte von dort die Flucht zu Schiff fortsetzen müssen — ein fast unmögliches Vorhaben, weil ja die arabische und die afrikanische Gegenküste sich gleichfalls in britischer Hand befanden. Als später die mit Deutschland verbündeten Japaner Burma besetzten, wandte sich die Aufmerksamkeit dem Osten zu. Da der direkte Vorstoß dorthin durch die Gangesebene und Bengalen aussichtslos erschien, versuchte man in wahrhaft großartiger Konzeption eine ausgreifende Umgehung Indiens: den Durchbruch über Tibet. Erst im Spätfrühling konnte dazu angesetzt werden, denn vorher sind die transhimalajischen Hochpässe, die über 5000 Meter liegen, nicht schneefrei.

Auf diesen verwegenen Gedanken hatten die Bergsteiger, die in Dehra Dun gefangen waren, ihre Mitbürger gebracht. Eine kleine, auserlesene Schar von Gipfelstürmern, Teilnehmer an verschiedenen Himalaja-Expeditionen, wurden sie bei Kriegsausbruch mit den Indien-Deutschen zusammen interniert. Seitdem waren sie von dem Wunsch besessen, in ihre geliebten Berge zurückzukehren. Und es war wirklich eine große Versuchung für sie, die verlockendsten Exemplare, das Beste, was die Welt in dieser Art zu bieten hat, täglich in greifbarer Nähe vor Augen zu haben. Daß zwischen ihnen und Tibet unüberwindliche Hindernisse lagen — das flintenscharf bewachte Stacheldrahtgehege, menschenleere Einöden, räuberische Nomaden, Hunger und Tod —, das kümmerte unsere Bergsteiger wenig. Die Aussichtslosigkeit des Unternehmens — wie sollte ein deutscher Flüchtling sich in dem damals noch unter englischem Einfluß stehenden, weglosen Hochland halten? —, gerade dies Unmögliche reizte sie, um ihre gestaute Tatenlust daran auszulassen. Jedenfalls hatten sie ihre Hand im Spiele als Anstifter, Berater und Mittäter, als im Vorjahre acht Mann zu vier Paaren nach Tibet auszogen. Sie wurden alle wieder eingefangen und nach üblichem Verhör und Verbüßung der auf solche Untaten verhängten achtundzwanzig Tage Einzelhaft im Lager eingeliefert.

Es ist bezeichnend, daß solche Enttäuschungen — und bisher hatten alle Fluchtversuche aus deutschen Lagern in Indien zu Enttäuschungen geführt — nicht etwa lähmend auf den Fluchtbetrieb wirkten. Das galt vor allem für die Betroffenen selbst. Wer einmal, nach jahrelanger Haft, die Freiheit für einige Tage gekostet, stacheldrahtfreie Luft in die Lunge gesogen, den Nervenkitzel des Gejagtseins verspürt, den zog es trotz erlittenen Mißerfolges immer wieder über den Zaun. So wurden viele der Ausreißer regelrechte Habitués mit zwei, drei und mehr Ausbrüchen. Aber auch die Anwärter, die vor ihrer ersten Flucht standen, ließen sich von den vorausgegangenen Fehlschlägen nicht abschrecken, denn aus jeder mißglückten Flucht wurde Neues gelernt, wuchs die Erfahrung. Fehlerquellen wurden ausgeschlossen, Sackgassen und falsche Richtungen erkannt.

Die vielen Mißerfolge schienen allerdings auch zu lehren, wie unverständig es ist, gleichsam wider bessere Einsicht aus Indien entfliehen zu wollen. Die unüberwindlichen Grenzen des Landes, seine kontinentale Weite, das niederträchtige Klima, die fremdrassige Bevölkerung, in der jeder Weiße sofort auffällt, alles sprach dagegen. Und wirklich schien das Land selbst gleich einer Gummiwand die Flüchtlinge wieder ins Lager zurückzuwerfen. Wer diesen Widerständen immer noch trotzen wollte, mußte sich dem Vorwurf törichter Vermessenheit aussetzen. Was Wunder, daß sich unter den anderthalbtausend deutschen Internierten zwei Schulen in der Fluchtfrage bildeten. Die eine sah in der Tatsache des dauernden Mißlingens eine Aufforderung zu immer neuen und hartnäckigeren Anläufen — das war die kleine Gruppe der Narren. Die andere meinte, daß jede Flucht von vornherein aussichtslos und daher zu unterlassen sei — das waren die Besonnenen. Jeder mißlungene Ausbruch lieferte den Besonnenen neue Beweise für die Richtigkeit ihrer Auffassung. Auch besänftigte das Abzählen der Fehlschläge ihr Gewissen, denn jeder fühlt einen Drang und die meisten fühlen eine Verpflichtung zum Durchgehen. Infolge erwiesener Undurchführbarkeit war man nunmehr dieser Verpflichtung überhoben. Die einen waren im höheren Recht, konnten es aber nicht beweisen; die anderen konnten beweisen, fühlten sich aber nicht im höheren Recht.

Wie dem auch sei, eine hohe statistische Wahrscheinlichkeit — rund siebzig mißglückte Versuche in beiden Kriegen — sprach gegen Flucht. Angesichts dieser eindeutigen Sachlage war selbst der englische Lagerkommandant dazu geneigt, in einem wiederaufgebrachten Ausrücker eher einen lästigen Toren denn einen gefährlichen Verbrecher zu erblicken.

Allein, die Schule des Unterlassens hatte doch ihre Freude an der Schule des Tuns. Es erquickt nun einmal jeden Gefangenen, wenn ein Leidensgefährte die Fesseln sprengt und durchbrennt. Die Sergeanten machen verdutzte Gesichter, wenn sie beim Durchzählen den Verlust entdecken. Die Wachen werden angeschnauzt und verfallen einem Strafgericht. Der Kommandant rast. Selbst höchsten Orts in Delhi wird die Sache ruchbar.

So eine Flucht bringt eben Abwechslung und Spannung für alle.

Es ist schwer, die Vorbereitungen geheimzuhalten. Man kann im Lager keinen Schritt tun, der nicht von unzähligen Augen beobachtet wird. Aus triftigen Gründen muß aber unbekannt bleiben, wann und von wem ein Fluchtversuch unternommen wird. Die Engländer könnten von den Plänen erfahren. Aber auch die Kameraden, die helfen und dabei sein wollen, wenn der Ausstieg erfolgt, in ihrem Übereifer jedoch die Wachen unnötigerweise beunruhigen könnten, hält man besser im ungewissen. Vor allem dürfen andere Fluchtanwärter nicht erfahren, wann man das Weite suchen will, sonst trachten sie zuvorzukommen. Jeder möchte als erster hinaus, weil beim ersten die günstigsten Bedingungen vorwalten. Je später man an die Reihe kommt, desto schlechter die Aussichten; der eine läuft in den Alarm des anderen hinein, die Wachen, die Kontrollen, alles wird verschärft. So wird denn ein unsichtbarer, verbissener Kampf um den ersten Platz geführt.

Eben diese Sorgen um den ersten Absprung bedrängten uns, Have und mich. Wir hatten uns endgültig gefunden und machten jetzt gemeinsame Sache.

Have, als erfahrener Ausbrecher, der wußte, wieviel von einem günstigen Anfang abhing, bestand nachdrücklich auf einem frühen Fluchttermin. Als Stichtag für unseren Ausbruch hatten wir daher den 15. April 1944 angesetzt. Bis dahin sollten unsere Zurüstungen abgeschlossen sein, und von jenem Tage an wollten wir versuchen wegzukommen — dann wären wir bestimmt die ersten gewesen. Wir wurden aber nicht fertig, es fehlte an diesem und jenem der Ausrüstung. Trotz angestrengter Bemühungen war es immer noch nicht gelungen, unentbehrliches Fluchtgerät — Kompaß, Lampen, Kursbuch — ins Lager einzuschmuggeln. Auch hatte die Beschaffung des Geldes mehr Zeit gekostet, als wir gerechnet hatten. Mit wachsender Unruhe bemerkten wir jetzt, daß andere bereits Anstalten machten, ihre Flucht unmittelbar ins Werk zu setzen.

Schon monatelang hatten wir uns mit der Frage des Entkommens beschäftigt und dieser Aufgabe mit jener leidenschaftlichen Geduld obgelegen, deren eben nur ein Gefangener fähig ist, mit seinem ungeheuren Vorrat an Zeit und der grenzenlosen Wut über die Einsperrung. Indem er seinen ganzen Scharfsinn, seine Erfindungsgabe und Willenskraft aufbietet, triumphiert der Bewachte schließlich doch über seine Bewacher, die meist routinemäßig und im Vertrauen auf ihre faktische Überlegenheit, bestenfalls dienstbeflissen und pflichtgemäß ihr Amt versehen, niemals aber mit der geduldigen Inbrunst, ja monomanischen Eiferwut, mit der der Ausbrecher seine heilige Sache betreibt. So hatten wir denn nach gründlicher Beobachtung des Bewachungssystems von Dehra Dun die Ausbruchsmöglichkeiten mit fast wissenschaftlicher Sorgfalt untersucht und das Erfolgversprechende vom Aussichtslosen zu scheiden vermocht.

Um das Lager lief ein doppelter, dreieinhalb Meter hoher Stacheldrahtzaun, der einen Laufgang bildete; hier standen in achtzig Schritt Abstand die Wachen. Es waren Gurkha, von den Engländern angeworbene Söldner aus den kriegerischen Stämmen Nepals, kleine, gedrungene Burschen mit gelber Haut und Mongolenaugen; auf dem kahlen Rundkopf den breitkrempigen Hut, Bergluchse, die das Schießen und Schlitzen lieben. Sie würden einen Flüchtling erbarmungslos niederschießen, wenn er sich im Verhau verfinge, und das konnte leicht geschehen, denn die Drähte waren nur in handbreitem Abstand gespannt und überdies durch eine auf dem Boden liegende enggespulte Drahtrolle verstärkt. Da nachts der Laufgang hell beleuchtet war und die Wachen auf- und niedergingen, kam der Versuch, sich durch den Draht zu zwängen, einem selbstmörderischen Unternehmen gleich. Durch Zeitmessungen mit der Stoppuhr hatten wir errechnet, daß die durchschnittliche Sekundenzahl, während der die Wache sich abwendet, nicht ausreichte, um die Mindestzeit für den Durchgang zu decken. Und die andere Möglichkeit, nämlich nicht durch, sondern über den Draht — wie über eine Leiter — zu steigen, scheiterte an der Schwierigkeit, daß der erste Zaun eine Abschrägung nach innen aufwies.

Die Prüfung der Drahtverhältnisse verlief also negativ. Nicht, daß das Hindernis unüberwindlich gewesen wäre, nur ging es nicht ohne Alarm ab, und das bedeutete Verlust an

Vorsprung. Es hatte sich auch gezeigt, daß es besonders schwer ist, zu zweit durch den Draht zu kommen, obendrein mit Fluchtgepäck. Die Engländer schließlich, durch Schaden klug geworden, verschärften die Bewachung während der Fluchtsaison; sie schickten nachts Patrouillen außerhalb der Umzäunung aus, die man vom Lager her nicht sehen konnte, weil sie sich jenseits der beleuchteten Zone bewegten. Sie waren besonders gefährlich. Aus diesen Gründen beschlossen wir, den Weg durch den Zaun nur zu benützen, wenn es sonst kein Entkommen gab. Wir verfolgten daher einen ganz anderen Plan.

Das Lager war in Abschnitte oder „wings" — Flügel — unterteilt, von denen es insgesamt sieben gab. Diese Flügel waren durch hohe, doppelte Stacheldrahtzäune getrennt, die nach Art der äußeren Umdrahtung ebenfalls Gänge bildeten. Nur gelegentlich, und dann nur nachts, standen hier Wachen. Sie sollten die gegenseitigen nächtlichen Besuche der Gefangenen unterbinden — eine strafbare Handlung, die manchem Übertreter vierzehn Tage Einzelhaft eingetragen hatte. Hin und wieder erschien ein diensttuender Offizier in den inneren Laufgängen, die alle miteinander verbunden waren, um die Drahtverhaue nach schadhaften Stellen abzusuchen. Einer dieser Gänge war eher eine breite Straße zu nennen, die den rechteckigen Lagerkomplex in der Mitte durchschnitt und auf der sich ein regerer Verkehr von englischem und indischem Lagerpersonal abspielte. An den beiden Ausgängen der Straße standen bewaffnete Posten, welche die tagsüber geöffneten Doppeltore bewachten; doch wurden die Vorübergehenden hier nicht angehalten oder nach Ausweisen gefragt, da es sich ja nur um befugte Passanten, keinesfalls um Internierte, handeln konnte. Dies war von uns sehr genau beobachtet worden.

An der Innenseite des eigenen Blocks entlang lief ein Drahtkorridor, der uns vom Lagerteil trennte, wo die Angehörigen der Balkanstaaten interniert waren, und dieser Gang mündete in die breite Mittelstraße . . .

Auf diesen Sachverhalt hatten wir, alles sorgfältig abwägend und jeden Schritt vorausberechnend, unseren Anschlag gegründet. Er erschien uns bestechend, wenn auch an einem seidenen Faden hängend, er entsprach der Ausreißeretikette, die eine elegante Lösung forderte; aber leider war er nun gefährdet, denn unsere Rivalen, die es so eilig hatten, konnten auf den gleichen Gedanken verfallen, ihn vor uns verwirklichen oder verpatzen und damit unsere Aussichten verderben.

Unser Stichtag war bereits um eine Woche überschritten, als Have mich zu einem Gang auf den Sportplatz aufforderte, der einzigen Stelle, wo man sich beraten konnte, ohne abgehört zu werden.

„Du, ich habe eben einen Wink bekommen: in der nächsten Nacht wird ein Ausbruch erfolgen", sagte Have.

„Von wem?"

„Von Aufschnaiter und Treipl."

„Schon morgen?"

„Ja."

Daß die beiden sich vorbereiteten, wußten wir, nicht aber, daß sie so schnell Ernst machen wollten. Aufschnaiter war seines Zeichens Bergsteiger, Sekretär der Deutschen Himalaja-Stiftung und im Vorjahre schon einmal in Richtung Tibet unterwegs gewesen. Früher hatte er an mehreren legalen Himalaja-Expeditionen teilgenommen. Er war nicht mehr ganz jung — an seinem gotisch gestreckten Schädel zeigten sich die ersten Altersspuren —, dafür aber zäh wie Leder und erfahren. Treipl war noch Anfänger in der Kunst des Fliehens, ein taufrischer, unbekümmerter Bursche. Sie ergänzten sich gut.

„Wie wollen die 'raus?" fragte ich.

„Keine Ahnung."

„Ich habe den Verdacht, daß auch Hanne Kopp, obwohl er immer das Gegenteil behauptet, bald durchgehen wird; wenn der erfährt, was Aufschnaiter vorhat, wird er versuchen, ihm zuvorzukommen."

Und Kopp wußte rasch zu handeln, wenn die Stunde es erforderte. Er stammte aus Berlin und war im Irak gefangen worden, wo er bei Kriegsausbruch Montagearbeiten beaufsichtigt hatte. Mit einem Dutzend Leidensgefährten wurde er von Bagdad nach Indien gebracht. Sein wuchtiger Brustkasten hatte ihm den Spitznamen „Geschwollener" oder auch „Brust mit Beene" eingetragen, und an den Ketten der Gefangenschaft riß er mit Macht. Er war wohlgelitten, denn wohin er kam, trieb er seinen Ulk und hob mit ausgelassenen Streichen die Stimmung. Man hatte immer den Eindruck, daß er nach einem sehr schweren Gegenstand suche, um dessen Transport zu übernehmen.

„Na, Hanne, wo steht det Klavia?" pflegte man ihm nachzurufen.

Vollblütig war er und verwegen. Mund und Herz saßen ihm auf dem rechten Fleck, und pfiffig war er auch.

„Kopp geht bestimmt nicht allein", meinte Have, „ich möchte wissen, wer sein Partner ist."

Das war des Teufels, denn außer den Genannten wollte auch Heini Harrer, der unentwegte Durchgänger, wieder einmal 'raus. Harrer konnte schon auf einige außerordentliche Leistungen in seinem Leben zurücksehen. Er hatte die Eiger-Nordwand als erster mitbestiegen und gehörte zur Ski-Weltklasse. Wir waren mit ihm eng befreundet und mit seinen Absichten längst vertraut. Uns eingerechnet, waren das sechs Mann, die hinaus wollten, wahrscheinlich sieben.

„Wir müssen versuchen, die anderen zu einem Aufschub von einer Woche zu überreden, und zwar sofort", schlug ich vor. „Bis dahin haben wir unsere Sachen bereit."

„Wir sollten hiezu Harrers Meinung einholen", sagte Have.

Harrer, den wir gleich danach aufsuchten, äußerte Bedenken; es ginge dabei weniger um die paar Tage als vielmehr um den Vorrang, und in diesem Punkte würde keiner Rücksicht nehmen, das könnte man auch billigerweise nicht verlangen.

Wir beschlossen daraufhin, zu Ede Krämer zu gehen.

Wie jedermann weiß, der längere Zeit gefangen saß, spielt die Körperkraft im Lager, wo die Männer unter sich sind, eine wichtige Rolle, viel wichtiger als draußen im bürgerlichen Leben. Denn hinter dem Stacheldraht nimmt die körperliche Stärke ihre urtümlichen Rechte wieder ein, so wie sie es in der Schule tat. Neben der überkommenen Hierarchie der Großkopfeten errichtet sie ihre eigene Pyramide der Macht, mit eigenen Spielregeln. Oben, an ihrer Spitze, steht der Kräftigste, und dann geht es, in klaren Abstufungen, beginnend mit den Löwensinnigen über die Halbstarken bis herunter zu den Schlappstiefeln. Es dauert gar nicht lange, bis jeder ganz genau weiß, wo er in dieser Ordnung, die Mut und Muskeln zum Maßstab nimmt, hingehört. So stehen die beiden Bereiche in prekärem Gleichgewicht nebeneinander, sich gelegentlich befehdend, was zu herzerfrischenden Spannungen führen kann, die die Lagerlangeweile unterbrechen. Schließlich wird man dankbar für jede Prügelei und applaudiert, wenn die Fetzen fliegen.

Der stärkste Mann von Dehra Dun war Edmund Krämer, derselbe, zu dem wir mit unseren Sorgen gingen. Er hieß auch v o n Krämer, seine Manager jedenfalls ließen ihn so in Indien ausrufen, was vollere Kassen brachte, denn Ede war Ringer, und zwar ein Gentleman-Ringer; das Adelsprädikat sollte das sinnfällig zum Ausdruck bringen. Man konnte Krämer seinen Beruf nicht gleich anmerken; weder ein unförmiger Fleischkoloß noch durch das Blumenkohlohr entstellt, war er im Gegenteil wohlgestaltet, wenn auch gedrungen. Um seinen Mund hatte sich ein scharfer Zug eingegraben, von den vielen auf der Matte verkniffenen Schmerzen. Sein Appetit entsprach dem von mehreren Personen, weshalb ihn die Engländer auf doppelte Ration setzten, — trotzdem litt er immer Hunger.

Wir trafen Ede in seiner Behausung an. Er hatte sich auf dem Umgang der Baracke, unter Ausnützung der Steinmauer, einen Wohnverschlag gebaut und ihn auf seine Weise eingerichtet. Die Schlafpritsche stand darin, ein großer, grober Tisch und ein paar Stühle. Ein sechsspiraliger Expander hing von einem Nagel herab. Das übrige lag herum: leere Flaschen, Wäsche, Kriminalromane. Die eine Wandfläche war in voller Ausdehnung mit Aktbildern tapeziert, Blatt an Blatt. Hier thronte er, der Gewaltige, Inhaber vieler Meistertitel, Sieger aller Klassen. Wir störten ihn gerade bei einer wichtigen Beschäftigung. Behäbig kauend war er im Begriff, ein Stück Fleisch zu verzehren, das irgend ein Bewunderer des griechisch-römischen Stils gespendet hatte. Obwohl es Abend war, staute sich eine abgestandene, dumpfe Hitze in dem Raum — die Glutreste des Tropentages, die unvermindert vom nächsten Morgen übernommen würden.

„Na, Sangesbrüder, was gibt's?" begrüßte uns Ede, die fettigen Finger an seinem dunkelblauen Bademantel abwischend. Wir verteilten uns auf Bett und Stühle.

Für unser Anliegen war Krämer der richtige Mann. Er besaß eine gewisse Schlüsselstellung im Lager. Von ihm liefen Fäden zur Außenwelt, da Inder und Tommies ihn gleichermaßen bewunderten; von ihm wurden auch die Lagerwerkstätten unsichtbar beherrscht, die geheimen Tips vergeben und manches Unternehmen ausgeheckt. Über die Handwerker erfuhr er frühzeitig von bevorstehenden Ausbrüchen, weil Schuster, Schneider und Schlosser bei der Anfertigung von Fluchtgerät mitwirkten. Wollte man rasch etwas durchsetzen, so mußte Edmund an dem Fall interessiert werden. Er sorgte für Tempo.

Außerdem war Krämer selber schon einmal geflohen, und zwar mit Kopp zusammen nach Tibet. Es war ihnen gelungen, bis ins Innere des Priesterlandes vorzudringen, aber dort hatten Hunger und mancherlei Mißgeschick mit den widerborstigen Mönchen sie gezwungen, wieder nach Indien abzudrehen, wo sie sich, ausgerechnet als Geistliche verkleidet, eine Weile hielten. Zu ihren geistverklärten Heiligengesichtern paßte die fromme Gewandung vortrefflich. Kuttenverhüllt wallten diese Knechte Gottes in wiegendem Athletengang durch Dörfer und Städte dahin. Als dann in Delhi der Komödie ein jähes Ende bereitet wurde, die Polizei die Wölfe aus den Schafspelzen hervorholte, hallte Indien wider von Gelächter. Die Zeitungen hatten nämlich, der Beliebtheit Krämers, des großen Ringers, eingedenk, die Geschichte von seiner Wallfahrt veröffentlicht. Mir ist es bis heute ein Rätsel geblieben, wie Ede sich so lange hatte draußen halten können, denn die einzigen englischen Vokabeln, die er sicher beherrschte, waren: „I'll fix it" und „O. K.".

Krämer kannte sich also im Fluchtgeschäft aus, besaß die erforderliche Autorität, hatte seine Hand an allen möglichen Hebeln und war uns beiden, wie überhaupt der ganzen Anlage unseres Unternehmens, gewogen. Er glaubte fest an dessen Gelingen.

„Nun paß mal auf, Ede, du mußt uns aus der Klemme helfen."

„Was ist denn los?"

„Wir hörten, daß morgen abend Kopp, Aufschnaiter und Treipl loswollen."

„Na, und —"

„Wäre es nicht gut, wenn wir uns jetzt alle bei dir zusammensetzten, um zu verhindern, daß wir uns gegenseitig die Aussichten verderben? Sollte es gar nicht anders gehen, können wir einen gemeinsamen Ausbruch versuchen. Für diesen Fall hätten wir einen Vorschlag zu machen."

„Hol mal gleich die anderen her", befahl Ede einem seiner Trabanten in der Baracke.

Wir benützten die Zwischenzeit, um Ede klarzumachen, daß wir eine Woche Zeit gewinnen müßten, sonst kämen wir ins Hintertreffen. Er versprach seinen uneingeschränkten Beistand und erbot sich, falls erforderlich, nachzuhelfen. In unserer Lage war es gut, ihn zum Verbündeten zu haben, denn um alle auf eine einheitliche Aktion zu verpflichten, bedurfte es der Mitwirkung einer starken Hand.

Als die Ausbrechergilde versammelt war, ging die denkwürdige Sitzung unter Edes Vorsitz los. Seine Hammerfäuste vor sich auf dem Tisch, gab er in kerniger, Gehorsam heischender Rede den Zweck der Veranstaltung kund. Von unserem Vorschlag sagte er noch nichts, erwähnte nur, daß wir uns einigen müßten, und mit den Worten: „So, Sportfreunde, und nun legt die Karten auf den Tisch des Hauses“, forderte er jeden auf, seine Absichten bekanntzugeben. Die Antworten kamen zögernd, man war nicht gewohnt, Fluchtvorbereitungen einem größeren Kreis zu enthüllen.

„Es geht euch nicht das Geringste an, was ich vorhabe“, meinte Kopp.

Aber da Aufschnaiter bereits sein Geheimnis preisgegeben hatte, mußte auch Kopp sich wohl oder übel zu einer Auskunft bequemen. So kam schließlich an den Tag, daß außer uns beiden alles nordwärts über die Berge wollte.

„Vielleicht haste die Freundlichkeit, uns jetzt noch zu sagen“, wandte sich Ede, der so leicht nicht locker ließ, wieder an den zurückhaltenden Kopp, „mit wem du losziehen willst.“

„Man immer sachte. Man nicht so drängeln.“

„Na, erkläre dich allmählich, Steilwandfahrer“, ermunterte Krämer.

„Schön, wenn ihr unbedingt wissen wollt, was ich vorhabe, will ich euch meine Pläne verraten. Ich flitze mit Sattler aus wing 6. Nachts klettere ich zu ihm ’rüber und gehe von dort mit ihm zusammen los. Jetzt kennt ihr meine Absichten. Seid ihr nun befriedigt oder habt ihr noch weitere Wünsche?“

Es fiel uns auf, daß sich die anderen über die Frage des eigentlichen Hinauskommens noch nicht im reinen waren. Wir wähnten, der Augenblick für unsere Bitte um Aufschub wäre da, und Have brachte sie vor. Gab das einen Aufruhr! Einstimmige Ablehnung. Alle bestanden hartnäckig auf völliger Handlungsfreiheit. Krämer wollte schon andere Register aufziehen, als Have ihn unterbrach und nun unseren eigentlichen Vorschlag entwickelte. Grundgedanke: gemeinsamer Ausbruch. Bei der Anlage unseres Planes war es möglich, die Anzahl der Teilnehmer, wenn es sein mußte, auf sieben zu erweitern. Das Risiko der Durchführung würde dadurch zwar erhöht, aber nicht über die Maßen, nicht so weit, daß der Anschlag scheitern mußte, und selbst bei höherer Teilnehmerzahl war er noch erfolgversprechender als alle bisher vorgebrachten Einzelpläne.

„Wir sind bereit, auch unter Verschlechterung der eigenen Aussichten euch mit 'rauszunehmen, unter der Bedingung jedoch, daß es erst in einer Woche geschieht."

Als gelte es, widerstrebende Konkurrenten in einem Kartell zusammenzufassen, hatte Have gesprochen.

„Quatsch, — daß wir im Massenspaziergang 'rauskommen, ist ausgeschlossen", ließ sich von der Gegenseite jemand vernehmen.

„Den Blödsinn mache ich nicht mit!"

„Nun langt's mir bald, Sangesbrüder!"

Aus dieser Bemerkung konnten die anderen entnehmen, daß ihr fortgesetzter Widerspruch Edes Mißfallen erregte, aber sie kuschten nicht. Aufschnaiter fürchtete, kostbare Zeit zu verlieren, er konnte nicht früh genug über die Pässe kommen. Treipl, sein Gefährte, unterstützte ihn, und Eile hatte auch Kopp.

Im Raum herrschte unerträgliche Hitze, die Luft war verbraucht und stickig. Wir beschlossen die Hemden auszuziehen, mit Ausnahme von Krämer, der den Ringermantel, wenn auch über der entblößten Brust weit geöffnet, anbehielt.

Auch ich versuchte unter Anrufung der auf der Gegenseite zweifellos vorhandenen selbstlosen Gefühle meine Überredungskunst. Umsonst. Sie ließen sich nicht überzeugen. Der tote Punkt war erreicht. Ede saß mit kaum verhohlener Ungeduld auf seinem Platz, und während er die Gürtelquaste seines Mantels wie einen Propeller drehte, pfiff er leise und drohend vor sich hin, gelegentlich einen funkelnden Blick auf einen der Widerstrebenden werfend.

So kamen wir nicht weiter. Ich flüsterte Have etwas zu. Wir spielten unseren letzten Trumpf aus.

„So, damit ihr nun wißt, was ihr uns verderbt: Seht euch dies hier mal genauer an!"

Und damit zog ich zwei kleine Büchlein aus der Tasche, zwei regelrechte englische pay-books, Soldbücher der Tommies, die wir uns mit unsäglich vieler Mühe über Krämer beschafft hatten. Das war bisher noch keinem gelungen. Da wir Indien als Engländer durchqueren wollten, besaßen wir damit ein wichtiges Ausweispapier, das die Aussichten unseres Durchkommens beträchtlich erhöhte. Es wäre ein Frevel gewesen, sie zu verderben. Unsere Freunde waren beeindruckt. Krämer schien versöhnlicher gestimmt. Harrer kam wieder auf unseren Vorschlag zurück, weil ihm eine gute Verbesserung dazu eingefallen war.

„So hört sich die Sache schon anders an", meinte Kopp, der unterdessen erkannt hatte, daß unser Plan eine günstige Gelegenheit bot, auch seinen Partner aus dem anderen Flügel mitzunehmen. Jetzt mußten noch Aufschnaiter und Treipl umgestimmt werden, und schon ließ sich bemerken, daß sie schwankend wurden. Sie befanden sich bereits in der Minderheit. Ein letzter Ansturm würde es schaffen.

Und plötzlich hatten wir die Widerspenstigen so weit: Die Ablehnung schlug in begeisterte Zustimmung um. Wir sprachen nochmals alle Einzelheiten durch, verteilten die Rollen und vereinbarten, daß es in einer Woche, an einem Samstag, losgehen sollte.

Jeder verpflichtete sich zu strengstem Stillschweigen.

Zum Zeichen, daß der geschäftliche Teil des Abends beendet war, griff Ede unter das Bett und holte einen großen Topf hervor. Als Aufschnaiter das sah, empfahl er sich, denn das Gefäß enthielt hochprozentigen Schnaps, von Internierten selbst gebraut. Jeder mußte von dem Destillat einen halben Zahnputzbecher leeren, der unverzüglich nachgefüllt wurde. Mit dem Schnaps hatte es seine eigene Bewandtnis. Im Lager bestanden mehrere Schwarzbrennereien, die vor den Engländern sorgfältig geheimgehalten wurden. Man konnte ganz hübsch daran verdienen. Es lohnte sich, um den Markt zu kämpfen, und rücksichtslos versuchten die einzelnen Brenner einander niederzukonkurrieren. Derartige Absatzschlachten nahmen mehrfach handgreifliche Formen an. Die Brauer drohten einander die Apparate zu zerschlagen und gingen oft zu Tätlichkeiten über. Da kam einer der Bedrängten auf den Gedanken, sich unter Edes Schutz zu stellen, den ihm dieser gern gewährte — gegen Provision in natura. Andere Schutzflehende folgten. Das setzte ihn in den Stand, ein großzügiger Gastgeber zu sein, dessen Vorräte selten versiegten.

Es war schon spät; seit Stunden schlief das Lager. Kein Luftzug ging, die Oberkörper der Verschwörer glänzten feucht. Von ferne drangen die Rufe der sich ablösenden Wachen zu uns herüber. Der Becher kreiste. Unruhig sprang die Unterhaltung von einem Gegenstand zum anderen. Man besprach lärmend die letzte Fußballaufstellung, fand vieles daran auszusetzen, feierte aber den Mittelläufer, der sich rücksichtslos eingesetzt und durch geschickte Ballbehandlung hervorgetan hatte. Dann wollte ich, den es wurmte, daß zwischen meiner Haft und meinem früheren persönlichen Verhalten kein ursächlicher Zusammenhang bestand, von den Anwesenden wissen, welche Missetat ich eigentlich hätte begehen können, um mir die mehr als vier Jahre Strafzeit, die ich bisher abgesessen, rechtschaffen zu verdienen. „Notzucht! Betrügerischer Bankrott!" — rief man mir entgegen. „Gefällt mir nicht, weitere Vorschläge bitte!" — „Brandstiftung!" ... „Weiter ..." — „Wie wäre es mit schwerer Körperverletzung?" — „Das schon eher", meinte ich und rieb unternehmungslustig die rechte Faust in der linken Handfläche, „ja, das ist ganz vorzüglich." Ich stand auf und schlug wie zur Probe einen Schwinger durch die Luft. Krämer, der in seinem Bereich niemandem das Recht zur Kraftäußerung zuerkannte, drückte mich blitzschnell auf meinen Sitz zurück. Auf meinem nackten Oberarm bildete sich eine Röte, wo die Löwenpranke zugepackt hatte. Nun erzählte Krämer Anekdoten aus seiner Zeit bei der Fremdenlegion, der er durch eine tollkühne Flucht entkommen war. Streng achtete er darauf, daß alle fleißig dem Alkohol zusprachen. Dann lenkte Harrer das Gespräch auf die ferne Zukunft, indem er uns in die Lage des in die Heimat zurückkehrenden Internierten versetzte, der in große Verlegenheit gerät, wenn man ihn nach seinen Kriegstaten ausfragt. Was sollte unsereiner einem solchen Erlebnisriesen aus der Heimat antworten?

„‚Haste schon mal ne eingemachte Erbse nach ihren Leistungen in der Dose befragt?', würde ich so einem Kerl zurückgeben", sagte der schlagfertige Kopp. Ede fand das großartig und stimmte ein Gelächter an, daß seine Goldzähne nur so blitzten.

Die Feier hatte inzwischen einen Punkt erreicht, den früher oder später jede ähnliche Lagerveranstaltung erreichte, den Punkt nämlich, wo das Fehlen des weiblichen Elements den Gemütern peinvoll zum Bewußtsein kam. Unvermeidlich steuerte das Gespräch auf die Frauen zu, und einer tischte Erlebnisse aus seiner Vergangenheit auf, neue, die noch keiner kannte, was ungewöhnlich war, denn die meisten hatte man schon unzählige Male vernommen. Ede hörte nur unaufmerksam zu, seine Phantasie beschäftigte sich mit der bevorstehenden Flucht. Die Vorstellung des entsetzten, erbleichenden englischen Offiziers, wenn er morgens beim Appell vor versammelter Front von der Massenflucht erführe, schien ihn in höhere Himmel zu entrücken. Man hörte ihn unvermittelt sagen: „Ich werde dicht an ihm vorbeigehen und ihn hämisch angrinsen. Dann saufe ich mir einen an." Plötzlich schrie er in die schlafende Baracke einen Befehl, woraufhin verstört ein dienstbarer Geist auftauchte, — die Leute waren gut erzogen.

„Los, hol mal den Müller raus, der soll Musik machen!"

Gehorsam lief der Bote in die entfernte Baracke.

Inzwischen führte Krämer einige Kartenkunststücke vor, die er seinen Artistenkollegen abgesehen hatte. Vor der Flucht nach Tibet wurde auch Kopp in die besten Tricks eingeweiht; die Tibetfahrer wollten sich damit im Land des Aberglaubens ein erhöhtes Ansehen, einen übersinnlichen Nimbus verschaffen. (Allerdings kam es dann später ganz anders: Denn kaum gewahrten die Tibeter den Zauber mit den Karten, als sie schon alles Wertvolle wegzuräumen begannen. Solchen Leuten war nicht zu trauen! . . .)

Harrer spürte das heftige Bedürfnis zu singen und gab ihm hemmungslos nach. Have lachte in einem fort. Kopp wollte von mir den Begriff der schweren Körperverletzung näher erläutert haben, doch verhedderte ich mich so, daß wir beide ganz verwirrt wurden. Treipl war eingeschlafen.

Der Musiker Müller kam nicht. Er hätte erst kürzlich einen strengen Verweis wegen nächtlicher Ruhestörung erhalten, ließ er ausrichten. Mit großer Mühe hielten wir Ede davon ab, daß er zu dem Unseligen, der es gewagt hatte, seine Anordnungen — und kämen sie auch nachts — nicht zu befolgen, hinging, um ihm die Geige auf dem Kopf zu zerschmettern. „Ich werfe das billige Fieselchen über den Zaun!" zischte er.

Halbwegs beruhigt stand er schließlich auf, in seinem Ringermantel grimmig anzuschauen, nahm einen Stock zur Hand und drehte sich der Wand zu, wo die anstößigen Photos hingen. Offensichtlich drängte es ihn jetzt, sich aus den Niederungen des Lebens in die Höhenluft der reinen Ästhetik zu erheben. Wie der Lehrer beim Lichtbildervortrag erläuterte unser Gastgeber mit Zeigestock und feinsinnigen Bemerkungen ein Bild nach dem anderen, ein jegliches nach Verdienst rühmend. „Du hast zwar Akademie studiert", wandte er sich an mich, „kannst aber trotzdem von Ede lernen."

„Bestimmt, neben dir verblaßt jeder Professor."

Wir hatten genug und gingen schlafen.

Mancher Flüchtling war infolge unzureichender Geldmittel unterwegs steckengeblieben, — unter keinen Umständen sollte sich das an uns wiederholen. Have hatte eindringlich geschildert, welchen unnötigen Gefahren er sich auf seinen früheren Fluchten aussetzen mußte, nur um einen Wertgegenstand zu veräußern, oder weil er kein Geld hatte, um Fahrkarten oder Essen zu kaufen. Wir widmeten deshalb der Geldbeschaffung unsere besondere Aufmerksamkeit.

Im Lager selbst gab es an sich kein Geld, nur Geldersatz in

Form von Lagercoupons, die eine Art Binnenwährung darstellten, mit der man draußen im Lande nichts anfangen konnte. Dem Internierten war es gestattet, von Geldern, die er bei der Gefangennahme besaß, ein Konto zu unterhalten, das die Engländer führten und von dem der Gefangene monatlich eine beschränkte Summe in Lagerscheinen abheben durfte.

Trotz aller Durchsuchungen, Verbote und Drohungen fanden sich aber im Camp auch indische Banknoten, der Himmel mochte wissen, wie sie hereingekommen waren. Ihr Gesamtbetrag dürfte gering gewesen sein, ihr Bestand war überdies bedroht. Man mußte sie nämlich aus Sicherheitsgründen vergraben und war dann nicht gewiß, was bei der späteren Exkavation zum Vorschein kommen würde. Fast hätten wir Tränen des Zornes vergossen, als wir aus der Tiefe eine Blechdose hervorholten, in die ein Hundertrupienschein vorsorglich versenkt worden war: Nur eine dünne Umrandung war von der Banknote übriggeblieben, das andere hatten die weißen Ameisen gefressen. Nichts war vor diesen Termiten sicher; in einer Nacht fraßen sie einen Koffer auf oder einen Bademantel, der an der Lehmwand der Baracke hing. Wir trauerten um unseren verlorenen Schatz und erzählten das Unglück den Befreundeten. Man teilte unseren Schmerz, bis jemand meinte — worüber wir dann selber lachen mußten: „Ärgert euch nicht. Bedenkt lieber den Schaden, den die Ameisen erlitten haben: Die dummen Viecher, wieviel mehr hätten sie fressen können, wenn sie, anstatt das Geld zu verschlingen, sich Verpflegung dafür gekauft hätten!"

Es bot sich auch Gelegenheit, kleine Mengen Goldes aufzutreiben; sie wurden im Lager in Gestalt von ausgefallenen Zahnfüllungen regelrecht gehandelt. Have kaufte davon und nähte die Stückchen, die einst einen Weisheitszahn geschmückt haben mochten, pietätlos in seine Hosennaht ein.

Doch das war alles unzureichend. Das Geld mußte in größerem Stil beschafft werden, und da gab es nur einen Weg: unauffällig und unter allen möglichen Vorwänden beträchtliche Mengen von Lagerscheinen vom eigenen Konto abzuziehen, das dank der Fürsorge der I. G. einen guten Stand aufwies, um dann diese Scheine in vollwertige indische Währung umzutauschen.

Diese Aufgabe wurde gelöst. Es war, als wir den Weg einmal gefunden hatten, gar nicht besonders schwer.

Die Versorgung des Camps mit Lebensmitteln erfolgte nämlich durch indische Lieferanten, die sogenannten contractors. Sie hatten Zutritt zum Lager, aber nur zur Küchenverwaltung, die in deutschen Händen lag. Es war möglich, über die contractors zusätzliche Waren hereinzubringen, zur Aufbesserung der eintönigen Verpflegung. In solchen Fällen wurde das Fleisch oder andere Ware ins Lager gebracht, die Rechnung der Küchenverwaltung vorgelegt und der geschuldete Betrag in Lagergeld dem englischen Zahlmeister übergeben. Dieser nahm dann die Überweisung in indischer Währung an den contractor vor.

Wir verfielen nun auf den Gedanken, einen indischen Angestellten des Lieferanten, der regelmäßig ins Lager kam, durch Bestechung dahin zu bringen, daß er eine Rechnung ausstellte, ohne die fakturierte Ware zu liefern. Er erlag der Versuchung.

So wurde ein Schwein bestellt, für das ich in Lagergeld der Küche die Rechnung beglich, das aber nie hereingebracht wurde. Von der Küche gingen die Coupons zu den Engländern, wo sie in echtes Geld umgewandelt wurden, das der Inder abholte. Er behielt zwanzig Prozent für sich und schmuggelte den Rest des Geldes bei seinem nächsten Besuch ins Lager. Das wiederholte sich mehrere Male mit verschiedenen Scheinbezügen, bis wir etwa neunhundert Rupien sowie einen englischen Goldsovereign zusammengebracht hatten. Diese Summe entsprach etwa tausend Mark.

Der Samstag rückte näher. Es gab noch allerlei zu erledigen. Da waren ausgeliehene Sachen zurückzugeben, Schulden zu begleichen, Verfügungen über die zurückbleibenden Habseligkeiten zu treffen, kurz, Ordnung zu schaffen wie bei einer Nachlaßregelung.

Obschon man sich innerlich vom Lager losgemacht hatte, mußte nach außen hin alles bis zum letzten Augenblick seinen alten Gang gehen. Brav lief man in der Tretmühle des Internierten-Alltags noch eine Weile mit, aber schon in dem Gefühl, daß die gerade zu erledigende Verrichtung für einige Zeit, vielleicht für immer, die letzte sein werde.

‚Wenn's gelingt, schälst du jedenfalls so bald keine Kartoffeln mehr', dachte ich beim Küchendienst, ‚und die übelriechenden Zwiebeln mag dann schneiden, wer will —'. Da saßen sie mit mir, die Leidensgefährten — Priester und Pflanzer, ehemalige Direktoren und Monteure —, schabten Karotten und starrten verdrossen vor sich hin. Keiner paßte mehr zu seiner Vergangenheit, keiner glaubte mehr an seine Tauglichkeit für die Zukunft. Dafür hatte es zu lange gedauert. Es herrschte geschäftige Stille, nur die Gemüsestückchen erzeugten beim Auffallen gegen die Gefäßwand ein dumpfes kleines Geräusch. Unterhaltungen mit dem Nebenmann wurden von der Allgemeinheit nicht geduldet; die Arbeit, die im Gruppenakkord zu leisten war, litt darunter. Ein Witz dagegen durfte schon mal gerissen werden. Man schabte und schälte, als hätte man nie etwas anderes getan, als würde es auch nie etwas anderes geben. Ob sich die Lagertore wohl je wieder öffnen würden? Keiner konnte sich das mehr vorstellen. Verfluchter Stacheldraht!

Vielleicht zum letztenmal die Stickluft der Baracke geatmet . . . Heiß wie in einer Kochkiste ist es herinnen. Türen und Fenster sind tagsüber fest verschlossen, damit nicht neue Hitze von draußen eindringt. Im Halbdunkel des langen Raumes zeichnen sich die schwitzenden Leiber der Kameraden ab, die an kleinen selbstgezimmerten Tischchen hocken oder auf den Pritschen herumliegen. Man liest, legt Patiencen oder döst vor sich hin. Einer stopft Socken. Irgendwo wird Klavier geübt, immer wieder dieselben Läufe, stundenlang. Vom Strohdach kommt in großen Spiralen ein Halm heruntergesegelt. Jemand bringt die englische Zeitung. Die Nachrichten werden gierig gelesen und dann gründlich mit dem Bettnachbarn durchgesprochen. „In vier Wochen werden wir klarer sehen“, vertröstet man sich von Monat zu Monat. Fliegengeschmeiß umschwirrt die häßlichen, langen Drähte, an denen nachts die Moskitonetze hängen. Man macht einen matten Versuch, seine Gedanken in eine erfreuliche Richtung zu lenken — vergeblich, sie kehren nach einigen Kreisläufen an den Ausgangspunkt zurück. Resigniert überläßt man sich dem alten Dämmern.

„Mensch, hab' ich die Scheiße satt!“ schreit einer durch den Raum. Ja, ja, — satt haben wir's alle. Wer hat es nicht satt, immer wieder dieselben Gesichter um sich zu sehen, auch wenn man die Betreffenden noch so sehr schätzt? Wem hängt das ewige Einerlei von Morgenappell und Abendappell, von links 'ne Pritsche, rechts 'ne Pritsche, von Einheitsfutter aus Einheitstellern vom Einheitstisch nicht längst zum Hals heraus? Heute weiß man genau, was morgen geschieht, und was morgen geschieht, das wiederholt sich im nächsten Jahr, im übernächsten ...

Aber ist das, was im Lager passiert, überhaupt ein Geschehen zu nennen? Ist die Zeit nicht entleert? Sie zeitigt ja keine echte Veränderung, vermittelt kein Erleben; es ereignet sich nichts. Und doch rinnt auch die leere Zeit, verschlingt Jahr um Jahr, und da sie unbefristet ist, setzt sie ihre Opfer der zusätzlichen Pein der Ungewißheit aus. Der Zuchthäusler, der seine zudiktierte Strafe absitzt, kennt wenigstens die Länge seiner Kerkerfrist und kann — wäre sie auch noch so lang — vom Augenblick, da er seine Zelle betritt, mit dem Abstreichen der Tage beginnen. Wer von uns aber wußte zu sagen, wie lange die Gefangenschaft noch dauern würde?

Vor mehr als vier Jahren, als ich eingeliefert wurde, bekam ich eine Nummer. Seitdem bin ich 1775. Sie steht auf meinen Sachen und wird in der Liste des Kommandanten geführt. Einige tausend Male wurde diese Zahl bei Appellen aufgerufen. Dann habe ich jedesmal „Hier!“ gebrüllt und bin drei Schritte vorgetreten. Solange meine Nummer in der langen Kolonne des Lagerbuches erscheint, ist alles in Ordnung: Ich bin ein „bloody internee“ (verdammter Internierter), die Gesamtzahl stimmt, der Kommandant ist zufrieden. Wird es nun dem Zahlenpaar 1775 und 55826 — das ist die Nummer von Have — glücken, unter Störung dieser Ordnung sich endgültig in der Stammrolle zu löschen?

Morgen um diese Zeit ist die kritische Stunde am Zaun. Dann holen uns entweder die Dämonen wieder in ihre Vorhalle zurück, oder es führen die Götter uns in die goldene Freiheit hinaus.

Es fiel mir nicht leicht, in der Nacht vor dem entscheidenden Tage den Schlaf zu finden, — immerhin war es meine erste Flucht, die jetzt bevorstand. Nun, da sie sich ereignen sollte, befielen mich im letzten Augenblick Unruhe und Zweifel. Wozu das Schicksal herausfordern, sich willentlich der Gefahr aussetzen? Welhalb sich hetzen und wie ein Verbrecher jagen lassen, warum Entbehrungen auf sich nehmen? Im Lager war man doch so sicher aufgehoben. Man war leidlich an den Trott gewöhnt, in einen festen Rahmen gestellt, für das Notdürftigste wurde gesorgt; ich hatte meine Beschäftigung und meine Freunde.

Für jeden Einsichtigen war es doch klar, daß unser Vorhaben, von dem sich nicht ein einziger Schritt vorausberechnen ließ, scheitern mußte. Schon am Zaun konnte es enden oder an der nächsten Straßenkreuzung, nach wenigen Stunden, spätestens in Tagen.

Gut, Have würde mitgehen, aber selbst ihn haben sie ja immer wieder eingebracht. Und war er nicht in einer ganz gefährlichen Stimmung diesmal, nach dem Tode von Hülsen? Mich hatte es schon mehrfach mit geheimem Grauen berührt, als ich eine bewußte Herausforderung der Gefahr an ihm gewahrte. In seiner jetzigen Gemütsverfassung war ihm alles ganz gleich. Wie ein Spieler in seiner Verzweiflung setzte er alles auf eine Karte. Er würde zu viel riskieren. War es nicht Wahnsinn, hier mitzuhalten? Wer kann es sagen? Wenn ich allein gewesen wäre, keiner um meinen Vorsatz gewußt hätte – vielleicht hätte ich gekniffen. Aber da waren Harrer und Have, vor denen ich mich schämte, und alle die anderen, die tapfer waren, denen ich nicht nachstehen wollte. Ich hatte mich nach außen festgelegt; das wirkte jetzt als Sicherung gegen die Versuchung eines Widerrufs.

Um mich her schliefen die Kameraden; sie lagen unter ihren viereckigen Moskitonetzen, die in der Dunkelheit wie große, auf die Pritschen aufgesetzte Kasten erschienen. Ein jeder umschloß ein Leben, das auf unbestimmte Zeit der Verkümmerung preisgegeben war, das an dem Daseinsschwund, dem Abgeschlossensein und einer falschen Geborgenheit litt, während sich die Welt draußen in gräßlichem Aufruhr befand. Hier wälzten sie sich unruhig im Schlaf und nahmen durch ungezählte Nächte ihr Leid, das wie ein dauerndes, leises Weinen war, in ihre argen Träume hinüber.

Links von mir auf der Pritsche rief der Schläfer im Traum, vielleicht einen Namen, den Namen einer Frau, wendete sich, seine Stimme, unverständlicher werdend, stammelte etwas, und er schlief nach einem kleinen Seufzer weiter ...

Da war noch ein wichtiger Punkt, über den ich mit mir nicht im reinen war. Wie würde ich mich wohl angesichts der Gefahr verhalten? Man konnte so etwas im vorhinein nicht wissen. Ich besaß noch keine Erfahrung im Umgang mit ihr. Have hatte mir erzählt, daß ein indischer Verfolgertrupp aus großer Nähe auf ihn geschossen hätte, er aber weitergelaufen und entkommen sei. Brächte ich die gleiche Bravour auf? Was aber, wenn nicht? Es wäre nicht auszudenken!

Zum Pokern hätte ich lieber gehen sollen, zu einer späten Partie in die Kantine, statt mir durch frühes Zubettgehen Zeit zum Nervenkrieg gegen mich selbst zu lassen ... Guter Einfall: jetzt noch ein Spielchen mitmachen, um auf andere Gedanken zu kommen. Ich kroch aus dem Moskitonetz, stand leise auf und schlich aus der Baracke.

In der Kantine war es dunkel; die Spieler waren fort. Langsam ging ich zurück. Von fern heulten die Schakale ... Nichts konnte mich so deprimieren, schon von Anbeginn, wie der Anblick des nächtlichen Lagers. Wenn man allein zwischen den dunklen Baracken stand, in denen man die vielen schlafenden Gefangenen wußte, das grelle Licht in den Gängen der Wachen sah, ihre fremden Stimmen hörte, die Fremdheit der indischen Erde spürte und selbst vom Himmel fremde Sternbilder funkelten, dann mochte einen die Wehmut fast überwältigen.

Und da wage ich die Richtigkeit meines Entschlusses zu bezweifeln? Es ist höchste Zeit, daß er verwirklicht wird! Nicht nur von dem unerfreulichen Ort, ich muß mich auch von den eingefahrenen Bahnen losreißen. Mir könnte sonst die Anpassung noch gelingen. Habe ich mir doch schon eine Philosophie zurechtgelegt, die dem Sinnlosen einen Sinn verleihen soll — aber sie ist ein Truggebilde. Ich gehe Studien nach, gebe vor, sie um ihrer selbst willen zu betreiben — aber es ist nicht die Wahrheit; ich tue es nur, um einen Abgrund zu verdecken, den immer weiter sich öffnenden Abgrund der toten Zeit.

Was fruchtet jetzt noch grübelndes Abwägen? Von Anfang an stand fest, daß Nachdenken über den Fluchtentschluß in Widersprüche verwickelt. Längst habe ich begriffen, daß zuweilen das Unverständige gerade deshalb getan werden muß, weil es das Vernünftige ist. Der Versuch soll entscheiden.

Der entschlossene Versuch.

Morgen.

BLUFF

Zwischen kleinen Schuppen und Verschlägen in der Südwestecke unseres Lagerblocks, unmittelbar am inneren Laufgang, lag ein Hühnerstall. Hier wurden, am Samstag, dem 29. April 1944, um 1 Uhr mittags, die Hühner Zeugen einer seltsamen Geschäftigkeit. Als erste fanden sich bei ihnen zwei Leute ein, die, nach den mitgebrachten Sachen zu schließen, ein Schminker und ein Kostümfachmann sein mußten. Gleich darauf erschienen zwei weitere Männer, Aufschnaiter und Treipl, die von den beiden Verwandlungskundigen sofort in Bearbeitung genommen wurden.

Nach unserer Verabredung sollten um 1 Uhr 20 Harrer und Kopp, und nach weiteren 20 Minuten Have und ich in den Stall folgen. Wir würden dann alle um 2 Uhr, der festgesetzten Stichzeit, hergerichtet und bereit zum Absprung sein.

Es waren nur noch wenige Minuten, bis wir beide den Gang zum Stall antreten mußten. Ich hielt schon alles griffbereit und wartete nur noch auf Have, der spurlos verschwunden war. Erst im letzten Augenblick kam er angestürmt — einen Napf voll großer Kotelette in der Hand. Rechtzeitig hatte er sie noch aufgetrieben. In größter Hast wurden sie verzehrt; es konnte auf lange Zeit unser letztes Mahl sein. Mit der Pietätlosigkeit von Menschen, die eine ungeliebte Stätte verlassen, warfen wir

Fleischreste und Knochen unter die Pritsche. Wir mußten schleunigst zum Startplatz.

Unterdessen hatte sich im Stall eine sonderbare Verwandlung vollzogen. Als wir eintraten, hockten hier — in dem verwünscht kleinen Raum konnte man nicht aufrecht stehen — indische Kulis auf dem Boden. Kunstvoll gewundener Turban, unter der Jacke hervorhängendes Hemd, um die Lenden der Dhoti — ein weißes Baumwolltuch, das um die Hüften gewikkelt und zwischen den Beinen durchgezogen wird — und dunkle Gesichtsfarbe hatten die Veränderung bewirkt. Das Hautfärben wurde durch Einreiben mit einer Kaliumpermanganat-Lösung besorgt. Sie ruft eine Bräunung hervor, die mehrere Stunden vorhält. Als einer der Pseudo-Inder uns auf berlinerisch begrüßte — kein anderer als Kopp —, mußten wir trotz des Ernstes der Stunde ein lautes Lachen unterdrücken. Nun machten auch wir uns zurecht, aber nicht wie die anderen als Eingeborene, sondern als englische Offiziere. Unter möglichst genauer Anpassung an die Vorbilder, die wir täglich im Camp sahen, rüsteten wir uns mit Khakihemd und Khakihose, Tropenhelm und den sonstigen Zeichen des Befehlsgrades aus. Have hielt das typische kurze Offizierstöckchen unter dem Arm, ich eine Rolle blauen Pauspapiers.

„Ihr seht fabelhaft echt aus", lobten flüsternd die „Inder". Wir gaben das Kompliment zurück; man mußte sich gegenseitig Mut zusprechen.

Der Zeiger rückte, — gleich mußten wir 'raus. Harrer am Guckloch in der Stallwand meldete, daß auf der anderen Seite des Ganges, im Balkanflügel, uns genau gegenüber, zwei indische Arbeiter an einem Erdloch schaufelten. Sie müssen gehen, ehe wir beginnen können. Hoffentlich bleiben sie nicht lang, denn um zwei Uhr ist die beste Zeit für unser Wagestück: da dämmert in der Mittagsglut die ganze Lagerstadt; Insassen und englisches Personal ziehen sich in die Baracken zurück. Aber die Arbeiter nahmen sich Zeit, schaufelten gemächlich weiter. Der Stall verwandelte sich in einen übelriechenden Backofen und infolge der niedrigen Decke zur Folterkammer. Aufschnaiter blickte starr auf seine Uhr; er war ungeduldig und gereizt:

„Wenn wir nicht gleich losgehen können, ist es zu spät, das Lager wird wieder lebendig.“ Auch die anderen zeigten Zeichen der Unruhe. Kopp hatte berechtigte Sorgen um seine Verabredung mit Sattler, der sich uns weiter drinnen im Gang, ebenfalls als Inder verkleidet, anschließen sollte. Und in der Tat stand zu befürchten, daß der verspätete Aufbruch unseren Handstreich vereiteln würde. Die Erfolgsaussichten nahmen rapid ab. Die Verzögerung beunruhigte Have und mich besonders; trugen wir doch als Väter des Gedankens die Verantwortung für das Gelingen der Aktion. Das Ganze abblasen konnte man auch nicht, denn wie sollten die anderen mit ihren braunen Gesichtern ins Lager zurück? Harrer hatte sogar den Kopf kahlgeschoren.

Da, — um halb 3 Uhr gibt Harrer das Zeichen, daß die Bahn frei ist.

Jetzt schnell hinaus, durch die Stacheln des Drahtzaunes gezwängt und in den Laufgang hinein! Beim Verlassen des Stalles nahmen Kopp und Aufschnaiter eine Leiter über die Schulter und einen Eimer zur Hand, der Fluchtgepäck enthielt. Harrer und Treipl faßten die beiden Enden einer langen Bambusstange, die durch eine dicke, stacheldrahtumwundene Rolle gesteckt war, und trugen je ein Bündel. Harrer balancierte das seinige auf dem Kopf. Den Draht hatten sie in der Nacht zuvor vom Innenzaun losgemacht und aufgewickelt.

Schon waren wir im Gang, die „Kulis“ voraus, die „Offiziere“ in kurzem Abstand hinterdrein — eine harmlose Reparaturkolonne mit ihrem Gerät, wie sie von Zeit zu Zeit an den Zäunen auftauchte.

Und nun begann der Marsch, den keiner von uns bis an sein Lebensende vergessen wird.

Als er anhob, fühlte man sich wie losgeschnellt, wie auf ein Ziel abgeschossen und genoß das belebende Bewußtsein, einen unverschämten Streich zu unternehmen. Wir mußten erst an unserem eigenen Block und dem Balkanflügel in voller Länge vorbei; da uns links und rechts Sportplätze von den Baracken trennten, blieben wir unbemerkt. Seltsam feierliche Unbetretenheit dieses Ganges, dachte ich. Es war still und abgeschieden hier. In dem hohen Gras schritt man wie über einen weichen Teppich und dünkte sich durch die Drahtwände zu beiden Seiten gegen alle Gefahr geschützt ... An der letzten Ecke unseres Lagerabschnittes stand Ede Krämer, hielt die Daumen in die Höhe und nickte uns ermunternd zu. Nun führte der Gang zwischen zwei neuen Blöcken hindurch, links saßen die in einem Wing zusammengefaßten Juden — ihre Baracken standen unmittelbar am Zaun —, rechts lag die „Vatikanstadt" (so geheißen, weil italienische Priester in ihr gefangengehalten wurden), vom Gang durch eine Rasenfläche getrennt, auf der einige Geistliche in weißen Gewändern auf- und niedergingen.

Der Weg kam uns jetzt endlos vor: ein unabsehbares Pfostenspalier, Pfahl an Pfahl. Die Drähte schienen an uns, nicht wir an ihnen vorbeizuziehen. Man vermeinte zu stehen. Unsinn — vor mir schritten doch die „Kulis", die Leiter wippte auf ihren Schultern, die Rolle tanzte auf der Stange. Have klopfte im Gehen mit seinem Stöckchen den Draht ab und blickte fest und herausfordernd drein.

Wiewohl der Gedanke, daß der Gurkha schießen könnte, mich beschäftigte, versuchte auch ich unbekümmert zu erscheinen. Aus der Baracke, an der wir nun vorbeigingen, trat jemand heraus, sah scharf auf unsere Gruppe, die keine sechs Schritt von ihm entfernt war, wandte sich ab, sah noch einmal zurück und ging dann gleichgültig weiter.

Nun näherten wir uns der Ecke, wo unser Korridor in den breiten Mittelgang mündete. Von hier aus konnten wir zum erstenmal den 200 Meter entfernt stehenden Gurkhaposten am Außentor sehen. Hat er bemerkt, wie wir aus dem Seitengang heraustraten? Das könnte ihn stutzig machen. Besorgte Blicke forschten in seine Richtung ... Nein, er hat uns nicht entdeckt, auch jetzt, wo wir uns schon im Mittelgang befinden, noch nicht. Er schaut einer Tonga, einer Droschke, nach, die hinter ihm auf der Außenstraße vorbeifährt.

Aber wo ist Sattler? Hier ist die Stelle, wo er sich unserem Zuge anschließen sollte. Es war verabredet, daß er seinerseits in den Innengang klettern und so lange die Zaunpfosten mit Teer bestreichen sollte, bis wir erscheinen würden. Nirgends war er zu sehen. Statt dessen machten uns einige Eingeweihte aus seinem Flügel vorsichtig Zeichen. Aha, Sattler scheint vorgegangen zu sein. Wir nähern uns schon bedrohlich dem Außentor ... Der Gurkha sah den Mittelgang herauf und wurde unserer ansichtig. Plötzlich kam mir die ganze Vermummung fadenscheinig und albern vor. Harrers Waden waren für einen Inder viel zu stark und seine Augen viel zu blau. Wie sollte Kopp für einen Hindu gelten können mit seinem gedrungenen athletischen Körper und schweren Gang! Nun macht sich auch noch Treipls Dhoti los —. Aber Aufschnaiter sah überzeugend indisch aus und Have mit seinem blonden Schnurrbart wie ein waschechter Engländer. Vielleicht gelingt's doch ...

Wir waren jetzt mit allen Nerven so vollständig auf die Lage eingestellt, daß uns nicht ein einziger auch noch so unscheinbarer Vorgang auf der weiten, flimmernden Fläche entgangen wäre, der irgend einen Bezug auf unser Vorhaben hätte haben können. Und so gewahrten wir alle gleichzeitig, wie auf seinem Rade ein Sergeant die Außenstraße entlang gefahren kam. Herr im Himmel, wenn er ins Tor einbiegt, sind wir erledigt — der durchschaut den Betrug mit dem ersten Blick! Einen aussetzenden Herzschlag lang hielt jeder die Sache für verloren. Aber er sieht nicht einmal zu uns herüber und fährt geradeaus weiter ...

Weil der Gurkha auf der rechten Seite stand, hielten die anderen vier links hinüber, um möglichst weit von dem Posten entfernt zu sein, während wir, als Offiziere, den Blickfang bilden sollten und daher eine leichte Schwenkung nach rechts vollführten. Der Gurkha lauerte ... Ob sein Wildkatzenherz ein Verdacht durchzuckte? Ich ging weiter mit taubem Gefühl in den Gelenken, wie eine Gliederpuppe. Drei Schritt vor dem Tor blieb Have stehen. Ich entrollte verabredungsgemäß das Pauspapier, auf dem er mit seinem Stock herumfuhr, und dann sprachen wir laut und erregt wie über ein Bauprojekt. Immer noch luchste der Gurkha. Das Gelbe in seinen Augen konnten wir sehen, so nahe waren wir ihm. Verbarg sich hinter den reglosen Pupillen ein Raubtierentschluß? Aber da waren die anderen schon durch. Jetzt folgten auch wir, den Posten keines Blickes mehr würdigend, — er war auf den Bluff hereingefallen.

Die nächsten zwanzig Schritte über die Außenstraße auf den Dschungelpfad zu sollten verabredungsgemäß langsam gegangen werden, um uns nicht durch plötzliche Hast zu verraten. Aber Harrer, der erste, übertrieb; auf Zeitlupentempo bremste er ab. Die kurze Strecke dehnte sich zum endlosen Gang, während dessen ich den Gewehrlauf des Postens auf meinen Rücken gerichtet wähnte. Vielleicht riß der Gurkha noch im letzten Augenblick die Waffe hoch ... Aber schon umfing uns der schützende Dschungel.

Das Lager lag hinter uns —

Wir waren frei.

Fernblau, hinter gestaffelten Gipfelreihen, ragten vor uns die Hochaltäre des Himalaja. Wir gaben uns in unserem Bergversteck dem Anschauen des großen Bildes hin, befangen von einer seltsamen Scheu vor der tödlich abweisenden Unnahbarkeit der Gletscher, die ätherwärts aus einander überhöhenden Gebirgen emporstiegen. Die Luft ging scharf, und das reine Licht blendete uns.

Wie ein ungeheurer Rückstand aus Vorschöpfungszeiten liegt hier die Urmasse in ihrer Urform. Aus bloßer Materie ist das Überwältigende in die reine Ausdehnung hineingebaut. Unter Verzicht auf alles Kleine, Warme, Bewegte, Lebendige, auf alles Milde, schuf die Natur ein Werk der Strenge und frostigen Erhabenheit. Jedes irdische Maß ist gesprengt. Ins unerträglich

Große ist die Anhäufung des Stoffes, die Dehnung der Räume, das Hochdrängen in immer kältere Himmel gesteigert.

Der Genuß des köstlichen Augenblicks der Befreiung war in einem Tumult der Empfindungen und im Andrang der Gefahr untergegangen. Bestürzend in seiner Plötzlichkeit, höchst real und doch unglaubwürdig, rauschartig alle Kräfte entbindend, beglückend und wieder bang, verflog dieser erste unvergleichliche Moment. Ein körperliches Hochgefühl begleitete ihn, ein Schweben und Angehobensein wie nach dem Abwerfen eines überschweren Gewichtes. Es währte weniger als Sekunden — denn schon begann die heiße Hatz!

Als wir den Dschungelrand gegenüber der Lagerstraße erreichten, waren wir zwar den Blicken des Gurkhas entzogen, mußten aber gleich wieder in eine Landstraße einschwenken, die von einem Doppelposten indischer Straßenpolizei eingesehen wurde. Bis zur ersten Wegbiegung mußte daher unser Zug zusammenhalten. Aber dann stürmten wir sofort die Böschung empor. Es war ein blindes Durchgehen als Reaktion auf die vorhergegangene Nervenanspannung. Leiter, Rolle, Pauspapier — alles fortgeworfen! Ein unbeschreiblicher Lärm im Busch.

Plötzlich rief Kopp: „Achtung, da liegt einer!" Und schon setzten wir den Steilhang hinunter, auf die Felder am Flußbett zu. Im Stolpern, Springen, Stürzen boten wir ein erheiterndes Bild. Die Augen aus den braunverschmierten Gesichtern hervorquellend, die Gewänder flatternd, fuhren wir auseinander wie eine Zirkustruppe, zwischen die der Tiger geraten ist. Geräuschvoll brachen wir ins Offene hervor. Einige arbeitende indische Bauern schreckten auf. Rasch ins Zuckerrohr, das bietet den besten Schutz! Einer der Bauern versuchte uns den Weg zu verstellen — er wurde umgerannt, und schon setzten wir über das Flußbett. Harrer, Have und ich liefen linker Hand hin, die anderen hielten nach rechts.

Es war das letzte, was wir von ihnen sahen. Über die Steine des breiten, ausgetrockneten Schotterbettes liefen wir in Höchstgeschwindigkeit. Als wir drüben anlangten, wandte ich mich um und schrie entsetzt den anderen zu: „Da hinten rotten sich unsere Verfolger zusammen!" — „Quatsch, das sind nur die Bauern!" — „Nein, Tommies." — „Du siehst Gespenster! Das sind die Bauern von vorhin." Ich hätte geschworen, daß es Soldaten sind. So überhitzt war meine Einbildung.

Es war keine Zeit zu verlieren, denn wenn es Alarm gegeben hatte, konnten jeden Augenblick die Suchkommandos mit Rädern auf der Landstraße auftauchen, die weiter unten den Fluß überquerte. Leicht würden sie uns abschneiden. Als wäre die ganze Hölle entfesselt, stoben wir dahin. Harrer führte. Ich lief als letzter und blieb es, leise vor mich hinfluchend, die ganze Strecke, weil ich nicht einsah, warum es so übertrieben schnell gehen sollte, nachdem wir längst außer Sicht waren. Nun hatten wir den großen Dschungel erreicht, der bis an das Vorgebirge heranzieht: das erste Ziel unserer Anstrengung. Harrer blieb ein unerbittlicher Schrittmacher; er ließ uns keine Zeit zum Umsehen; immer weiter durch Geröll und Dickicht, die Nallas — ausgetrocknete Bäche — entlang, Felsblöcke hinauf, Hänge hinunter. Endlich gönnten wir uns eine kurze Rast an einer Quelle. Aber gleich ging es wieder im Laufschritt weiter.

Jetzt näherten wir uns der Gegend, wo das Vorgelände endet und der Steilaufstieg in die Berge beginnt. Hier mußten wir den Rand eines Dorfes berühren und verlangsamten den Schritt. Einige Sikhs traten erstaunt aus den Häusern, um die drei seltsamen Engländer in Augenschein zu nehmen — Harrer hatte sich unterdessen seiner indischen Verkleidung entledigt —, und mochten sich über ihre schrulligen Herren wundern, die am späten Nachmittag in die unwirtliche Bergwildnis davoneilten. Nach einer Weile Kletterns und steilen Steigens, über der die Dämmerung einbrach, kamen wir an eine Bergschlucht, durch die ein Wildwasser herabstürzte. Hier wollten Have und ich die erste Nacht verbringen.

Harrer aber ging allein weiter nach Tibet.

Der Abschied fiel uns schwer. Wir machten uns Sorgen um ihn, denn was er sich vorgenommen hatte, überstieg menschliche Leistungskraft. Selbst sein unbändiger Wille, sein gestählter Körper, sein unglaubliches Vermögen, schwere Entbehrungen zu ertragen, seine ganze Unverwüstlichkeit und Anpassungsgabe würden nicht im entferntesten genügen, um die Gefahren Tibets zu bestehen. Er selbst hatte sie uns oft geschildert: die mörderische Kälte, den Hunger, die reißenden tibetischen Hunde, die jedem Fremdling an die Gurgel springen, die großen Abstände von Siedlung zu Siedlung, fast nie von einem Weißen betreten ... Hätte er wenigstens einen Gefährten mit! Aber keiner im Lager war ihm ebenbürtig — da ging er lieber allein. Er wollte sich als Medizinmann durchschlagen und hatte sich für diese Rolle von irgendwoher eine Zange zum Zahnziehen besorgt und Hunderte von Abführpillen gedreht. Wenn sich unterwegs die Gelegenheit böte, würde er eine Tochter des Landes heiraten, eine Maßnahme, von der er sich viel versprach. Was würde das schon frommen! Aber kein Abraten half.

Nun hatte er seinen Willen und ging. Wir drückten ihm noch einmal die Hand.

Ins Dickicht fiel Dunkelheit.

Als die Nacht hereingebrochen war, entstiegen wir unserem Versteck am Sturzbach und erkletterten einen Felsvorsprung, der einen Ausblick tief in die Ebene gewährte. Weit unten zu unseren Füßen lag ein Geviert von schmalen Lichtstreifen: die erleuchteten Stacheldrahtgänge des Lagers ...

Im ersten Licht des Morgens brachen wir auf, um uns besser zu verbergen. Als wir den Grat des vordersten Bergzuges, der das eigentliche Hauptmassiv des Himalaja verdeckt, erreicht hatten, riß es plötzlich unseren Blick in die Höhe, denn über uns türmten sich die Gletscher und diamantenen Eisgipfel: in Dunstferne ein Achttausender, der Nanda Devi. Welch ein Durchblick zwischen dem zarten Filigran des Laubes auf die in azurner Bläue glitzernden Schneeriesen! Warmes Leben hier — drüben der Kältetod.

Der Rhododendron blühte.

Im Berghang, der dem Gebirge zugekehrt ist, fanden wir einen Schlupfwinkel, der uns völlig unsichtbar machte. Ein Wasser hatte sich tief ins Gestein gewaschen und unter Felsplatten höhlenartige Zwischenräume gebildet. In solcher unterirdischer Behausung nisteten wir uns ein. Man stieg von oben wie durch ein Mannloch hinab und hatte dann gerade Platz, ausgestreckt zu liegen, ein winziges Stück Himmel über sich. In diesem Versteck blieben wir, ohne uns zu rühren, fünf Tage und vier Nächte. Have hatte seine liebe Not mit mir, den es dauernd an die Oberfläche drängte. Unbeugsam bestand er darauf, daß ich unten blieb. Da sich in der weiteren Umgebung militärische Ausbildungslager befanden, deren Mannschaften zuweilen Geländeübungen veranstalteten, war es nicht ausgeschlossen, daß zufällig ein Soldatentrupp bei uns vorbeikam. Zweimal nur unternahmen wir kurze Streifzüge zur Geländeerkundung. Überall erstreckte sich pfadloser Dschungel, wie geschaffen für allerlei Raubgetier. Schwarzblau gefiederte Vögel mit langen, geschwungenen Schwänzen strichen in welligem Flug vorbei. Allabendlich wagten wir uns hervor und nahmen im eiskalten Gebirgsbach ein Nachtbad, während ein abnehmender Mond unsere kleine Schlucht gespenstisch belebte. Dann saßen wir auf einem Felsblock und flüsterten uns Gedanken über den Fortgang unserer Flucht zu.

Daß wir uns für mehrere Tage in die Berge, die gar nicht auf unserem Weg lagen, zurückzogen und untätig blieben, bedarf der Erklärung. Zum Fluchtziel hatten wir uns Burma gesetzt und wollten an einem noch zu wählenden Punkte der indoburmesischen Grenze zu den japanischen Truppen stoßen — den deutschen Verbündeten, die damals vor den Toren Indiens standen. Die einzige Möglichkeit, die riesigen Entfernungen zu bewältigen und überhaupt aus Indien herauszukommen — von Dehra Dun bis Burma waren es rund 2300 Kilometer —, sahen wir in der Benützung schneller Verkehrsmittel. Um uns aber rasch vorwärtsbewegen zu können, mußten wir uns als englische Militärs ausgeben. Die Parole hieß daher Tempo und Bluff.

Wir hatten unsere Unternehmung ganz diesen Grundsätzen untergeordnet und wollten soweit als möglich die Bahn benützen, zunächst bis Kalkutta. Nun wäre es falsch gewesen, sofort nach dem Ausbruch die Reise zu beginnen, denn sowie von den Lagerbehörden eine Flucht bemerkt wird, ergeht zunächst der sogenannte kleine Alarm, der nur 24 Stunden währt und sich auf die nähere Umgebung des Lagers beschränkt. Alle Polizeistationen und Bahnhöfe im Umkreis von 50 Kilometern werden benachrichtigt und Suchmannschaften ausgeschickt. Bleiben diese Maßnahmen erfolglos, so wird der große Alarm gegeben, der sich über ganz Indien erstreckt und mit einer steckbrieflichen Verfolgung verbunden ist. Man tut gut daran, einige Tage zuzuwarten, bis sich die Hauptaufregung etwas gelegt hat, und bei einem Rekordausbruch von sieben Mann, fürchteten wir, würde sie länger anhalten als sonst. Wir rechneten ferner damit, daß der Lagerkommandant in der Annahme, daß Have wieder seinen alten Weg einschlagen dürfte, das Schwergewicht der Nachstellungen auf die Kalkutta-Strecke legen würde. Hätte sich aber nach mehreren Tagen nichts in diesem Netz gefangen, so würde er annehmen, auch wir hätten unsere Schritte nach Tibet gelenkt. Aus diesen Gründen zogen wir es vor, eine Weile in der Bergeinsamkeit zu verbringen.

Wiewohl alle bisherigen Fluchtversuche gescheitert waren und die Wahrscheinlichkeit dafür sprach, daß auch unser Vorhaben wieder im Lager enden würde, beurteilten wir dennoch unsere Erfolgsaussichten nicht ungünstig. Was uns so zuversichtlich stimmte, war das unbegrenzte Vertrauen, das wir in die Waffe setzten, deren wir uns vornehmlich bedienen wollten: die Zauberwaffe des Bluffs. Soeben erst hatte er sich beim Ausbruch glänzend bewährt, und wir waren fest überzeugt, daß er uns auch noch aus mancher künftigen Bedrängnis helfen werde. Da es Sache des Bluffs ist, eigenes Unvermögen gegenüber fremder Überlegenheit zu verdecken, also ungleiche Stärkeverhältnisse aufzuheben, und da dieses Ergebnis nicht durch tatsächlichen, sondern durch rein psychologischen Aufwand erzielt wird, wobei man auf äußeren Beistand nicht angewiesen ist, eignet er sich wie kein anderes Mittel dazu, aus Verlegenheiten zu helfen, in die man auf einer Flucht gerät. Wir mußten versuchen, den Eindruck völliger Sicherheit zu erwecken, einer souveränen Sicherheit, vor der der Gegner selbst schwankend würde. Leicht würde uns das nicht fallen, namentlich Engländern gegenüber. Dadurch, daß wir den Bluff zum tragenden Element unseres Fluchtplanes bestimmten, hofften wir die rein körperlichen Anstrengungen auf ein Mindestmaß herabzusetzen und machten uns auf einen spannungsvoll wechselreichen Ablauf gefaßt. Und in der Tat empfindet man beim Bluffen eine seltsame Faszination, ein prickelndes Gefühl; es ist, bei allem Ernst, ein Spielen um Einsätze, ein bewußtes Riskieren unter Verschmähung der üblichen Vorsicht und Bedächtigkeit. Der Erfolg hängt dauernd in der Schwebe, bis zum letzten Augenblick ist der Ausgang ungewiß.

Viel hing davon ab, daß wir unsere Rolle als Engländer fehlerfrei spielten. Die wichtigste Voraussetzung hiefür, das englische Aussehen, war bei uns beiden in genügender Annäherung gegeben. Die sprachlichen Kenntnisse reichten ebenfalls aus; Have hatte längere Zeit in Malaya gelebt und sprach ein ausgezeichnetes Englisch. Die bevorzugten Vokabeln und Redensarten der Tommies waren uns durchaus geläufig. Um unterwegs nicht aus Achtlosigkeit oder Aufregung ins Deutsche zu verfallen, hatten wir uns vorgenommen, auch dann englisch zu sprechen, wenn wir allein waren, und machten bereits in unserem Felsversteck Ernst damit.

Mit Aussehen und Sprache allein war es indes nicht getan; wir mußten uns auch als Engländer geben, also möglichst salopp, schweigsam und zurückhaltend auftreten. Ihre wichtigsten Eigenschaften waren uns im übrigen geläufig — hatten wir beide ja lange genug unter ihnen gelebt. Schließlich besaßen wir noch die Ausweise, von uns selbst mit allen Einzelheiten ausgestattet, einschließlich der Impfbescheinigung. Der von Have lautete auf den Namen Harry F. Lloyd, der meinige auf John Edward Harding, verheiratet mit Enis Iris, geborne Thornton, wohnhaft in Kalkutta. Sie war ein ungutes Frauenzimmer, denn der Anlaß meiner Reise nach Kalkutta, falls befragt, war die Regelung unserer durch ihre Liederlichkeit zerrütteten Eheverhältnisse. Diese Andeutung höchst privater Dinge würde, so hoffte ich, die in solchen Angelegenheiten sehr empfindlichen und taktvollen Engländer abschrecken, uns weiter auszufragen.

So versuchte jeder von uns sich in eine bestimmte Rolle einzuleben. Have war aus Singapur gebürtig und ich in Exeter, Devonshire, England, geboren, wo ich tatsächlich kurze Zeit im College war und mich ungefähr auskannte. Besonders schwierig war die Vorbereitung auf Gespräche über unser militärisches Verhältnis. Welches Regiment, welche Garnison, welche Vorgesetztennamen sollten wir angeben? Das war eine heikle Frage. Wir besaßen keine Vorstellung von den Einheiten, die in Nordwestindien standen, und würden uns durch eine falsche oder unsichere Auskunft sofort verraten. Zufällig hatten wir in einem englischen Gesellschaftsblatt, das ins Lager gekommen war, einige der üblichen Gruppenaufnahmen von Regimentsstäben in Indien entdeckt, die den Namen des Verbandes trugen, wie auch die der Offiziere. Wir prägten uns dies alles ins Gedächtnis ein.

Nun kam es aber nicht nur darauf an, daß wir uns etwas zurechtgelegt hatten, es mußte auch in Fleisch und Blut übergegangen sein, weshalb wir uns gegenseitig mit Fragen anfielen wie: „Where are you stationed?“ oder „Who the hell are you?“, und dann mußte der andere, ohne zu stammeln, seinen Text aufsagen.

Die Bekleidungsfrage hatten wir einigermaßen befriedigend gelöst. Auf Reisen hielten es die Engländer nicht sonderlich genau mit der Uniform; solange wir in Militär-Khaki gekleidet waren, würde es nicht so auffallen, wenn wir keine Rangabzeichen trugen. Have wußte das von seinen früheren Fluchten her. Zur Vervollständigung unserer Ausrüstung hatten wir uns jeder eine Militärtasche angefertigt — ein alter Reisesack mußte dazu herhalten —, in der wir unser Fluchtgepäck, wie zweite Khakigarnitur, eiserne Ration, Apotheke und anderes mehr unterbrachten. Leider waren uns diese Taschen jetzt nicht zur Hand, sie lagen in unmittelbarer Nähe des Lagers versteckt, an der Stelle, wo wir unseren Zug aufgelöst hatten. Wir nahmen sie damals den „Kulis“ ab und ließen sie in einem Busch zurück, weil sie uns zu sehr beim Laufen behindert hätten. Nur etwas Mundvorrat nahmen wir mit. Damals war das ein Vorteil gewesen, jetzt erschien es uns als große Dummheit, denn nun mußten wir wieder ganz nahe ans Lager zurück ...

Wie Missetäter, die es aus sicherem Versteck an den Tatort zurücktreibt, stiegen wir am sechsten Fluchttage aus den Bergen lagerwärts hinab. Am frühen Nachmittag brachen wir auf. Ein Abschiedsblick auf das große Panorama war uns nicht mehr beschieden, die Throne der Götter hatten sich in dichte Wolken gehüllt.

Es war eine besondere Erschwerung unserer Aufgabe, daß wir noch im Tageslicht bei den Taschen eintreffen mußten, die wir sonst in der Dunkelheit niemals gefunden hätten. Als wir uns dem Rande des Bergdschungels näherten und damit wieder dem Flußbett und der belebten Landstraße, beratschlagten wir über die beste Art des Vorgehens. Beschluß: nur einer geht die Taschen holen. Wer? Das wird durch Knobeln entschieden. Wie zur Strafe dafür, daß ich keine Lust zu dem vermessenen Gang verspürte, den ich für eine Herausforderung des Schicksals hielt, traf mich das Los. Voll banger Spannung machte ich mich davon. Have würde vorläufig hier liegen bleiben, bis es dunkel würde, und mich dann nach erledigter Mission an verabredeter Stelle, mehrere Kilometer südlich des Lagers, erwarten.

Beim Heraustreten aus dem Dschungel sah ich in einiger

Entfernung das Lager liegen. Die Drähte liefen wie Spinnfäden um die abendbraunen Baracken, einige Wäschestücke hingen von den Leinen, und eiligen Flugs zogen Krähen über die Strohdächer dahin.

Seltsam angerührt stand ich an der Außenseite des Camps, in dessen Innerem ich so lange mein Dasein gefristet ... Es war um die Stunde, da die Insassen, mit dem Blechlöffel in der Faust, an den Barackenpfosten lehnen, das Läutezeichen zur abendlichen Abspeisung erwartend. Kurz darauf strömt alles in die häßlichen Eßräume, wo von billigen, rotgeblümten Emailletellern die Mahlzeit eingenommen wird. Es war noch keine Woche, daß ich das Lager verlassen, und doch fühlte ich mich ihm schon völlig entrückt. Der Ausbruch übte die gleiche Wirkung aus wie damals die Einlieferung, nur mit umgekehrtem Vorzeichen: die blitzartige Umstürzung der bisherigen Lebensverhältnisse.

Ich überquerte das trockene Schotterbett des Flusses und schlich mit kurzgehendem Atem den Steilhang lautlos hinauf, den wir damals so hinuntergepoltert waren. Er führte auf gleiche Höhe mit dem Lager, dessen unmittelbare Gefahrenzone ich nun betrat. Beging ich hier die geringste Unachtsamkeit, so war im nächsten Augenblick der ganze in Bereitschaft liegende Verfolgungsapparat gegen mich aufgeboten. Spähend hielt ich im dichten Gebüsch inne und gewahrte durch die Zweige in einigem Abstand einen Gurkhaposten, der im Stacheldrahtgang langsam vorbeischritt. Sein Anblick mahnte zur Vorsicht, denn wenn es ihm, der einen Steinwurf entfernt war, einfiele, in meine Richtung zu sehen, mußte er mich entdecken und schießen. Ich glitt zu Boden und beschloß zu warten, um erst im Spätlicht an das Versteck zu gehen.

Geraume Zeit verstrich. Dann hörte ich die Lagerglocke läuten — zum Essen oder war es zum Appell?

Bei Strafe der Wiedereinlieferung in das Camp da drüben mußte ich ganz still, ganz unbeweglich liegenbleiben, durfte die schmerzenden Glieder nicht rühren. Um die Zeit zu übertäuben, zählte ich die Blätter an einem Ast, folgte dann lange den wirren Läufen einer Ameise, dann dem ruckartig-präzisen Kreisen des Sekundenzeigers meiner Uhr, suchte schließlich angestrengt das kaum sichtbare Vorrücken des großen Zeigers zu erkennen —. Wahnwitzige Lage! Was war schon bisher erreicht, wie würde es weitergehen? Immerhin befanden wir uns jetzt auf der richtigen Seite des Drahtes, aber wohl nur für kurze Zeit; bald würden wir wieder in seine Maschen geraten ...

Nachdem ich bei einbrechender Dunkelheit die Taschen gefunden, mußte ich mich schleunigst vom Lager entfernen, um die Verabredung mit meinem Gefährten einzuhalten. Er durfte mit Recht annehmen, daß ihr Auffinden eine Sache von wenigen Augenblicken sei und würde sich nun wegen meines langen Ausbleibens große Sorgen machen.

Im Weichbild des Lagers mußte man auf der Hut sein. Hier war das Wirkungsfeld der Tommies und der Streifen. Später führte der Weg durch ausgedehnte, von mehreren Straßen durchzogene Teegärten, an deren Rändern Dörfer lagen. Man kann Indien nirgends durchstreifen, ohne fortgesetzt auf Eingeborene zu stoßen. Sie bevölkern jeden Fußbreit Bodens, springen aus einem Graben oder treten hinter einem Busch hervor, tauchen in vermeintlich tiefster Dschungeleinsamkeit auf, ja erheben sich jäh aus flachem Felde. In den Teegärten herrschte ein Treiben wie auf dem Basar. Es wurde eines der zahllosen religiösen Feste gefeiert, diesmal zu Ehren der Mond- oder Liebesgöttin, denn zu nächtlicher Stunde mußte ich Ochsenwagen ausweichen, auf denen Mädchen saßen, die nach endlos schwebenden, dissonanten Melodien sangen, und in den Dörfern wurde dumpf die Trommel gerührt. Hier als Engländer offen die Wege zu benützen, wäre unklug gewesen; nachts pflegen sich Engländer weder in Plantagen noch in Dörfern zu ergehen. Jeder Inder in der Lagerumgebung hatte von dem Ausbruch gehört und würde beim ersten Verdacht Meldung erstatten; lockte doch eine stattliche Belohnung. Es kostete mich viel Zeit, durch die nächtlich belebten Plantagen zu kommen.

Um drei Uhr morgens endlich langte ich bei Have an, der mich gefangen glaubte und mich aufgegeben hatte.

Südlich von Dehra Dun ziehen die Siwaliks dahin, ein dem Himalaja gleichlaufender, niedriger Höhenzug, seltsam verfaltet und in scharfe Zacken zerschnitten. Von dichtestem Dschungel bewachsen und menschenleer, bilden sie einen großen Forstbezirk. Hinter diesen Bergen liegt die nordindische Ebene, die im Pandschab beginnt und sich am Himalaja entlang bis nach Bengalen erstreckt. Es ist die Ebene, in die vor Jahrtausenden die Arier herabstiegen und hier, in einer Morgenstimmung des Geistes, die Hymnen des Veda dichteten; Gautama Buddha, der Königssohn, verkündete hier seine Lehre von den vier edlen Wahrheiten, und hier fielen verwüstend die Moguln ein, den Islam zu verbreiten und ihre Residenzen mit Märchenbauten aus blendendweißem Marmor zu übersäen. Seit altersher durchziehen Verkehrswege diese Ebene, und heute führen hier neben uralten Straßen mehrere Bahnstränge entlang, von denen der nördlichste die Verbindung zwischen Lahore und Kalkutta herstellt. An dieser Linie liegt Saharanpur, etwa 70 Kilometer südwestlich von Dehra Dun, die Stelle, wo wir die Bahn besteigen wollten.

Nach Saharanpur führte eine Straße, auf der Omnibusse verkehrten. Weil es in Lagernähe zu verwegen gewesen wäre, einen von ihnen zu benützen, blieb uns keine andere Wahl, als zu Fuß die Dschungelbarriere der Siwaliks zu durchqueren. Da wir schleunigst vom Lager Abstand gewinnen mußten, waren wir gezwungen, tagsüber den Marsch anzutreten, wobei uns jedoch zugute kam, daß sich damals in der Umgebung von Dehra Dun verschiedene Ausbildungs- und Erholungslager für Truppen befanden. Die Gegend war von englischem Militär belebt, und die Inder hatten sich an seinen Anblick gewöhnt. Wir konnten es daher wagen, uns am Tage zu bewegen.

Wir brachen aus unserem Versteck auf, in voller Uniform,

die Militärtaschen unter dem Arm, und schlugen die Richtung nach den Siwaliks ein. Schon früh am Morgen herrschte eine große Hitze, die sich noch zusehends steigerte. Wir hatten erst eine kleine Wegstrecke zurückgelegt, als uns der Schweiß bereits überströmte. Die Wasserflaschen, soeben am Bach gefüllt, waren gleich wieder leergetrunken. Die indische Hitze peinigt unsäglich; sie lähmt den Willen, betäubt das Gehirn und bedroht als Hitzschlag in lebensgefährdender Weise die Wärmeregulierung des Körpers. Wenn wir ihr nur entrinnen könnten! Aber wohin? Ringsum waren Felder und auf ihnen wuchs kein Strauch. Da und dort lagen die ausgebleichten Gerippe verendeter Rinder auf den Äckern, und hoch droben über unseren Köpfen kreisten, nach neuem Sterben ausspähend, die Geier. Über die Wege zogen langsam kleine Staubwolken dahin, aufgewirbelt von den nackten Füßen der Eingeborenen, die auf ihre Felder gingen.

Gern hätten wir die Dörfer, deren würfelförmige Lehmhütten vor uns in der zitternden Luft auftauchten, gemieden, waren aber auf sie, als die einzigen Orte, wo es nunmehr Wasser gab, angewiesen. Unser Herannahen blieb nirgends unangemeldet, denn sobald wir uns dem Dorfrand näherten, liefen die Kinder, die dort im Straßenschmutz spielten, erschrocken davon, um den Bewohnern unsere Ankunft zu verkünden. Ängstlich zogen sich die Frauen in die Hütten zurück, nur die Männer blieben wie abwehrend in den Türöffnungen stehen. In der Sonne schliefen räudige, skelettdürre Hunde, die so haarlos nackt waren, als sei ihnen die Haut abgezogen, und achteten der Fliegen nicht, die in schwarzen Klumpen ihre Schwären bedeckten. Es roch nach verbranntem Kuhmist — dem Feuerungsmittel des holzarmen Indien —, und an den Hauswänden klebten zahlreiche frische, handgeformte Fladen, um dort von der Sonne getrocknet zu werden. Wir traten in die dürftigen Lehmbehausungen ein, wo man dank der kleinen Fenster und dicken Wände etwas Kühlung genoß, und erbaten in gebrochenem Hindostani einen Trunk, fast befürchtend, die Leute könnten so arm sein, daß sie nicht einmal Wasser anzubieten hätten. Daß wir die Landessprache nicht einwandfrei beherrschten, brauchte uns nicht zu beunruhigen, die meisten Tommies waren ihrer auch nicht mächtig.

In manchen Dörfern leben die Unberührbaren, die Kastenlosen, die Elendesten der Elenden in einem abgetrennten Viertel für sich, inmitten von Unrat und Verfall, und hier ist eine so trostlose Unglücksgemeinschaft zusammengedrängt, es blikken einen Augen von so hündischer Demut und unsagbarer Hoffnungslosigkeit an, daß man sich voller Schaudern von diesen Szenen ewiger Verdammnis abwendet, unfähig zu begreifen, wie Menschen solches Los ertragen können, es seit Tausenden von Jahren ertragen können ...

Wir hatten die Siwaliks erreicht und schlugen einen Forstweg ein, der nahe der Waldgrenze entlangzog, nur gelegentlich ins Freie tretend. Die Sonne stand jetzt im Zenith, ihre Strahlung bohrte sich bis ins Innerste des Körpers und verbreitete sich gleich einem Fieber darin. Das Buschlaub war von einer dicken Staubschicht bedeckt. Bizarr gefurchte, schwefelgelbe Termitenhügel standen in den dunklen Schlagschatten des Waldes. Verdrossen keuchten wir durch die dicke Luft. Have, der tropengewöhnte Sportsmann, schien mehr mitgenommen als sonst.

Hinter einer Wegkrümmung tauchten unversehens verdächtige Gestalten zwischen den Stämmen auf — es waren Soldaten! Was tun? Unter die Büsche schlüpfen oder weitergehen? Zum Verschwinden ist es bereits zu spät. Also schnurgerade auf sie los!

Zum Glück sind es Inder, anscheinend in einer Geländeübung begriffen. Hoffentlich ist kein englischer Offizier dabei. Als wir an ihnen vorübergehen, lächeln sie, die weißen Zähne zeigend, uns freundlich-verlegen an. Da geht Have auf einen von ihnen zu und bittet gelassen um Wasser. Bereitwilligst wird es gegeben; es ist sogar kalter Tee. Have liebte derartige

Coups, er schwelgte förmlich darin, während mir in solchen Augenblicken das Blut in den Adern gerann.

Wir marschierten weiter. Nach einer Weile fängt Have an, über Kopfschmerzen zu klagen. Was ist nur mit ihm los?

„Komm, wir gehen noch ein kleines Stück und machen dann eine Rast", ermunterte ich ihn.

„Nicht meinetwegen. Mir fehlt nichts, nur immer weiter."

Jetzt sah ich an seinen Augen, daß er Fieber hatte, sein altes Übel: „Mein Lieber, du hast Malaria!"

Wir bogen vom Weg ab, in den Dschungel hinein und ließen uns im dichten Gestrüpp nieder. Kein Zweifel, Have hatte einen Malariaanfall, seine Temperatur schnellte in die Höhe; unser kleines Thermometer zeigte 40 Grad. Ich fing an, mir Sorgen zu machen.

Er hatte seinen Tropenhelm übers Gesicht gedeckt und war eingeschlafen. Trübe Gedanken bestürmten mein Hirn. Welches Pech, so nahe am Lager – wir waren knapp 15 Kilometer davon entfernt – bereits vom Mißgeschick ereilt zu werden! Es kann uns wertvolle Zeit und schlimmstenfalls sogar die Verwirklichung unseres ganzen Vorhabens kosten! Have hatte zwar früher schon fünfzehn oder mehr Malariaanfälle gehabt und stand mit der Krankheit auf vertrautem Fuße, aber mir fiel auch ein, wie er mehrfach bei schweren Attacken für Stunden das Bewußtsein verloren hatte. Wird er dann noch die Kraft haben, sich durch die Siwaliks zu schleppen und die Entbehrungen zu überstehen, die eine Flucht mit sich bringt? Wenn die doppelte Dosis Atebrin, die er eben geschluckt hat – das Mittel hatten wir aus dem Lagerhospital beschafft –, nicht bald das Fieber herabdrückt, dann wird es kritisch. Meine Überlegungen unterbrach das Herannahen eines Tieres, eines kleinen, weißgefleckten Dschungelhirsches, der sich durch das Unterholz auf uns zubewegte. Er wurde durch Steinwurf verjagt, stob aber so laut davon, daß Have erwachte. Das Fieber wurde gemessen, aber die Temperatur zeigte keinen Rückgang.

„Mach dir keine Gedanken", sagte Have, der mein besorgtes

Gesicht sah. „Morgen früh bin ich wieder in Ordnung. Ich kenne das, es geht schnell vorbei.“

„Hoffentlich hast du recht. Aber wirst du imstande sein, morgen durch die Siwaliks zu laufen?“

Have schwieg. Nach einer Pause sagte er:

„Wir müssen unseren Plan ändern. Solange, bis das Fieber ’runter ist, bleiben wir hier liegen und gehen dann nicht über die Berge nach Saharanpur, sondern benützen den Bus.“

Nun hatte der Lagerkommandant immer betont, daß kein Flüchtling mit dem Omnibus fahren könne, weil die Fahrgäste zu scharf überwacht würden. Ich äußerte daher meine Bedenken.

„Lieber dieses Risiko laufen, als in den Siwaliks steckenbleiben“, war Haves Ansicht. „Polizei oder Spitzel werden wir schon wegbluffen.“

„Meinetwegen. Versuchen wir’s.“

Am nächsten Morgen war das Fieber fast vergangen und Have so weit bei Kräften, daß wir mittags zur Landstraße gehen konnten, auf der die Omnibusse fuhren. Zum Glück war es nur ein leichter Anfall gewesen.

Wir legten noch rasch eine bessernde Hand an unser Äußeres, ehe wir in die große Welt hinaustraten; denn bisher hatten wir uns, allen Begegnungen ausweichend, im Verborgenen gehalten. Fortan würden wir unsere Operationen bei dauernder Feindberührung im Offenen entwickeln.

Gerade, als wir auf die Landstraße hinaustraten, kam ein Omnibus dahergefahren. Sollten wir ihn, der anderen schon zum Verderben gereicht, anhalten? In blitzschneller Folge wogen und verwarfen, hofften und fürchteten wir, um dann in zuversichtlicher Bedenkenlosigkeit die an sich ungewisse Chance zu ergreifen. Wir winkten dem Fahrer und stiegen ein. Es befanden sich keine verdächtigen Fahrgäste im Bus, nur eine verschleierte Mohammedanerin mit ihrem Kind saß darin. In ihren weißen Gewändern mit dem aufgenähten runden Kopfaufsatz, der vor den Augen ein schmales, siebartig durchlöchertes Fenster läßt, sehen diese Frauen wie Milchkannen aus.

Daß wir mit unserem hohen militärischen Besuch sein klapperndes Gefährt auszeichneten, schien den dunkelhäutigen Fahrer zu beeindrucken. Wo wir denn hinwollten? fragte er ergebenst. Nach Saharanpur. Oh, dann müßte er sich sputen, damit wir den Anschluß zum Hauptbus an der Umsteigestation nicht verpaßten. Achtung — da fahren wir eben auf eine Polizeistation zu! Ein uniformierter Häscher mit rotleuchtendem Turban, das Bajonett aufgepflanzt, steht breitbeinig davor. Aber er hält den Wagen nicht an, wir fahren vorbei.

Es reichte eben zu eiligem Umsteigen. Der andere Bus stand schon da, bis oben vollgepfropft mit Indern, einer zusammengepreßten Unzahl rohrdünner, in Baumwolltücher gehüllter Gestalten, deren Kopfbedeckungen ein geballtes Knäuel von Turbanen, Filzkappen, Fez und Käppis bildeten. Bauern und Kulis, armselige Menschenkinder, mit den durchgeistigten Köpfen von Theologiestudenten und einem flehenden, demütigen Ausdruck in den Augen. Wir geboten dem Fahrer, der prompt mehrere Eingeborene verjagte, vorne, auf den guten Sitzen, Platz zu machen. Have kam gleich hinter dem Fahrer zu sitzen, ich an seiner Seite. Neben mich zwängte sich im letzten Augenblick ein Inder, einer von der intelligenten Sorte, sicher neugierig, vielleicht ein Schnüffler. Ich war auf meiner Hut und legte mir vorsorglich einige Antworten zurecht. Wir fuhren noch nicht lange, da fragte mich tatsächlich mein Nachbar, ob wir aus Dehra Dun kämen. Nun befanden sich in Dehra Dun nicht nur Internierte, sondern auch Truppen, aber verfänglich war die Frage doch.

„Nein, ich komme nicht aus Dehra Dun“, war meine kurz angebundene Antwort, „ich bin von einer Kraftwagenkolonne abgesetzt worden und fahre dienstlich nach Kalkutta.“

Er schien befriedigt und bei meinem hoffärtigen Ton nicht zu weiterer Unterhaltung aufgelegt.

„Say, John“, rief Have übermütig von hinten, „es stinkt in diesem Kasten!“ Offensichtlich machte es ihm ebenso Vergnügen wie mir, daß wir uns nicht durch die Siwaliks zu schleppen brauchten, denn jetzt, während sich der Autobus die Steilserpentinen hochschraubte, sahen wir, was uns erspart geblieben war: eine grausige, garstige Gegend, jeder Felskessel ein Gluttiegel, langstachliges, dichtes Untergestrüpp und nirgends Wasser.

Da gab es einen Ruck, die Bremsen des Wagens zogen scharf an. Vor uns, in einer Haarnadelkurve, versperrten zwei ineinander verhakte Militärlastautos die Straße, das eine voll indischer, das andere voll australischer Soldaten. Die halbnackten Australier trugen breite Schlapphüte und kamen wohl von einer Übung, wie ihren feuchten, mit Staub bedeckten Oberkörpern anzumerken war. Sie fluchten über den Unfall, daß Gott erbarm!, und machten mit ihrem Schelten die Inder kopfscheu, bis diese zu keinem Handgriff mehr fähig waren, so daß die Aussies schließlich selber anpacken mußten, was ihnen Grund zu noch wilderem Schimpfen gab. Mich kostete ihre bedrohliche Nähe mehrere Schweißausbrüche, die mich überliefen wie Güsse von heißen Brühen. Daß ihm jetzt eine Flasche Bier gut schmecken würde, sagte mir einer der Soldaten, der vorn an unseren Wagen herantrat. Bei Gott, mir auch. — Endlich wurde das Hindernis beseitigt, wir konnten weiter. Als wir über die Höhe waren, fing der Fahrer das bei allen Eingeborenen so beliebte Rasen an. Atemberaubend sauste der Autobus durch die Kurven.

„Wenn du Hundesohn nicht vorsichtiger fährst, schmeiße ich dich 'raus!" schrie ich ihn an. Wäre ich rücksichtsvoller mit ihm umgegangen, er hätte mich nie für einen Tommy gehalten.

In der Ebene wurde haltgemacht, mitten in einem Lager für motorisierte Truppen, zwischen dessen Zelten große Wagenparks standen. Am Straßenrand stand eine Theke, wo Limonade und Milch ausgeschenkt wurde, doch getrauten wir uns trotz des quälenden Durstes nicht hin, weil einige Tommies am Ladentisch lehnten. Nun ging es ohne weiteren Stop nach Saharanpur. Der Fahrer meinte, wir müßten um halb fünf dort eintreffen — für uns viel zu früh, denn der Zug nach Kalkutta würde erst um halb acht abfahren. Wie sollten wir bloß die drei Stunden überstehen? Dieser Gedanke quälte uns unablässig und verdarb uns den Rest der Reise. Das letzte Stück führte durch künstlich bewässertes Gebiet; allenthalben waren Kanäle, Stauwehre, Durchstiche und Gräben zu sehen. Schöpfräder lenkten Wasser auf die Felder. Langhörnige weiße Rinder, mit großen Höckern und tiefhängenden Halslappen, zogen gemächlich Karren über holprige Wege, ohne den liegenden Lenker aus dem Unschuldsschlaf der Kreatur wachzurumpeln.

In Stadtnähe wurden die Militärfahrzeuge zahlreicher und ließen befürchten, daß in Saharanpur großer Militärbetrieb herrschen würde. So war es auch. Als wir beim Bahnhof ausstiegen, wimmelte es von Soldaten, aber auch von anderem Volk. Scharenweise hockten schnatternde Eingeborene zwischen Bündeln auf dem Boden, den roten Betelsaft in weitem Bogen ausspuckend. Lastträger schufen sich schreiend Bahn. Strammbeinige Gurkhas, den Kukri, das kurze, schwere Krummesser an der Seite, standen in Gruppen neben hochwüchsigen Pandschabis und sommersprossigen Tommies. Zum erstenmal tauchte vor uns die rote Kappe der Militärpolizei auf. Puh — welch furchterregender Anblick! Beklommen und halb betäubt von soviel andrängendem Leben, standen wir inmitten des Geschreis und Geschiebes, unschlüssig, was zu tun sei.

Da kam auch schon der Stationsvorsteher an uns vorbei. Er möge uns in den Wartesaal geleiten, ersuchte ihn Have, der wieder einmal seinem frevelhaften Übermut erlag. Der Mann führte uns durch die Sperre auf den Bahnsteig, an zwei Militärpolizisten vorbei, in den Wartesaal, in dessen entferntester Ecke wir uns an einem unbesetzten Tisch niederließen. Es war ein kleiner Raum mit wenigen Gästen. Sogleich bestellten wir eine Zeitung, um uns dahinter zu verschanzen, und zwei große Gläser Zitronenwasser für die trockenen Gaumen. Jedesmal, wenn die Tür sich öffnete, lugten wir vorsichtig über den Zeitungsrand, ob nicht das Verhängnis nahe.

„Das kann hier nicht gut gehen“, sagte Have mit leiser

Stimme. „Wir müssen 'raus in die Straßen. Drei Stunden auf diesem Platz zu bleiben ist Wahnsinn."

Ich war entschieden anderer Meinung, — nun waren wir einmal auf dem Bahnhof, jetzt hieß es die Stellung halten. Es gelang mir, Have umzustimmen. Während wir im Begriff waren, die Zeitung ein zweitesmal zu überlesen, geschah es, daß die Tür sich öffnete und zwei Militärpolizisten, ein englischer und ein indischer, hereinkamen. Im Augenblick war der Raum von Spannung zum Bersten voll ... Sie sahen sich um und gingen dann auf unseren Tisch zu —. Reglos, denn an ein Entkommen aus unserer Ecke war nicht zu denken, erwarteten wir den Vernichtungshieb ... Dümmer hätten wir es nicht anstellen können! Jetzt brauchten sie nur zuzugreifen ...

Zwei Tische neben dem unsrigen nahmen die Polizisten Platz. In drohender Nähe leuchtete das weiße „MP" auf der roten Armbinde; am Gürtel hing die schwere Pistole. Was mochten sie im Schilde führen? Sie nahmen ihre Mützen ab, wischten sich den Schweiß von der Stirne und bestellten Limonade. Die Hitze hatte den beiden arg zugesetzt, nun schoben sie eine Erfrischungspause ein. Der Engländer machte es sich bequem und legte die Füße an der Tischkante auf. Dann wandte er den Kopf und sah, indes er sich mit seinem Taschentuch Kühlung zufächelte, lange und prüfend zu uns herüber, schien aber nichts Auffälliges zu entdecken, — still saßen wir in der Ecke, dem Hüter der militärischen Ordnung ein wohlgefälliger Anblick. In unserem Innern sah es freilich anders aus. Mir brannte es unter den Nägeln, daß ich das Soldbuch bei mir hatte, dessen Wert als Ausweispapier mir jetzt, wo ich es vielleicht vorzeigen müßte, äußerst fragwürdig erschien. Für einen Inder war es gut genug, aber würde ein Engländer darauf hereinfallen? Ich brauchte doch bestimmt noch einen Urlaubsschein dazu. Könnte ich ihn nicht vorweisen, so fiele der Verdacht der Fahnenflucht auf mich, und stellte sich dann der wahre Sachverhalt heraus, wäre das Soldbuch nur eine gefährliche Belastung. Also lieber das tückische Ding vorsichtig unter die Tischdecke schieben.

Gehen die beiden weg, kann ich's ja wieder zurücknehmen. Und wirklich, nach einer Weile gingen sie. Meine Erleichterung war noch größer als Haves, denn welche Vorwürfe hätte ich mir bei einer Entdeckung in diesem Wartesaal gemacht, da ich doch hartnäckig darauf bestanden hatte, hier zu bleiben!

Da Have ähnliche Bedenken wegen des Soldbuches hegte wie ich, wurde es nötig, daß wir uns jeweils darüber verständigten, ob wir es vorzeigen wollten oder nicht. Es wäre aber nicht möglich gewesen, dies von Fall zu Fall umständlich vor Dritten zu erörtern, weshalb wir beschlossen, den Büchern einen Decknamen zu geben: „Zoja" für Haves und „Simone" für meines. Es waren dies die Namen geliebter Geschöpfe, von denen uns der Krieg getrennt hatte.

Unsere Augen hingen an der Uhr, aber die Zeit schlich und wollte nicht vergehen. Nach und nach füllte sich der Raum mit Indern und Soldaten. Vorübergehend setzte sich ein baumlanger Sikh an unseren Tisch, ohne jedoch ein Gespräch zu beginnen. Er spielte nur träumerisch mit seinem seidigen, in der Mitte geteilten Bart, dessen Enden — nach den strengen Vorschriften seiner Sekte dürfen keine Haare abgeschnitten werden — kunstvoll unter dem Kinn eingeschlungen waren. Wie sollten wir nicht unruhig werden in Gegenwart des blassen, geheimnisvoll lächelnden Mannes, der in seinem Turban wie ein Magier oder Gedankenleser aussah? Ich wäre nicht erstaunt gewesen, wenn er uns plötzlich bei unseren richtigen Namen genannt und uns auf den Kopf zugesagt hätte, was wir vorhatten . . .

Als der Sikh entschwunden war, ging Have hinaus, um Fahrkarten zu kaufen, und zwar gewöhnliche Billette; für Militärkarten hätte es eines besonderen Ausweises bedurft. Er kam zurück mit zwei Karten zweiter Klasse nach Kalkutta, denn Dritter durften wir nicht fahren, das war unter der Würde eines Engländers. Bis Kalkutta 1540 Kilometer — stand auf der Karte zu lesen. Welche Entfernung!

„Harry, halt dich fest, eben kommt ein weibliches Wesen herein —", unterdrückte ich einen Aufschrei.

Die erste weiße Frau seit Jahren! Sie ging mit weichen Bewegungen an uns vorüber und setzte sich an einem benachbarten Tisch nieder. Als rothaarige Schönheit besaß sie eine milchig durchscheinende Haut, und ihre Augen, deren Farbe nicht gleich erkennbar war — später sah ich, daß sie grünlich schimmerten — waren bis zum Grunde mit Wärme erfüllt. Wie eine flüchtige Verdichtung des Äthers erschien sie mir ...

„Wirf nicht gleich den Tisch vor Begeisterung um", dämpfte Have.

„Mein lieber Junge, das ist ein großer Augenblick!" sagte ich mit einer Wendung ins Feierliche, das entwöhnte Auge nicht mehr von ihr nehmend. Und es bedeutete fürwahr ein Ereignis, nach Jahren rauhen Männerlebens hinter dem Draht, wo man die Frauenlosigkeit als besondere Gemeinheit, ja als ausgesuchte Quälerei empfunden hatte, zum erstenmal die Atmosphäre des Weiblichen zu spüren. Wir waren der Vorsehung dankbar dafür, daß sie uns eine Enttäuschung ersparte und statt etwas Deprimierendem ein rassiges Geschöpf in unser Blickfeld führte. Das war gewiß ein gutes Omen. Man wird ganz abergläubisch auf der Flucht, wo alles vom Zufall abhängt, und beginnt auf Zeichen und höhere Winke zu achten.

Nun verging auch die Zeit.

Wir bestellten Abendbrot. Als es gereicht wurde, gab es Bier dazu.

Für jemanden, der aus der Stille kam, war das alles ein Übermaß von Leben: vorbeibrausende Züge, fremde Gesichter, Kinder, weißes Tischtuch, Bedienung, knallrot geschminkte Lippen! Soviel belebender Andrang mußte uns in einen höheren Zustand versetzen, und als endlich der Expreß herandonnerte, waren wir bester Dinge und hätten es selbst mit dem Satan aufgenommen ...

„PASSPORTS, PLEASE!"

Der Fahrtwind des einlaufenden Zuges quirlte jäh die stikkige Luft über dem Bahnsteig auf und wehte etwas von Indiens Weite und Unermeßlichkeit herbei ... Aus den Abteiltüren drängten die Angekommenen, aber während noch braune Arme Blechkoffer, Kinder, Bettzeug und Hühner herausreichten, begann schon der Ansturm der Einsteigenden. Wir hielten uns, des besseren Überblicks wegen, abseits von der schiebenden Menge und schritten dann, als der Aufruhr sich gelegt hatte, eilig die Wagenreihe ab, um ein geeignetes Abteil aufzuspüren, ohne jedoch in der zweiten Klasse das Richtige zu finden. Überall saß englisches Militär. Erst im letzten Augenblick, als der Zug schon anfuhr, entdeckten wir ein volles Abteil mit Indern — oder glaubten, es entdeckt zu haben, denn als wir eingestiegen waren, bemerkten wir zu unserer nicht gelinden Bestürzung in der gegenüberliegenden Ecke zwei uniformierte Engländer. Der eine war Oberleutnant, der andere Pilot. Hätte uns jemand in diesem Augenblick gesagt, daß wir mit den beiden über vierzig Stunden im gleichen Abteil zubringen müßten, wir wären in der nächsten Kurve abgesprungen.

Schnellen, mißtrauischen Blicks prüften wir die übrigen Fahrgäste. Nichts ausgesprochen Verdächtiges darunter, aber auch kein vertrauenerweckender Gesamteindruck: ein Anglo-Inder, ein Parse, das übrige indische Babus — Kaufleute. Ihre Packen und Leiber nahmen viel Platz weg, doch solange sie zwischen uns und den Engländern einen Wall bildeten, konnte uns das nur recht sein. Nach einer Weile fing mein Nachbar in seinem Gepäck zu kramen an und holte eine Flasche hervor, die indischen Whisky enthielt. Bitte, wir sollten trinken. Sure, many thanks. Etwas zum Aufpulvern kann man brauchen. Ob nicht die beiden anderen Herren auch kosten wollten? Die Engländer winkten ab. Der Pilot musterte uns flüchtig — sagte etwas zu seinem Kollegen und strich kosend mit der flachen Hand den Lauf der Maschinenpistole entlang, die er zwischen den Knien hielt.

Von den fettleibigen Babus hatten wir noch am wenigsten zu befürchten, sie sahen sanft und gutmütig aus. Ihre Kleidung war europäisch, allerdings mit der karikierenden Abweichung, daß sie das Hemd über der Hose trugen. Zwischen ihren Augenbrauen leuchtete ein roter Farbfleck, das Glückszeichen des Hindu. Man merkte es ihnen an, daß sie sich mit irdischen Reichtümern vollgesogen hatten, und doch ist einer dieser Leute imstande, von heute auf morgen alles, was er hat, aufzugeben, in die Einsamkeit zu gehen und bis an sein Ende das Leben eines bettelarmen Einsiedlers zu führen. — Vor dem Anglo-Inder mußten wir auf der Hut sein, er stand sicher in öffentlichen Diensten — wie die meisten Eurasier — und mochte unter Umständen für die Polizei arbeiten. Trotz des englischen Bluteinschlages dominierte in seinem Ausdruck das Welke und Entkräftete. — Das Raubvogelgesicht des Parsen sah unter einem schwarzen, randlosen Lackzylinder hervor, der mit unzähligen kleinen Sternchen übersät war. Er saß gekrümmt über seiner Ledertasche, deren Griff er mit beiden Händen fest umklammert hielt. Als Nachfahre persischer Einwanderer, die sich noch immer zu den Lehren Zoroasters bekennen, betet er das Feuer an, und eines Tages, bei seinem Tode — so schreibt es der Bestattungsbrauch der Parsen vor —, wird seine Leiche auf den Türmen des Schweigens ausgelegt, um von den Geiern gefressen zu werden. Bis zu diesem Zeitpunkt wird er aber nur ein einziges Interesse haben: den Gelderwerb. Da wir als Gesprächspartner über Zinsfüße und Grundstückspekulationen schwerlich in Frage kamen, würde er von uns wohl keine Notiz nehmen.

Die Bahn führte den Himalaja entlang; im brechenden Licht waren die Silhouetten seiner Vorberge zu sehen. Lange Schatten legten sich über das Land. Die Umrisse zerflossen in der Dunkelheit.

Unser Abteil leerte sich, und unter den Aussteigenden befand sich, gottlob, der Anglo-Inder. Wir nahmen jetzt einen Sitzplatz ein, den Engländern schräg gegenüber. Der Oberleutnant war groß, hohläugig, ledern; der Pilot ein blonder Junge wie Milch und Blut. Bisher ließ sich ein Gespräch mit ihnen vermeiden. Es wurde spät, man richtete sich allmählich zum Schlafen ein. Durch Hochklappen der Rückenlehnen entstanden Liegestätten. Auf die Oberbetten kletterten zwei Inder, von denen der eine langandauernde Gebetsübungen verrichtete; die Anwesenheit von Fremden schien ihn nicht im geringsten zu stören. Und in der Tat besitzt der Inder eine erstaunliche Fähigkeit, sich augenblicks von der Umwelt abzulösen. Im geräuschvollsten Treiben der Bahnsteige, Basare und Gassen stößt man immer wieder auf sitzende, in sich versunkene Gestalten, die Augen glasig und verklärt, im Zustande meditativer Innenschau.

An Schlafen war bei uns nicht zu denken. Das ungewohnte Rattern der Räder, die unbequeme Sitzstellung, die Unsicherheit, ob nicht an der nächsten Station eine Paßkontrolle käme, die Nähe der Engländer — wie konnte man da zur Ruhe kommen! Erregend klirrten die Scheiben. Die Verdunklungsklappen an den Lampen wurden heruntergelassen. Ein blaues, spukhaftes Licht erfüllte das Abteil. Aus schmalen Augenspalten beobachteten wir lauernd jede Bewegung der Engländer. Sie schoben und renkten sich eine Schlafstellung zurecht... Schweigend starrten wir durch die Fenster in die jagende Finsternis... Ich war im Begriff, meine Beine aus einem Reisesack freizumachen, den ein Inder auf den Boden gelegt hatte, um darauf zu schlafen, als der Pilot aufwachte. Der nämliche Inder hatte sich auch ihm auf die Füße gelegt und wurde nun mit einem Tritt aufgeschreckt. In der Dunkelheit sah man nur das Weiße seiner Augen, in denen der Ausdruck des geprügelten Tieres lag, und nachdem er seine Entschuldigungen gestammelt, blieb er wie ein gestrafter Schüler in der Mitte des Abteils stehen.

Der Pilot suchte meinen Blick, zwinkerte mir zu, holte seine Zigaretten heraus und bot sie mir an: „Diese verdammte Unterwürfigkeit! Und das Schlimmste ist: Sie erreichen ihr Ziel damit!" Ich stimmte nickend zu. „Los, legen Sie sich wieder hin!" befahl er dem Stehenden.

Wir rauchten wortlos. Müdigkeit vorgebend, lehnte ich mich gähnend und mit geschlossenen Augen auf der Bank zurück. Der Engländer schlief wieder ein. Für den Augenblick war die Gefahr gebannt.

Der Zug raste durch die heiße Tropennacht, mit jeder Umdrehung der Räder den Abstand vergrößernd zwischen uns und Dehra Dun.

Unsichtbar fuhr mit uns das Unberechenbare.

Am nächsten Morgen waren wir mitten im Gespräch; es war unmöglich gewesen, sich ihm zu entziehen. Uns blieb nur übrig, die Unterhaltung so einsilbig wie möglich zu führen und in harmlosen Bahnen zu halten. Es war ein dauerndes Schweben über dem Abgrund.

„Fahrt ihr auch nach Kalkutta?" wurden wir gefragt.

„Ja."

„Ist da jetzt was los?" wollten sie wissen.

„Wir waren schon einige Zeit nicht mehr dort."

„Seid ihr schon lange von zu Hause weg?"

„O ja, lange."

Alles die lautere Wahrheit.

Auf einer Station bestellte der Oberleutnant Frühstück für vier Personen, und ein Boy brachte Tee, Eier, Keks und Obst ins Abteil. Als es ans Zahlen ging, wollte der Engländer nicht zulassen, daß wir unseren Anteil trügen, und bat uns dringend, seine Gäste zu sein. Dankend fügten wir uns. — Gerne würden wir uns alle Frühstücke der Welt von ihm bezahlen lassen, wenn er nur nicht von unserem Wehrverhältnis anfinge ... Er mußte sich doch Gedanken darüber machen, wer wir waren: Offiziere? Gemeine Soldaten? Unteroffiziere? An unserer Uniform konnte er es nicht erkennen. Was waren das für eigenartige Taschen, die sie bei sich hatten? Gehörten die beiden überhaupt zur aktiven Truppe oder kamen sie aus dem Verwaltungsdienst? Seltsam. — Vor dem Schlimmsten bewahrte uns höchstwahrscheinlich ein Schild: In dem Abteil war nämlich außer der Aufforderung an das Militär, wegen der Malariagefahr abends lange Hosen zu tragen, deutlich auf einer Tafel zu lesen, daß Unterhaltungen über militärische Dinge untersagt seien.

Der Zug fuhr durch die obere Gangesebene, ein altes, verbrauchtes Land, in dem sich alles in kraftlosen Staub verwandelt hatte. Man sieht hier keinen belebenden Wechsel, keinen Saft, keine Farbe, nur Erschöpfung. Eine arme Bevölkerung lebt kümmerlich dahin. An den kleinen Bahnhöfen, auf denen wir dann und wann hielten, erschienen regelmäßig Bettler, schmutzstarrende, krätzige, entsetzlich abgemagerte Gespenster. Viele blind, die Nasen zerfressen, die Kinder mit aufgedunsenen Hungerbäuchen. Sie drängten sich zu den Europäern an die Zugfenster, mit der stets gleichen flehenden Gebärde: zuerst die Schläge mit der flachen Hand auf die leere Magengrube, dann die gespitzten Finger in stopfender Bewegung vor dem offenen Mund. Diese schaurige Schar ist der Fluch Indiens und vermehrt sich obendrein rasend.

Um die zehnte Morgenstunde näherten wir uns der Stadt Lucknow. Sie ist bekannt aus den Tagen des indischen Aufstandes im Jahre 1857. Damals wurden hier die Engländer von den meuternden Sepoys belagert und erst nach schwerem Blutvergießen entsetzt. Heute ist Lucknow eine große Stadt und ein wichtiger Verkehrsknotenpunkt. Als wir in das Bahnhofsgelände einfuhren, hatte ich Vorahnungen: Hier wurden bestimmt die Züge kontrolliert. Vorsorglich zog ich mich zu längerer Morgentoilette in den Waschraum zurück. Der Zug hielt. Ich war dabei, mein eingeschäumtes Gesicht im Spiegel zu betrachten, als sich plötzlich etwas ereignete, was mich wie heiße Nadeln durchfuhr. Durch die Türe konnte ich deutlich eine Stimme vernehmen:

„Gentlemen, passports, please!"

Militärpolizei im Abteil — mir wurde ganz flau. In wenigen Augenblicken würde ich aus meiner Klause herausgetrommelt, festgenommen und ins Lager zurücktransportiert werden, in Handschellen — vor aller Augen. Ich hielt den Atem an und lauschte. Kein Zweifel, die letzte Stunde hatte geschlagen. Gleich wird Have aufgefordert werden, sich auszuweisen. Halt, fast hätte ich's vergessen: schnell die „Simone" versteckt —. Wohin? Oben in die Ventilationsklappe. Der Spiegel, vor dem ich jetzt wieder stand, warf mir ein verzerrtes Gesicht zurück. Ich sah, wie meine vom Seifenschaum umrandeten Lippen zuckten, sich bewegten, als würden sie Worte formen ...

Ob mein inbrünstiges Stoßgebet erhört wurde? Zunächst erfolgte nichts, nicht das geringste, kein Aufruhr im Abteil, keine Schläge an die Türe — und dann, als hätte eine höhere Hand das Unvermeidliche abgewendet, klang es: „Thank you, gentlemen, good morning", durch die Türe. Ich wollte meinen Ohren nicht trauen. Das war doch eben der sichere Garaus gewesen. Wie hatte Have es fertiggebracht, ihn abzuwehren? Nach einigem Zögern öffnete ich die Türe. Have stand vor mir, die Wangen ein wenig bleich, aber gefaßt und schon wieder im Gespräch. Ich brannte vor Neugierde, mußte sie aber zügeln. In Kalkutta erst — während der Bahnfahrt konnten wir uns darüber nicht unterhalten — erfuhr ich, wie sich alles zugetragen hatte.

Durchs Fenster hatte Have die Militärpolizei an unseren Wagen herankommen sehen. Auf den Bahnsteig hinauszutreten, um sich unter die Menge zu mischen, war bereits unmöglich;

auf der anderen, der Geleisseite auszusteigen, hätte sofort Verdacht erregt. Es blieb ihm also nichts anderes übrig, als im Abteil zu bleiben und der Katastrophe ihren Lauf zu lassen. Have hatte keinen besonderen Anlaß, sich vorzudrängen und ließ erst die beiden Engländer vor, sich auszuweisen. Ganze Stapel von Papieren hatten sie vorgezeigt, unser Soldbuch wäre daneben kümmerlich abgefallen. Als nun der MP im Begriff war, sich vom Oberleutnant weg an Have zu wenden, der bereits sicher mit seiner Festnahme rechnete, hatte der Oberleutnant hastig einen weiteren Ausweis hervorgezogen und mit einer Bewegung in Richtung auf Have bemerkt: „Und dies sind die Papiere meines Burschen!" Der MP warf einen flüchtigen Blick darauf, grüßte und verließ ohne weitere Umstände das Abteil. Er mußte wohl Have für den Burschen gehalten haben, — anders konnten wir uns den Vorfall nicht erklären. Den Burschen gab es auch tatsächlich, nur daß er ein Inder war, der in einem weiter entfernten Abteil des Zuges, dessen Richtung der Oberleutnant mit seiner Handbewegung angedeutet hatte, mitfuhr. Da die Militärpolizei lediglich Stichproben gemacht hatte und nicht an den Wagen des Burschen gekommen war, blieb der Irrtum unaufgedeckt.

Für eine Weile saß mir der Schreck in den Gliedern. Gut, wir waren noch einmal mit knapper Not dem Zugriff des Profosen entronnen. Aber würde uns der Zufall ein zweites Mal zu Hilfe kommen? Nach menschlichem Dafürhalten schien das ausgeschlossen. Die Wahrscheinlichkeit, daß eine derartige Glückskonstellation sich überhaupt einstellte, war an sich schon so gering, daß es im Widerspruch zu statistischen Gesetzen gestanden hätte, also völlig unstatthaft gewesen wäre, ihre Wiederholung zu erwarten. Der ganz seltene Ausnahmefall, das „Wunder" hatte sich ereignet. Nun würde wieder der normale Ablauf einsetzen. Ich hatte jedenfalls das Gefühl, daß unser Glückskapital soeben aufgebraucht worden war. Mir blieb keine Zeit, meinen Gedanken nachzuhängen, denn der Oberleutnant setzte zu längeren Ausführungen an über die damals

Indien bewegenden Themen: Ghandis Freilassung und die Hungersnot in Bengalen. Wir nickten in Abständen, brummten zustimmend und rauchten seine Zigaretten.

Um die Mitte des Tages wurde es unbändig heiß. Der Zugwind brachte statt Kühlung neue Glutwellen ins Abteil. Die Unterhaltung stockte. Wir fuhren wie durch eine unsichtbare Feuersbrunst. Flammenlos brannten die Dörfer und kleinen Städte. Der Staub schien zu heißer Asche verwandelt. Weißes, stechendes Licht suchte die Leuchtkraft der Farben zu vernichten. Die Ebene glich einem riesigen Brennspiegel, der sich vergeblich bemühte, die aggressive Strahlung zurückzuwerfen.

Man hätte bei solcher Hitze seine Lebensfunktionen auf das Erzeugen von Verdunstungskälte beschränken und im übrigen den Körper der schaukelnden, rüttelnden Bewegung des Zuges überlassen sollen. Passivität, völlige Entspannung, ein regungsloses Dahinbrüten wären die einzig gemäße Anpassung an die gegebenen Temperaturbedingungen gewesen. Uns dagegen zwangen die Umstände zu völlig klimawidrigem Verhalten, indem wir zu der äußeren Hitze noch immerfort innere hinzuerzeugten. Schon allein die unablässige, stechende Angst vor der nächsten Bahnstation! Jedesmal wurde erkundet, ob nicht die roten Mützen der MPs in der Menge sichtbar wurden. Wenn es der Fall war, hockten wir uns auf das Trittbrett auf der Geleisseite des Abteils. Auch plagte uns die Furcht vor neuen Fahrgästen. Der Zufall, der uns eben noch günstig war, könnte jetzt einen Spitzel entsenden oder auch nur einen Wißbegierigen. Man mußte ferner stets gewärtig sein, daß die bisherigen Mitreisenden — der Parse wurde geschwätziger — dem Gespräch unversehens eine gefährliche Wendung gäben ...

Doch der anhaltende Umgang mit der Gefahr stumpfte allmählich die Angstgefühle — nicht die Achtsamkeit — ab. Es ging ja auch nicht an, dauernd in höchster Anspannung nur auf den nächsten Schlag zu warten; man hätte ihn dann bestimmt schlecht pariert.

Einschläfernd dröhnten die Schienen, die schnurgerade durch

das Flachland liefen. Man erlag der Monotonie einer endlos sich dehnenden Strecke, erlag den Einflüssen einer Landschaft, die tief im Inneren einer großen kontinentalen Landmasse gelegen ist, wo den Himmel kein Wasser widerspiegelt, im staubigen Dunst der Horizont verschwimmt und ungehemmt die Kräfte der Erde wirken. Ein wenig Wehmut mischte sich der Langeweile bei — alles war so weit und so eintönig, das Reiseziel schien unendlich fern, sein Erreichen so aussichtslos ... Doch die indische Weiträumigkeit besitzt noch eine besondere seelische Note: Sie ist von drückender Leidensstimmung erfüllt. Und diese Leidensstimmung namentlich war es, die alles dumpf umgab, der man sich nicht entziehen konnte. Sie sprach aus den Gesichtern der Eingeborenen, die in Massen auf den Bahnhöfen lagerten, aus ihrem Blick, der wie aus einer anderen Welt herüberkam, und lastete spürbar auf dem ganzen Land. Es ist das viele Generationen lange, inbrünstige Bemühen seiner Bewohner, alle Lust am Dasein zu vernichten und dem irdischen Jammertale zu entfliehen, das sich schließlich der ganzen indischen Atmosphäre mitgeteilt hat. Ehe ich es zum ersten Male gesehen, hatte ich mir Indien als Tropenparadies voll Palmenglück und heiteren, sorgenfreien Menschen vorgestellt. Daß es in Wahrheit ein halbödes, heimgesuchtes Land ist, in dem eine gequälte Menschheit ihr elendes Leben fristet, war eine Entdeckung, die sich alsbald mit dem Wunsch verband, seinen unseligen Boden so schnell wie möglich zu verlassen.

Der Zug jagte nach Osten ...

„Abends halten wir für eine halbe Stunde auf einer Station!" rief der Schaffner ins Abteil. „Für Militär wird im Erfrischungsraum Abendbrot gereicht. Darf ich für Sie, meine Herren, Plätze reservieren?" Die Engländer bestellten zwei Essen für Offiziere; wir konnten schlecht nein sagen und schlossen uns an.

Vorher kamen wir nach Benares, der Hochburg des Hinduismus am heiligen Strom des Ganges. Die Bahn führte am Stadtrand vorbei, ohne einen Blick in ihr Treiben zu gewähren. Erst als wir langsam über die große, schwerbewachte Gangesbrücke glitten, zeigte sich Benares von der Flußseite her, die seine bedeutendste ist. Denn die ganze Stadt ist nur für den Fluß gebaut, ihre Architektur drängt zu dieser einen Front hin. Der Uferhang ist stufenförmig von Tempeln, Spitzkuppelbauten und schmalbrüstigen Häusern dicht besetzt. Wie wildes Fleisch wuchern die Ornamente der Tempelwände. Ein widerlicher Geruch von Opferblumen und Kuhdung erfüllt die engen Gassen. Die Vielfalt der monströsen Symbole, in denen das Göttliche verehrt wird, ist beängstigend; in Phallusgestalt, in Tierform als Affen-, Schlangen-, Stier- und Elefantengottheiten und in menschenähnlichen, vielarmigen, fratzenhaften, oft obszönen Bildern — Kulte, die im Banne einer dunklen Dämonologie stehen. Am Strom herrscht ein unübersehbares Gewirr von Stegen, Anlegebrücken und ins Wasser gebauten Plattformen. Unter hochaufgestockten, scheibenförmigen Sonnenschirmen sitzen die Brahmanen in regloser Konzentration. Gruppen von Pilgern stehen im Wasser, um sich durch heilige Waschungen zu reinigen; kleine Rauchsäulen steigen von Holzstapeln empor, auf denen die Leichen brennen.

Mir fiel ein, daß ich vor dem Kriege hier eine Verbrennung aus der Nähe mitangesehen hatte. Es war etwas für starke Nerven gewesen. Offenbar wurde das Haupt der Familie bestattet, und der älteste Sohn versah den Dienst am Feuer, während die übrigen Angehörigen teilnahmslos neben dem kleinen Scheiterhaufen hockten. Von dem Verstorbenen waren noch der Schädel und die Füße übrig, da ihn das Feuer bloß in der Mitte erfaßt hatte. Der Sohn schob die beiden unverbrannten Körperenden zusammen und zertrümmerte — einem uralten Brauch gemäß — mit einer Bambusstange den Schädel des Verblichenen. Die Asche wurde in den Ganges gestreut, der träge und breit an seiner größten Verehrungsstätte vorbeiströmt.

Als die Abendfeuer in den Dörfern aufflammten, hielt der Zug an der angekündigten Station. Wir gingen mit dem Oberleutnant und dem Flieger, der zu diesem Gang seine schwere Maschinenpistole mitnahm, in das kleine Bahnhofsgebäude, das auf freiem Feld lag. Der kleine Speiseraum war schon voller Offiziere, die meisten Tische waren besetzt. An der Bar herrschte Gedränge. Man ließ sich die Feldflaschen mit Gin auffüllen. Ein Kellner führte uns an den reservierten Tisch, wo bereits zwei Offiziere saßen — ein Major und ein Hauptmann, beide Engländer. Wir ließen uns benommen nieder, die Freunde aus dem Abteil neben uns. Wortlos begann das Mahl mit den vier Offizieren. Welch unvergeßliche Tafelrunde! Der Major sah streng und gefährlich aus: scharfe Züge, schwarzes Haar, stechendblaue Augen. Golden funkelte die Majorskrone auf seinem Achselstück. Eine schöne, breite Stirn über kindlich großem Gesicht hatte der etwas schüchterne Hauptmann; das Licht der niedrigen Lampe erhellte sie und ließ sie übergroß erscheinen. Der Krieg mochte ihn aus seinem Studium in Oxford oder Cambridge herausgerissen haben. Die beiden saßen uns gegenüber, die Flanken deckten der Oberleutnant und der Pilot, und ringsum, an den vollen Tischen, drohte in erdrückender Übermacht das Gros. Vollständige Einkreisung. Wir mutterseelenallein mitten im Feind, nur durch einen hauchdünnen Tarnungsschleier von ihm getrennt. Wenn unsere Tischgenossen ahnten, mit wem sie ihr Brot brachen! Die Luft des Raumes füllte sich mit Beklemmung. Wir wagten nicht von unseren Tellern aufzusehen. Ein großer Schweißtropfen fiel von meiner Schläfe auf die unentfaltet gebliebene Serviette ... Brenzlige Schwüle ... Have, der ebenso wie ich bemerkt hatte, daß der Hauptmann zu einem Gespräch mit uns anzusetzen versuchte, kam ihm zuvor, indem er eine Unterhaltung mit mir begann, in der Hoffnung, der andere würde dann nicht in sie einbrechen.

„Oh dear", fing er an, „it's chicken again!" gerade so, als ob wir im Camp täglich Huhn bekommen hätten. Da mir nichts Geistvolles zum Thema Brathuhn einfiel, lenkte ich auf Tennis über, und Have wiederum flüchtete in eine Mädchengeschichte, als seine Sportvokabeln erschöpft waren. Der Hauptmann sah uns während dieser sprunghaften Unterhaltung mit großen, fragenden Augen an. – Wie viele Gänge werden eigentlich noch serviert? Hört denn dieses Essen niemals auf?! Da hatten wir's: Beim Käse fing der Major zu fragen an, und zwar zuerst den Oberleutnant. Wohin er fahre? Aha, nach Kalkutta –. Seine Stimme war wie dünner Stahl. Ehe er weiterforschen konnte, erschien die Erlösung in Gestalt des Stationsvorstehers, der zum Einsteigen aufforderte. Wir verneigten uns kühl vor unseren Tischgenossen und verschwanden.

Als wir draußen waren, fiel der ganze Alpdruck mit einem Schlage ab, wir fühlten uns gehoben, wie nach gewonnener Schlacht.

„Es fehlt nur noch, daß wir einen Flirt mit der Tochter des Viceroy bestehen", warf ich übermütig hin.

„Nachdem das gut gegangen ist, kann uns so leicht nichts widerfahren. Wenn so viele Offiziere uns für ihresgleichen halten, dann möchte ich doch sehen, ob wir nicht durchkommen", war Haves zuversichtliche Schlußfolgerung.

„Ich werde mich jedenfalls in Zukunft weniger ängstigen. Zuviel Aufregung ist hohen Fluchtzwecken abträglich", bemerkte ich und kletterte ins Abteil zurück.

Die Nacht war abscheulich. Alles schien sich verschworen zu haben, uns zu martern. Schon allein die Hitze! Vor feuchter, entnervender, wahnwitziger Hitze konnte man kein Auge schließen. Es war, als würde man über ein glühendes Kohlenbecken gehalten. Auf jeder Station stiegen Leute ein und aus, lärmend und stoßend. Einmal kam ein Inder herein mit einem Korb, wie ihn Schlangenbeschwörer verwenden, die ihre Tiere darin aufbewahren. Wir starrten wie gebannt auf den Deckel, jeden Augenblick gewärtig, daß der Kopf einer Kobra hervorschießen würde. Die Aufenthalte auf den Bahnhöfen währten endlos. Uns quälte der Durst und trieb uns immer wieder auf die Bahnsteige, zum Wasser. Indiens religiöse Spaltung in Hindus und Mohammedaner kommt selbst beim Wassertrinken zum

Ausdruck. An allen Bahnhöfen gibt es getrennte Wasserhähne für beide Bekenntnisse; ein Schild bezeichnet, für wessen Kehle das Wasser bestimmt ist. An sich haben ja die modernen Verkehrsmittel die Tendenz, den alten indischen Kastengeist abzubauen. Noch vor einer Generation mußte in Südindien der Paria eine Glocke tragen, damit der Brahmane rechtzeitig von dessen Kommen gewarnt wurde, um zu vermeiden, daß der Schatten des Unreinen auf seinen Körper fiel. Heute fahren beide in der Straßenbahn und im Zuge friedfertig mitsammen.

Als endlich der Morgen anbrach, hatte sich die Landschaft geändert. Wir näherten uns dem großen Flußdelta, das Ganges und Brahmaputra gemeinsam bilden, den fieberverseuchten sogenannten Sunderbunds. Das Flachland blieb, aber sein Durst nach dem Feuchten war gestillt. Weiher und Wasserläufe wurden häufiger. Der Reis löste die Hirse ab. In Tümpeln sielten sich, nur Nüstern und Hörner aus dem Schlamm hervorsteckend, urweltlich anzusehen, die Wasserbüffel. Stellenweise sproßte wieder saftiges Grün. Die Palme beherrschte das Bild; hier wuchs sie in kleinen Gruppen, meist bei den immer dichter werdenden Siedlungen, denn wir fuhren durch die dichtest bevölkerten Gebiete des ohnehin übervölkerten Indien. Neben den hochwüchsigen Palmyrapalmen spritzten die grünen Fontänen des Bambus empor, schattete die breitblättrige Bananenstaude. Da und dort glitten Tempel vorüber, die um viereckige, mit Stufen eingefaßte Teiche gebaut waren. Ihre Oberfläche war von einem blaugrünen Algenteppich überzogen. Schwülstiges Formengedränge bedeckte die Pyramidentürme über dem Eingangstor. Priester, mit der heiligen Schnur um den nackten, braunen Oberkörper, hüteten den geweihten Bezirk.

Im Unterbewußtsein die alte Unruhe: Was werden die nächsten Stunden, was Kalkutta, das wir am Nachmittage erreichen, was die kommenden Tage bringen? Wo springt der nächste Wind auf? Wann trifft uns der Hieb? Wir wiegen uns nur in falscher Sicherheit, wenn wir nach den bestandenen Glücksproben glauben, auch fürderhin gegen alle Gefahr gefeit zu sein. Zu lange schon war es gut gegangen, nun würde schnell das Ende kommen. Ich wußte, daß Have anders dachte. Der Umstand, daß der Oberleutnant uns jetzt ein zweites Mal zum Frühstück einlud, war ihm ein neuer Beweis für die Beständigkeit unseres Glücks. Ich hingegen erblickte darin nur eine kurze Verlängerung unserer Galgenfrist.

Bei einem Halt sahen wir die ersten Amerikaner: Ein Zug voll Pioniere und technischer Hilfstruppen rollte vorbei. Die Militärtransporte wurden jetzt häufiger, ein Anzeichen dafür, daß wir in das Etappengebiet des östlichen Kriegsschauplatzes kamen.

Noch einmal erhielten wir unerwünschten Besuch, — der gebetsfreudige Inder hatte ihn verschuldet. Seine Frau fuhr im gleichen Zuge mit, und zwar im Frauenabteil, das von Männern nicht betreten werden darf. Er hatte sich über dieses Verbot hinweggesetzt und war eine Strecke lang zusammen mit ihr gefahren. Als der Schaffner ihn auf einer Station herausholen wollte, kam es zu einem Wortwechsel, bei dem unser Inder sich in wüsten Schimpfereien ergangen haben sollte. Ein keifendes Knäuel wälzte sich zu unserem Abteil, und schon schoß ein Polizist herbei und wollte erst einmal Ausweise sehen, ehe er sich den Vorfall schildern ließ. Instinktiv strebten wir beide in Richtung des Waschraums.

Das Mittagessen nahmen wir wieder auf einem Bahnhof ein, und nur der Pilot ging mit. So hochrangige Gesellschaft wie am Vorabend fand sich leider nicht zusammen, wir mußten mit einem ganz gewöhnlichen Tankfahrer vorliebnehmen. Um uns für erwiesene Gastfreundlichkeit erkenntlich zu zeigen, traktierten wir den englischen Flieger mit Gin.

Von der langen Reise, der Hitze, der Aufregung und den schlaflosen Nächten waren wir überreizt und zermürbt, wurden jedoch keine Sekunde aus der Spannung entlassen. Nun war es wieder Kalkutta, das uns bevorstand. Gleich würden wir dort sein, der Zug durchfuhr bereits die äußeren Vorstädte, und wie er, seine Geschwindigkeit allmählich verlangsamend, weiterrollte, hatten wir das Gefühl, in eine große Falle hineingezogen zu werden ... Vom Lager waren wir nun, am zehnten Tage unserer Flucht, anderthalbtausend Kilometer entfernt, ein Ergebnis, das sich schon sehen lassen konnte. Wenn wir nachher an dem gefährlichen Engpaß, der Sperre des Howrah-Bahnhofs, gefaßt und zurückgebracht werden sollten, so wäre die Blamage nicht gar zu groß. Ich mußte an Harrer denken, der, um die gleiche Entfernung zurückzulegen, viele Monate, vielleicht ein Jahr benötigen würde. Wo er sich wohl in diesem Augenblick befand?

Aber jetzt plagten uns andere Sorgen als Zeitvergleiche. Wir rechneten wieder einmal mit der Verhaftung, denn soeben lief der Zug in die Endstation ein. Wenn uns auch der Sinn nicht eben nach Höflichkeitsbezeugungen stand, des Undanks durfte uns niemand zeihen. Wir verabschiedeten uns daher herzlich von den beiden Engländern, — schließlich hatten wir es ihrer Zurückhaltung zu verdanken, daß wir die beiden Tage im Abteil überstehen konnten. Mit Empfindungen, gemischt aus Hoffnung und Sorge sowie einem narkotisierenden Schuß Fatalismus, stiegen wir aus. Im Gewühl des Bahnsteigs trieb Have von mir ab und geriet in eine Gruppe englischer Soldaten, von denen er sich, wie ich ermutigt feststellte, in nichts unterschied. Hinter der Sperre leuchteten drohend die Rotkappen ... Umgeben von seiner Leibgarde, schritt Have an ihnen vorbei. Als die Reihe an mich kam, waren die MPs bereits mit mehreren Soldaten beschäftigt, die sich nach ihren Regimentern und Unterkünften erkundigten, so daß ich unbemerkt vorbeihuschen konnte. Eine Einzelkontrolle ließ sich hier wohl nicht durchführen, dazu war der Andrang zu groß.

Ohne selbst recht zu wissen, wie es geschehen war, standen wir plötzlich in der Millionenstadt Kalkutta, der zweitgrößten Stadt des britischen Weltreichs.

Es gelang uns trotz eifrigen Bemühens nicht, vor dem Bahnhof ein Fahrzeug aufzutreiben. Da verfiel Have auf einen seiner Streiche. Er ging dreist auf den Verkehrsschutzmann zu und herrschte ihn an, uns sofort ein Auto zu beschaffen. Der hielt einen vorbeifahrenden leeren Wagen an und bat uns einzusteigen. Gnädig wurde ihm ein Trinkgeld gereicht. Und schon fuhren wir in einem bequemen, offenen Taxi durch die Stadt, um zunächst in großer Rundfahrt das Gelände zu erkunden, Witterung aufzunehmen und festzustellen, was Kalkutta zwei deutschen Flüchtlingen überhaupt zu bieten habe.

INKOGNITO

„Du mußt etwas lauter sprechen, sonst verstehe ich dich nicht“, meinte Have, als wir im Taxi saßen. „Was sagtest du?“

„Wie sollen wir bloß Kalkutta bestehen?“ wiederholte ich.

„Wird schon werden — ich weiß es selber nicht ...“

Der kleine Stimmungsaufschwung, der uns wie üblich nach bestandener Gefahr auf dem Vorplatz des Bahnhofs überkommen hatte, war augenblicklich verflogen und einem Gefühl der Ratlosigkeit, einer fatalen Ratlosigkeit gewichen, die uns in Kalkutta nicht mehr verließ. Bis hierher konnten wir nach einem vorbedachten Plane handeln; nun war der Punkt erreicht, wo wir, auf völliges Improvisieren angewiesen, ins Ungewisse, ins nicht mehr Absehbare disponieren mußten. Vom Camp aus war es schlechterdings nicht möglich gewesen, vorausschauend über Kalkutta hinaus zu dringen. Wie ein dichter Nebel lag damals Kalkutta vor unserem Blick, und nun befanden wir uns ohne klaren Kurs mitten in seinem undurchsichtigen Element. Ja, war es überhaupt klug, hier zu bleiben, den raschen Vorstoß zu unterbrechen, wäre es nicht ratsamer, sofort weiter zu fahren? Doch in welche Richtung? Die Burmafront war lang —. Wir spürten: Hier war die kritische Wegscheide, die gefährliche Drehscheibe. Es kam alles darauf an, von hier aus den richtigen Weg einzuschlagen.

Kalkutta glich einem Heerlager. Durch die großen Straßenzüge der Innenstadt brausten ununterbrochen die Kriegsfahrzeuge, rollten Kolonnen riesiger Lastwagen dahin. Die Erde bebte; die heiße Luft war voller Benzingeruch. Im Straßenbild herrschte die Khakifarbe vor: auf dem Gehsteig das Uniformkhaki der Soldaten und Offiziere, auf dem Fahrdamm der braungrüne Tarnungsanstrich der Wagen. Die Alliierten hatten die Stadt in eine große Nachschubbasis für die Burmafront und für China verwandelt. Der Puls des Krieges war deutlich zu spüren.

Unser Taxi hatte seine Not, durch das Verkehrsgewühl des Chowringhee, der Hauptstraße, hindurchzusteuern. Zwischen den schweren Lastzügen kamen wir nur im Schritt weiter, konnten aber dadurch besser den eigentlichen Zweck unserer Umfahrt verfolgen, bei der es auszukundschaften galt, ob es möglich sei, in einem der großen europäischen Hotels unterzukommen. Nicht aus Übermut oder Vermessenheit wollten wir dort absteigen, sondern weil wir meinten, uns besser verbergen zu können, indem wir uns offen zeigten und unter die Engländer mischten, statt uns zu verstecken und abseits zu halten. Hohe Zimmerpreise sollten uns nicht schrecken, die Mittel hiefür standen uns ja zu Gebote; schwierig würde nur die Frage der Registrierung werden. Da glitten wir gerade am Grand Hotel vorbei. Schilder besagten, daß es ausschließlich für Offiziere und Stäbe reserviert wäre. Sicher ist die Aufnahme von irgend einem Sonderausweis abhängig — wenn überhaupt Zimmer frei sind. Kommt für uns also nicht in Frage. Wir dirigierten den Fahrer zum Great Eastern Hotel, fanden aber auch hier die gleiche Ankündigung. Nun war guter Rat teuer. In einem indischen Hotel zu übernachten, wagten wir nicht; Have wußte von seiner ersten Flucht her, daß die Eingeborenenhotels in Kalkuta besonders scharf von der Polizei überwacht wurden.

„Zum Fort William!" gebot ich dem Chauffeur, um Zeit zum Nachdenken zu gewinnen.

„Falls wir nichts finden, können wir uns die Nacht draußen herumtreiben", sagte ich leise zu Have.

„Geht nicht, man wird uns aufgreifen."

„Schön, dann machen wir im Puff Quartier!"

„Geht erst recht nicht."

„Wieso nicht?"

„MP." Ja, da hat er recht, dort wird natürlich die MP besonders aufpassen.

„Was sollen wir bloß machen?"

„Ich weiß schon", flüsterte Have. „He!" rief er laut zum Fahrer, „in den Basar!"

Have konnte sich von seinem letzten Besuch her dunkel erinnern, in der Nähe des indischen Universitätsviertels eine Unterkunft der YMCA, also ein Hospiz des Vereins Christlicher Junger Männer, gesehen zu haben. Vielleicht bot es den geeigneten Unterschlupf. Der Fahrer, den wir fragten, wußte, wo es lag. Wir fuhren an den großen neuen Geschäftshäusern der Central Avenue vorbei, die wie riesige weiße Klötze in den Himmel starrten. Die größten von ihnen schienen vom Militär beschlagnahmt. Eine Zeitlang folgten wir dem breiten Verkehrsstrom, bogen dann ins Eingeborenenviertel ab — und waren wieder mitten im Orient. Hier fand sich vom kriegerischen Treiben keine Spur mehr, es wurde gefeilscht und geschrien, geschlafen und gebettelt. Der säuerliche Geruch verwesender Abfälle und menschlicher Ausdünstungen lag über den Straßen. Die übliche Überfülle. Der Fahrdamm war von Fußgängern verstopft, und außen an den flammenrotfarbigen Straßenbahnen, die durch die schmalen Gassen fuhren, hingen die Einheimischen in dicken Trauben. Unser Taxi hielt an einer Kreuzung. Hier ist der YMCA. Indessen ich im Wagen zurückblieb, stieg Have aus und ging in das alte, ärmliche Gebäude, ließ sich zum Sekretär des Vereins, einem jungen Inder, führen und bat um ein Zimmer.

„Bedauere, unser Heim ist voll besetzt. Außerdem vermieten wir nur an indische Mitglieder und an Dauergäste."

So leicht ließ sich Have nicht abweisen; seine Miene verhärtete sich: „Ich bin altes Mitglied."

„Glaube ich gern. Aber Ihr Platz ist im britischen Hospiz."

„Da komme ich her. Das ist besetzt."

„Tut mir leid, Sir, dann müssen Sie eine der sonstigen Unterkünfte für Militär benützen."

„Nun bin ich hier, nun will ich auch bleiben."

„Sir, ich sagte bereits, wir haben nichts mehr frei."

„Sehen Sie 'mal nach, vielleicht gibt's einen Nebenraum —"

„Ich begreife nicht, warum Sie als Brite ausgerechnet in diesem indischen Hause, das voll besetzt ist, unterkommen wollen. Haben Sie vielleicht einen besonderen Grund?"

„Was wollen Sie damit sagen, Mann?" fragte Have mit schneidender Stimme und wandte sich zum Ausgang.

„Nicht das geringste, Sahib, gar nichts, nichts will ich damit sagen."

Der Inder stürzte ihm nach: „Warten Sie bitte! Halt —" rief er, „ich glaube, ich kann Ihnen helfen — einen Moment!"

Die Unterkunft war gefunden. Vom Sekretär wurde uns das Sitzungszimmer des Vereins zugewiesen. Es enthielt keine Betten. Wir schliefen zu beiden Seiten des länglichen Konferenztisches. Eine Eintragung oder polizeiliche Anmeldung wurde nicht verlangt.

Wir mischten uns sorglos in den Soldatenbummel auf dem Chowringhee.

Der Boulevard flimmerte, das grelle Licht blendete; wie Feueratem aus tausend heißen Mündern schlug es uns entgegen. Daß der Chowringhee nur eine Häuserfront hat — er grenzt mit seiner anderen Seite an den Maidan, die große, rennbahnähnliche Rasenfläche im Herzen Kalkuttas — macht ihn darum nicht luftiger: Es herrscht eben allenthalben Übertemperatur, und auch auf den offenen Plätzen lagern ungeheure Hitzemengen. In dumpfer Benommenheit schritt man durch das Glutmeer, instinktiv der nächsten Schatteninsel zustrebend, sparsam mit jeder Bewegung, die Arme leicht angewinkelt, daß die Luft um den Oberkörper streiche, und von Zeit zu Zeit das angeklebte Hemd von der feuchten Haut abhebend. Der Fußgängerverkehr drängt sich auf der Häuserseite zusammen, wo die Hotels, Kinos, Lokale, Warenhäuser und Läden liegen, in die man eintritt wie in Grotten und Schattenhöhlen. Den Baulichkeiten haftet ein Zug des merkantilen Imperialismus an, der überseeischen Prosperität; sie zeugen von Handelspfründen und hoher Kolonialdividende.

Der Zeit entsprechend trug damals alles einen kriegsmäßigen Anstrich: Vor den Schaufenstern hatte man Schutzwälle gegen Explosionsdruck errichtet, auf der Maidanseite des Chowringhee waren Militärbaracken entstanden, zwischen denen Fahrzeuge parkten und Material gestapelt wurde; überall gab es besondere Vergnügungsstätten für Truppen, und auf Verkaufsständen wurden Tropenhelme, Ordensspangen und Feldzugsplaketten ausgeboten. Der Gehsteig war überfüllt mit Soldaten. Es war ein Gegeneinanderfluten und Sichkreuzen, ein Stauen und Vorüberhasten. Ungezwungene Urlaubsstimmung herrschte; man wollte ausspannen, sich zerstreuen und die angelaufene Löhnung durchbringen. Doch schnitten auch Eilige und Geschäftige die Bahn der lässig Bummelnden.

Als wir auf dem Boulevard so vielen fremden Soldaten begegneten, war uns zumute wie jemandem, der heimlich einer Zusammenkunft seiner Feinde beiwohnt und mit gepreßtem Atem erfährt, wer sich alles mitverschworen hat, ihn zu verderben. Denn auf dem Chowringhee fanden sich die Vertreter aller Nationen ein, die im Krieg gegen das mit Deutschland verbündete Japan lagen. Das ganze Empire war aufgeboten. Neben Engländern und Schotten sahen wir auch die anderen — überseeisch aufgefrischten — Spielarten des Britentums: Australier, Neuseeländer, Kanadier und dazwischen eingesprengt indisches Militär und Gurkhas. Wir vermieden es, den Briten in die Augen zu schauen, und zogen es vor, unseren Blick auf ihre Knie zu heften, die blind, bleich und unschuldig zwischen Shorts und Strümpfen hervorlugten. Die Inder waren ausgesuchtes Material aus den kriegerischen Stämmen des Nordwestens, reckenhafte Gestalten, mit charakteristisch scharf vorspringenden Nasen, brennenden Augen und hohen Stirnen. Und dann die überraschend vielen Amerikaner, mit Negern im Troß und chinesischen Ausbildungstruppen! Die Yanks beherrschten das Bild und gaben den Ton an. In lockeren Trupps schwärmten sie unternehmungslustig aus, kauften die Geschäfte leer, stürmten die Verkaufsbuden, pfiffen hinter den Mädchen her und nahmen sie als Beifahrerinnen in ihren Kriegswagen mit. Die GIs waren es, die den frischen Wind nach Kalkutta brachten. Im Gegensatz zu der Gemessenheit der Briten schienen sie alle nur auf eines aus zu sein: auf „fun". Einen Wirbel aus allem und jedem zu machen, war ihnen Bedürfnis, aus dem Dienst und der Freizeit, den Lokalen und dem Bummel, ja aus der ganzen Stadt.

Verstohlen sah ich nach den Anschlagsäulen. Mir war schon immer in den Kriminalromanen der Augenblick besonders erregend erschienen, wenn der Verbrecher unbeobachtet vor seinem eigenen Steckbrief steht. Nun wollte ich selbst den Kitzel verspüren — wurde aber enttäuscht, denn eine Bekanntmachung mit unserem Konterfei fand sich nirgends. Obschon wir wußten, daß unseretwegen das ganze Land alamiert war, konnten wir doch eine Auswirkung dieser Tatsache nicht entdecken. Die Arme, die nach uns griffen, blieben unsichtbar . . .

Daß wir hier auf und ab gingen, war nur Verlegenheit. Es war im Grunde ein Abwarten, ein Kreisen, ja ein Stillestehen. Der Druck, der innere Drang nach vorn und nach draußen, nach der Arbeit gleichsam, war stark und beklemmend. Doch wohin uns werfen? Wie Attentäter, mit brennender Lunte schon, in verzweifelter Suche nach dem Opfer, das unbekannt und unauffindbar bleibt, irrten wir umher.

Energisch suchten wir alle Kioske und Bücherläden auf dem Chowringhee nach einer brauchbaren Karte vom Frontgebiet ab — leider vergeblich. So blieben wir auf unsere beiden Kärtchen angewiesen, die wir uns im Lager aus der Zeitung ausgeschnitten hatten, und die in Wahrheit flüchtige und ungenaue Frontskizzen darstellten. Als wir an den Army and Navy Stores, einem Warenhaus, vorbeikamen, gaben wir der Versuchung nach, gingen hinein und kauften einige Sachen zur Vervollständigung der Ausrüstung. Der Kauf zog sich hin, dem Have gefiel die Verkäuferin gut.

Draußen angekommen, wollte er seine Schuhe reinigen lassen. An der nächsten Ecke stand eine Reihe jugendlicher Putzer; dort gingen wir hin. Kaum hatten sich die Burschen auf unsere Schuhe gestürzt, als an den Platz neben Have ein Amerikaner trat, um sich gleichfalls den Staub von den Stiefeln wischen zu lassen. Mit seinem Ellbogen wies er auf eine indische Elendsgruppe hin, die hinter uns am Rinnstein hockte, und sagte, sein vom Schweißverlust schlaffes, rotfleckiges Gesicht Have zuwendend:

„Say, listen, ihr Engländer solltet euch schämen, daß ihr solche Zustände duldet."

„Als ob das meine Sache wäre —"

„Warum tut ihr nichts dagegen? Bei uns zu Hause würden wir solches Elend niemals zulassen."

„Ausgerechnet mich wollen Sie dafür verantwortlich machen? Dann übernehmt doch ihr dies verfluchte Land. Meinetwegen könnt ihr's haben, mit allen Bettlern darin und als Zugabe Herrn Gandhi!" antwortete Have gereizt.

„Das würde euch so passen, daß wir für euch die Karre aus dem Dreck ziehen."

„Wenn ihr die Verantwortung nicht tragen wollt, dürft ihr auch nicht kritisieren!"

„Oh yeah? Euch sauertöpfische Briten darf man nicht einmal auf eine kleine Unebenheit aufmerksam machen", beschloß der verbesserungssüchtige GI die Aussprache. Er warf den kauernden Bettlern kopfschüttelnd eine Münze zu und ging dann dampfend vor Hitze, undeutlich vor sich hin fluchend, seiner Wege.

Auf einem Platz am oberen Ende des Chowringhee hatten die Engländer, um das im Grunde erzpazifistische Publikum zur

Zeichnung von Kriegsanleihen anzuregen, eine Trophäen-Ausstellung aufgezogen. Zwei oder drei kleine, erbeutete Tanks und Panzerwagen der Japaner wurden vor einer spärlichen und gleichgültigen Menge zur Schau gestellt. Und in der Tat ist es ein vergebliches Bemühen, Menschen für die Sache der Gewalt zu begeistern, die in ihrem religiösen Abscheu vor dem Töten so weit gehen, daß eine ihrer Sekten, die Jainas, das Tragen eines Gazeschleiers vor dem Mund vorschreibt, um nur ja kein Insekt versehentlich zu verschlucken.

Unsere besonderen Freunde, die MPs, patrouillierten unablässig auf der Promenade. Paarweise schritten sie in ihren weißen Gamaschen steifbeinig einher. Wir schienen so gut ins allgemeine Bild zu passen, daß sie uns keines Blickes würdigten, obwohl wir viele Male an ihnen vorbeistrichen. So fühlten wir uns unter dem bummelnden Militär einigermaßen sicher und hielten uns vorzugsweise auf dem Chowringhee auf, wenn andernorts der Boden zu heiß wurde.

Indes, wir mußten etwas riskieren; das Treten auf der Stelle konnten wir uns nicht leisten. Man mußte irgendwo ansetzen, an irgend einem Punkt den Stein ins Rollen bringen. Wir brauchten Klarheit, Informationen. Der harmlose, vorausgeplante Teil der Flucht war vorbei, nun würde es ernst werden; was jetzt folgte, entzog sich jedem Kalkül.

Ich machte Have den Vorschlag, im exklusiven Great Eastern Hotel einen Drink zu nehmen. Er war einverstanden.

Unbekümmert um alle Warnungstafeln, die unberechtigte Besucher fernhalten sollten, drangen wir in das Hotel ein. In der Bar, an einem freien Tisch in einer Nische, ließen wir uns nieder. Nach der schattenlosen Blendung in den Straßen war es hier schummerig und kühl. Unweit von uns saßen einige Offiziere. Unter ihnen war ein Oberst, – soll uns nicht aufregen, von denen wird keiner aufstehen und nach Ausweisen fragen. Als der Gimlet – ein Gemisch aus Gin, indischer Zitrone und

Wasser — gebracht wurde und das eiskalte Getränk durch die Kehle rann, hätte man vergessen können, daß man auf der Flucht war . . .

Drüben, an einem Tisch mit zwei älteren amerikanischen Offizieren, die uns den Rücken zukehrten, saß eine aufreizend schöne Anglo-Inderin. Über dem regelmäßigen Gesichtsoval ein Sturm von schwarzen Locken. Die Lippen voll und wie blutend. Wenn sie lächelte — aber die Unterhaltung schien sie nicht übermäßig zu fesseln —, zeigte sie eine Reihe blitzender Zähne. Sie hatte aufgesehen, als wir hereingekommen waren, und warf uns hin und wieder einen schnellen Blick zu. Unserer Anziehungskraft waren wir nach den langen Jahren hinter dem Draht nicht mehr sicher. Die kaum merkliche Aufmerksamkeit der Frau tat sehr wohl und genügte bereits, um uns in eine knabenhafte Unruhe zu versetzen . . . Ach, schade, eben stand sie auf und ging mit ihren Begleitern fort —

Ich winkte dem Ober: „Boy, noch einmal vom selben!" Wir tranken an unserem zweiten Glas und resümierten, was wir bisher über die Verhältnisse an der Burmafront hatten ausmachen können. Aus den Zeitungsmeldungen war uns bekannt, daß die Japaner damals im Abschnitt von Manipur, an der Grenze der Provinz Assam, eine Offensive unternahmen, in deren Verlauf sie in indisches Gebiet eingedrungen waren. Imphal, die Residenz des Maharadscha von Manipur, war bedroht. Wir waren vor unserem Ausbruch aus dem Lager der Meinung gewesen, daß dieser Abschnitt für unsere Zwecke besonders geeignet wäre, weil hier die Front in Bewegung gekommen war und es uns leichter fallen dürfte, in der allgemeinen Verwirrung zu den vormarschierenden Japanern durchzustoßen. Von dem Gelände und den Bahnverhältnissen Assams besaßen wir keine klare Vorstellung, fürchteten jedoch, daß sie besonders schwierig seien. Dagegen kannte Have von seiner früheren Unternehmung her das Hinterland des südlichsten Frontstücks am Golf von Bengalen und meinte, daß wir uns in diesem Gebiet besser orientieren könnten.

„Das ist alles viel zu vag“, sagte ich zu Have, da es mir langsam auf die Nerven ging, daß wir immer noch blind im Ungewissen herumtappten.

„Werde nur nicht ungeduldig!“

„Bin ich ja nicht. Aber laß uns jetzt systematisch überlegen, an wen wir herangehen können. Da wären erstens die Tommies; wir könnten mit ihnen zechen und sie aushorchen —“

„Lieber nicht — das geht übel aus.“

„Zweitens die Inder. An irgend einen —“

Eben öffnete sich die Tür. Die Anglo-Inderin kam zurück. Sie war allein wiedergekommen und setzte sich in einen Sessel an der uns gegenüberliegenden Wand — ein wenig herausfordernd, wie mir schien. Ob ihr weiblicher Instinkt ihr sagte, daß sie in uns besonders anfällige Opfer gefunden hätte? Sie entnahm ihrer Tasche eine Zigarette und hielt sie zwischen den Lippen, ohne sie anzuzünden. Ich ging auf sie zu, um ihr Feuer anzubieten, und fragte dann, ob sie einen Drink mit uns nehmen wolle? Gern. Als sie zwischen uns saß, war uns zumute wie Mönchen, die der Satan versucht, denen er durch gleißnerisches Blendwerk die Sinne verwirrt, und die sich plötzlich auf tausendfach bewährte Tugendstützen nicht mehr verlassen können. Gleichzeitig plagten mich Selbstvorwürfe. Welche Folgen würde dieser unbedachte Schritt haben? Mutwillig einen Fremden an unseren Tisch heranzuziehen war schon ein Frevel, nun obendrein eine auffallende Frau ... Das verstieß gegen das Fluchtgebot, alles zu unterlassen, was die Aufmerksamkeit auf uns lenken könnte.

„Ich heiße Muriel, und ihr?“

„Das ist John“, sagte Have, auf mich zeigend, „und ich bin Harry.“

„Kommt ihr von der Burmafront?“

„Nein, wir wollen erst hin.“

„An welchen Abschnitt?“

„Wissen wir nicht, wird sich noch ’rausstellen.“

„Hoffentlich nicht nach Assam!“

„Hoffentlich nicht, dort sind die schlimmsten Kämpfe."
„Ja, mir erzählten vorhin die beiden Amerikaner davon."
„Die Japaner scheinen üble Gegner zu sein."
„Ganz üble —"
Sollte man das Mädchen ausfragen? Sie war zweifellos hübsch und an Männern interessiert, von den Frontverhältnissen hatte sie sicher keine Ahnung. Have schien zum gleichen Schluß gekommen zu sein; er lenkte bereits das Gespräch in eine andere Richtung. Wir sprachen kurz über Belangloses und dann zielte Have auf einen Abschluß der Unterhaltung:
„Sagen Sie noch, Muriel, was unternimmt man jetzt in Kalkutta? Wir kommen aus dem Nordwesten und wissen nicht genau Bescheid."
„Sie können ins Firpo zum Essen gehen oder ins Kino."
„Wissen Sie einen guten Film?"
„Im Roxy wird heute ‚Stormy Weather' gegeben, ein Negerfilm. Der soll gut sein." Wir standen auf.
„Hätten Sie Lust, mit uns den Film anzusehen?" schlug ich vor.
Bei diesen Worten verfinsterte sich Haves Gesicht: „Dein Eifer ist lobenswert, John, aber du scheinst zu vergessen, daß wir heute nachmittag beim Bataillon zu tun haben."
„Daß du immer in den unpassendsten Momenten an den Dienst erinnern mußt! Leider hat er recht, Muriel. Entschuldigen Sie. Wir müssen uns ein andermal verabreden. Können Sie mir bitte Ihre Telephonnummer geben?"
Sie gab mir ihre Adresse, und wir verabschiedeten uns. „Vergeßt nicht, mich anzurufen!" rief sie uns nach.
Auf der Straße nahm mich Have ins Gebet. Wie ich so leichtsinnig die Sache aufs Spiel setzen könnte! Bei dem bekannten Vorurteil der Engländer gegenüber den Anglo-Inderinnen, wäre es doch hellichter Unsinn, mit der Frau herumzulaufen.
„Schon gut, schon gut. Du hast ja recht. Aber stelle dir einmal vor, was die Kameraden im Camp für Augen machen werden, wenn wir ihnen die Geschichte erzählen."

„Kein Wort werden sie dir glauben."

Im Grunde war ich über die Begebenheit deprimiert. Wir hatten uns wirklich vorgewagt, unter Außerachtlassung aller Vorsicht, und waren trotzdem völlig leer ausgegangen.

„Wir werden an Inder herangehen müssen", meinte Have.

An der Central Avenue stand das Haus, vor dem ich schon eine Weile auf und ab schritt. Ich wartete mit Ungeduld auf Have, der sich oben befand, im dritten Stock, bei einem indischen Zahnarzt. Er kannte ihn von seiner ersten Flucht her und wollte nun Erkundigungen bei ihm einziehen. Es war eine seltsame Bekanntschaft, die er seinerzeit geschlossen hatte, als er sich mit Hülsen in Kalkutta aufhielt.

Da die beiden damals kein Geld besaßen, sannen sie auf ein Mittel, um es zu beschaffen, und verfielen dabei auf einen klugen, ungewöhnlichen Gedanken. Indische Akademiker, sofern sie an ausländischen Universitäten studierten, setzen gern hinter ihren Titel die Stadt, an der sie ihr Examen gemacht haben. Das hebt das Prestige. Hülsen und Have suchten nun so lange in einem Telephonbuch, bis sie auf einen Namen stießen, dessen akademischem Grad eine deutsche Universitätsstadt beigefügt war. „Med. dent., Heidelberg" stand hinter einer Adresse. Sie sagten sich, daß ein Mann, der lange Jahre in Deutschland verbracht hatte, noch am ehesten für finanzielle Hilfeleistung in Frage käme. Kurz entschlossen begaben sie sich zu ihm und nahmen im Wartezimmer Platz. Nach einer Weile sollte einer vorgelassen werden, doch gingen beide zusammen hinein. Have setzte sich auf den Behandlungsstuhl, indessen Hülsen abseits stand. Als der Inder sich mit Handspiegel und Instrument über Have beugen wollte und fragte: „Wo fehlt's denn?" wehrte dieser ihn behutsam ab mit der lächelnd gegebenen Antwort: „Nicht an den Zähnen, Doktor." Auf den verwunderten Blick des Arztes sagte Have, er bäte darum, daß der Assistent das Zimmer verlasse. Es geschah.

„Doktor", begann Have auf englisch, „jetzt werde ich Ihnen etwas sagen, was Sie sehr erstaunen wird."

„—"

„Wir sind gar keine Engländer und haben auch keine Zahnschmerzen. Wir sind Deutsche."

Der Inder fuhr zusammen, legte blitzschnell die Instrumente fort, als wären sie elektrisch geladen. „Deutsche? —" stammelte er, indem seine Arme herabsanken.

„Ja, Deutsche, die auf der Flucht sind."

Das war mehr, als er vertragen konnte. Erbleichend sagte er mit kaum hörbarer Stimme: „Dann verlassen Sie sofort das Zimmer!"

„Nicht eher, als bis Sie uns etwas Geld gegeben haben."

„Geld wollen Sie? Diese Menschen wollen auch noch Geld! Ich kann Ihnen nichts geben. Bitte gehen Sie!" Er griff sich mit einer verzweifelten Gebärde an die Stirn.

„Wir brauchen nicht viel. Setzen Sie selber den Betrag fest."

„Ich beschwöre Sie, lassen Sie mich in Ruhe und gehen Sie. Sie zwingen mich, die Polizei zu rufen."

Nun sagte Have auf deutsch: „Sie sind doch in Heidelberg gewesen, da müßten Sie als Inder Verständnis für unsere Lage haben. Das Geld brauchen wir für die Fortsetzung unserer Flucht."

Der Inder schwieg und sagte dann plötzlich: „Meine Herren, ich habe schon viel mit der CID erlebt, aber das ist bisher der bei weitem geschickteste Versuch, mir eine Falle zu stellen. Ich werde Ihnen nicht das Vergnügen bereiten, in die Falle zu gehen."

CID ist eine Abkürzung für Criminal Investigation Department, die englische Geheimpolizei.

„Dann sind Sie ja unser Mann, wenn Sie mit den Engländern auf Kriegsfuß stehen", sagte Have erfreut.

„Sparen Sie sich alles weitere", erwiderte der Inder fest. „Ich durchschaue Ihren Plan bis auf den Grund."

„So glauben Sie uns doch, daß wir deutsche Flüchtlinge sind!"

„Mich führen Sie nicht hinters Licht. Machen wir Schluß; ich rufe jetzt den Gehilfen. Draußen warten meine Patienten." Er ging auf die Tür zu.

„Einen Augenblick noch!" rief Hülsen beschwörend, verzweifelt darüber, daß sie zwar an den richtigen Mann geraten waren, ihn aber nicht von der Wahrheit ihrer Angaben überzeugen konnten.

„Geben Sie sich keine Mühe mehr. Ich habe von Ihren Nachstellungen genug. Sie haben mir schon so viele Schwierigkeiten gemacht, weil meine Frau eine Deutsche ist —"

„Was, Ihre Frau ist Deutsche?! Wunderbar! Dann haben wir ja die Lösung: konfrontieren Sie uns, sie wird Ihnen gleich bestätigen, daß wir Landsleute sind!"

Der Inder schien einen Augenblick zu zögern. Dann ging er mit raschen Schritten hinaus und verschloß hinter sich die Tür.

„Mensch, der holt die Polizei —"

Nach wenigen Minuten wurde die Tür wieder geöffnet. Eine weiße Frau in indischer Kleidung sah vorsichtig herein und fragte in bayerischem Dialekt: „Seid ihr wirklich Deutsche?"

„Natürlich sind wir das. Ihr Mann will uns das zwar nicht glauben, aber vielleicht können Sie ihn davon überzeugen."

„Ja, tatsächlich, ihr sprecht wie Deutsche, allerdings wie Norddeutsche", fügte sie lächelnd hinzu und zog sich rasch wieder zurück, die Tür hinter sich schließend.

Es vergingen wieder einige Minuten. Dann trat der Arzt herein. Sein Gesicht verriet eine große Erregung, gemischt aus Furcht und Entschlossenheit. Er ging dicht an Have heran. Aus seiner Rocktasche nahm er schnell einen 100-Rupie-Schein und übergab ihn wortlos.

In diesem Augenblick öffnete sich wiederum die Tür und eine weibliche Stimme sagte: „Ihr seid aber schneidige Burschen!"

Das also war der Inder, bei dem sich Have befand. Nachdem das Eis einmal gebrochen war, dürfte diesmal die Unterhaltung weniger schwierig vonstatten gehen. Es dauerte auch nicht lange, bis Have zurückkehrte.

„Der ist fast in Ohnmacht gefallen, als er mich wieder sah."

„Kein Wunder."

„Leider kann er uns nicht viel raten. Er war auch so verdattert, daß er seine Gedanken nicht zusammenhalten konnte."

„Was hat er denn gesagt?"

„Als er seine Sprache wiedergefunden hatte: daß die Strecke nach Chittagong nicht nur für Militär benützbar ist. Man kann dorthin auch Zivilfahrkarten lösen."

„Na, und was noch?"

„Nichts Gescheites mehr. Daß eben alles sehr scharf überwacht würde."

„Soll man in Richtung Assam oder am Meer entlang?"

„Weiß doch so ein Kerl nicht —"

„Hast recht, wie sollte er auch."

Firpo, Kalkuttas elegantestes Restaurant, liegt auf dem Chowringhee. Es war das Lokal, das uns Muriel empfohlen hatte. Wir konnten ihren Rat ruhig befolgen, denn er stimmte mit unserem Grundsatz überein, dort zu erscheinen, wo man uns am wenigsten vermutete: an den Treffpunkten der Engländer. Es war auch durchaus im Sinne unseres Fluchtprogramms, wenn wir so viel und so gut wie möglich aßen. Kalkutta würde sicher der letzte Ort sein, wo wir europäische Kost bekämen.

„Komm, mischen wir uns wieder einmal unter die Herren des Landes", sagte ich zu Have und stieg mit ihm die breite Treppe in den ersten Stock empor. In der von Offizieren und Soldaten belagerten Bar herrschte großer Andrang. Ungeheure Mengen von Eisgetränken wurden hier ausgeschenkt. Wir setzten uns an einen Tisch neben zwei Engländer und bestellten John Collins, ein verlängertes Gingetränk. Es kam nun darauf an, uns in dem benachbarten Speiseraum einen kleinen Tisch zu sichern, damit sich nicht unerwünschte Gäste zu uns gesellten, und ich ging auf Geländeerkundung, um eine entsprechende Reservierung zu veranlassen. Die Engländer standen bald auf, wir folgten.

Der große, gepflegte Raum, der zweihundert Personen fassen mochte, füllte sich mit Gästen. Außer einigen Indern und älteren, weißhaarigen Europäern trug alles Uniform. Die Amerikaner kamen wieder in Scharen und tafelten — ihrer durchschwitzten Hemden nicht achtend — an den großen Tischen. Sie brachten anglo-indische Mädchen mit. Neben den vitalen, unbekümmerten Yanks wirkten die Engländer altklug und holzig, aber sie hatten die besseren Köpfe und das reifere, gesammeltere Wesen. Ein kleines Orchester begann leise und gedämpft Wiener Melodien zu spielen. Eilfertig liefen in blendendes Weiß gekleidete, turbantragende Kellner umher; an der Decke summten die Ventilatoren. Als Eindringlinge in dieser gepflegten Atmosphäre empfanden wir etwas wie Schadenfreude über die Unwissenheit der anderen, die unsere Identität nicht durchschauten, und kosteten den prickelnden Reiz einer in einen eleganten Rahmen gestellten Freund-Feind-Spannung aus. Es gab einen leckeren Lunch: Krabben mit Mayonnaise, kalten Truthahn und zum Nachtisch Sahneeis. Das ganze für den geringen Betrag von zwei Rupien acht Annas. In Bengalen, so berichteten damals die Zeitungen, starben Hunderttausende den Hungertod.

Wer kennt nicht das eigenartige Bedürfnis, in einem menschenüberfüllten Raum plötzlich aufspringen und in die Stille etwas laut hinausschreien zu wollen? Dieses Verlangen befiel mich plötzlich bei Firpo: ich hätte aufstehen, der Menge auf deutsch etwas Unzweideutiges zubrüllen, uns selbst als Flüchtlinge entlarven und mich dann an der Verblüffung und dem allgemeinen Tumult weiden wollen!

„Du bist ein Psychopath“, sagte Have, dem ich mein absonderliches Gelüst gestand, „und so einen Kerl habe ich mitgenommen!“

Bei einer Zigarre und einer Tasse Mokka saßen wir schweigend. Merkwürdiges Geschehen ... Seltsame, unerklärliche Gegenwart ... Erst jahrelang als Gefangener reines Objekt, das alles mit sich geschehen läßt, dann plötzlich, das Geschick an sich reißend, selbstbestimmender, eigenmächtiger Akteur! Aber welch labiles Gleichgewicht zwischen eigenem Handeln und den sich darbietenden, entgegenkommenden Situationen! Hier in Kalkutta schien dem eigenen Wirken eine enge Grenze gezogen; es hieß Geduld zeigen und auf den rechten Augenblick warten.

„So, und was machen wir jetzt?" unterbrach Have meinen Gedankengang.

„Jetzt? Jetzt gehen wir ins Kino!" antwortete ich.

„Sag mal, sind wir eigentlich auf der Flucht oder auf einer Vergnügungsreise?"

„Ich will keinen Streit um Definitionen anfangen, aber da wir sowieso gefaßt werden dürften, ist es besser, wir nehmen alles mit, was Kalkutta zu bieten hat."

„Diese defaitistische Äußerung will ich überhört haben", meinte Have. „Gehen wir denn in Gottes Namen in den Kintopp."

Ehe wir das Lokal verließen, steckte ich den Kupon sorgfältig ein, den der Kellner als Quittung für das bezahlte Gedeck überreichte. Er sollte im Falle einer Wiedergefangennahme als Beweismittel den Lagergenossen gegenüber dienen, die uns sonst niemals glauben würden, daß wir bei Firpo gegessen hatten. Tatsächlich haben wir in den dreieinhalb Tagen, die wir in Kalkutta zubrachten, täglich dort unser Lunch eingenommen.

Auch im Kino sind wir dreimal gewesen, und zwar zu den Nachmittagsvorstellungen. Wir fühlten uns dann für zwei Stunden sicher aufgehoben, obwohl auch hier Militär um uns saß. Aber sobald die Lichter ausgingen und der dunkle Zuschauerraum nur noch von gemeinsamer Erwartung erfüllt war, verließ uns die Anspannung, die sonst nicht mehr von uns wich. Man war endlich die unsichtbare Hand an der Gurgel los. Wir ließen uns nur zu willig von der Filmgeschichte mitreißen und vergaßen darüber die zweifelhafte Lage, in der wir uns befanden. Nur gelegentlich fuhr man mitten im Stück zusammen und wurde sich jäh der Wirklichkeit bewußt.

Bei einer Wochenschau sahen wir einige für uns aufschlußreiche Bilder von der Manipurfront. Mehrere Luftaufnahmen des Kampfgebietes ließen keinen Zweifel über die Schwierigkeiten des Geländes. Nirgends waren Siedlungen zu sehen, überall steile Berge und undurchdringlicher Dschungel. Andere Aufnahmen zeigten die britischen Gegenangriffe, aus denen man entnehmen mußte, daß der Vormarsch der Japaner zum Stehen gebracht und teilweise zurückgeworfen worden war. Das bestätigten die Zeitungsmeldungen, die von einer Festigung der Front sprachen. Unsere Hoffnung, die Verhältnisse dort in vollem Fluß vorzufinden, schwand somit dahin.

Obwohl das Kino ein vergleichsweise sicherer Aufenthaltsort war, lag doch selbst hier die Dynamitpatrone unter dem Sitz. Einmal, vor Beginn einer Vorstellung, als das Licht noch brannte, saßen wir vor einem jungen, pausbackigen Major mit großem, rotblondem Schnurrbart, der, ein wenig wichtigtuerisch und laut redend, die Nachbarn in seiner Reihe zu verhören begann. Wo die einzelnen herkämen, welches ihre Regimenter und welches die Namen ihrer Vorgesetzten wären, wollte er wissen. Wie beneidenswert frei und unbefangen die Antworten gegeben wurden! Wir aber wagten weder zu atmen noch uns umzusehen. „Ich komme aus Dehra Dun, Herr Major, aus Dehra Dun. Ja, glauben Sie mir, aus Dehra Dun“, raste es in meinem Kopf um und um. Gerade zur rechten Zeit wurden die Lichter gelöscht. Ein anderes Mal, es war am Ende des ersten Kinobesuches, hätten wir uns fast selbst verraten. Nachdem die Vorstellung aus war, standen wir auf und gingen dem Ausgang zu, ohne uns etwas dabei zu denken, daß gerade „God save the King“ ertönte. Es wird zum Schluß jeder Vorstellung gespielt, während alles in ehrfurchtsvoller Haltung stehenbleibt. Erschreckt bemerkten wir, daß wir als einzige uns weiterbewegten, und hielten unverzüglich inne.

Nirgends so sehr wie in Kalkutta wurden wir uns der seltsam zwitterhaften Moral unseres Vorhabens bewußt. An sich ist ja eine Flucht nichts Unanständiges, nichts, das gegen die sittlichen Gebote der Menschheit verstößt, im Gegenteil, sie gilt als ehrenhaftes Unterfangen und wird selbst vom Völkerrecht gebilligt; aber die Tatsache, daß man von den Behörden verfolgt. als außerhalb des Gesetzes stehend und vogelfrei behandelt wird, verleiht der Flucht fälschlicherweise den Charakter einer Rechtsübertretung. Und weil man wie ein Krimineller gejagt wird, nimmt man unwillkürlich einige Züge und Gewohnheiten desselben an. Man hat das immerwährend schlechte Gewissen des Missetäters und seinen Blick; es zieht einen zu denselben Stätten, welche Verbrecher unmittelbar nach der Tat zu besuchen pflegen; man freut sich diebisch darüber, wenn man jemanden hineingelegt, und verfällt der Faszination des Unerlaubten.

Ein Basar in Indien ist mehr als nur ein malerisch-märchenhaftes Ladenviertel, — es ist die Bühne, auf der sich einheimisches Leben ungehemmt entfaltet. Hier ist die Straße nicht der Trennungsstreifen zwischen der Abgeschlossenheit der Häuser, auf den man wie in etwas Fremdes hinaustritt, sondern das Verbindende, der Schauplatz, auf dem man sich gemeinsam auslebt. Das, was sich sonst hinter Wänden abspielt, ist im Basar freigelegt. Deshalb verschließen die Türen keine Geheimnisse, ist das Haus in die Straße einbezogen, hat der Inder aber auch keine Wohnkultur. Das Hausinnere ist von einer unbeschreiblichen Dürftigkeit: keine Stühle, kein Tisch, keine Betten — eine schmucklose Wohnhöhle. Alles wird der Straße geopfert, die den Inder für diesen Verzicht entschädigen muß.

Wir gingen durch enger werdende Gassen. Die Hitze verdichtete sich zwischen den Wänden, sammelte sich in den Höfen, lauerte in den Ecken. Grelle Lichtstreifen wechselten mit schwarzen Schlagschatten ab. Vor den Läden türmten sich die Warenstapel: bauchige, goldgelb blitzende Kupfergefäße, Aluminiumtöpfe, Petroleumlampen, Ketten, Schlösser; Gebirge von Obst — Orangen, Papayas, Bananen; zwischen Kuchenpyramiden flache Schalen mit Süßigkeiten; billiges Porzellangeschirr; Batterien von Limonadenflaschen, die mit giftgrünen, bonbonroten und kanariengelben Flüssigkeiten angefüllt waren. Im Hintergrunde hockten die Händler, viele mit bloßem Oberkörper, ihre Stirnen durch Kasten- und Sektenmale auffallend gezeichnet, die Zähne rot vom Betelsaft. Unseren Weg versperrte eine Kuh, hier mitten in der Stadt. Aber das ist für Indien nichts Ungewöhnliches, da sie das heilige Tier der Hindus ist und ungestraft den Verkehr aufhalten darf. Wir kamen bei den Geldwechslern und Goldhändlern vorbei, die im Halbdunkel der Innenräume hinter Waagen, Notenbündeln und Haufen von Münzen kauerten, mit den schmalen Fingern die Kugeln der Rechenrahmen bewegend. An den Wänden hingen billige Bildreproduktionen indischer Gottheiten in knalligen, kitschigen Farben. Der flötenspielende, blaue Krischna-Gott ist ein beliebtes Motiv. Bei den Tuchhändlern sah es aus, als wäre der ganze Ladeninhalt einfach auf die Straße hinausgerückt. Die Stoffballen quollen hervor, Kinderkleidchen flatterten über den Köpfen, Quadern buntgeschichteter Saristoffe — für die Faltengewänder der Frauen — bildeten gleichsam die Eckpfeiler der Auslage. Halt! Hier war ein Uniformladen. Sogar mehrere nebeneinander. Tatsächlich, hier lagen zu freiem Verkauf vollständige Offiziersuniformen! Unschlüssig blieben wir davor stehen. Sollten wir zupacken? Eine schöne Mütze wenigstens könnte man erstehen. Ich probierte eine. Have mußte bei meinem Anblick lachen: „Lieber nicht, wir fallen zu sehr 'rein, wenn man uns in regelrechter Uniform erwischt."

An einer Straßenecke war eine Garküche. In großen gußeisernen Pfannen wurde in penetrant riechendem Fett eines der stark gewürzten indischen Gerichte zubereitet. Auf einem Sockel hinter dem Feuer saßen mit überkreuzten Beinen, nur mit einem Lendenschurz bekleidet, die beiden Köche. Mit ihren dicken, fettglänzenden Bäuchen, den glattrasierten Schädeln, auf denen nur ein Büschel Haare auf dem Wirbel stehengelassen war, den weiten Nüstern, sahen sie aus wie kindervertilgende Ungeheuer. Das Haarbüschel hat religiöse Bedeutung: An ihm soll die Gottheit den Sterbenden im Augenblick des Todes aus den Klauen der Dämonen in den Himmel emporziehen. Kulis drängten sich an den Stand, um für einige Annas ein Essen zu kaufen, das ihnen in große Baumblätter eingewickelt wurde. Sie hockten sich auf den Boden und stopften es mit bloßen Fingern in den Mund. Auf die Reste stürzten sich Bettler und Hunde.

Zu diesem Streifzug durch den Basar hatten wir uns entschlossen, weil wir nichts unversucht lassen wollten, um einen Helfer zu finden, jemanden, der bereit wäre, uns durch die englischen Stellungen oder an diesen vorbei in einem Segelboot, entlang der Küste, zu den Japanern zu bringen. Wir wußten, wie eitel diese Hoffnung war, und daß nur der Zufall uns einen solchen Mann in die Hände spielen könnte. Alle Umstände sprachen gegen die Annahme, daß wir die erwünschte Hilfe, sei es auch nur in Form brauchbarer Auskünfte, erhalten würden. Solche Mitwirkung hätte schon eine viel stärkere Anteilnahme der indischen Bevölkerung am Kriege zur Voraussetzung gehabt. Den Inder interessierten aber seine persönlichen Angelegenheiten — den Bauer das Wetter und die Preise, den Städter seine Profite — entschieden mehr als der pazifische Krieg, von dem er kaum betroffen wurde. Denn selbst der Burmakrieg blieb für Indien nur ein peripheres Ereignis, von dem man im Lande nicht viel verspürte.

Nun hätte man allerdings erwarten können, daß die Inder die Schwierigkeiten, in welche England durch den Krieg geraten war, dazu benützen würden, um sich vom britischen Joch zu befreien. Sofern man dabei große Massenaufstände im Auge hatte, mußte diese Erwartung trügen. Daß die Engländer ihre Herrschaft geschickt ausübten, indem sie sich an den Grundsatz des Minimums hielten — ein Mindestmaß an Eingriffen und ein elastisches Zurückgehen bis auf die letzten, allerdings entscheidenden fünf Prozent der Macht —, ihr politisches Geschick also war sicher ein wichtiger Grund für den Mangel an ernsthafter Aufsässigkeit beim indischen Volk. Die eigentliche, die tiefe Ursache hiefür lag jedoch im Religiösen. Wer nämlich glaubt, daß die Sinnenwelt nur ein trügerisches Scheingebilde sei, dem alles Wesenhafte abgeht, ist nicht bereit, viel mehr als Gleichgültigkeit für sie aufzubringen; und wen die Seelenwanderung in der Form gelehrt wird, daß die anzustrebende Wiedergeburt auf höherer Stufe völlig unabhängig ist von den äußeren Verhältnissen, in denen er sein Leben zubrachte, der hat auch keinen tieferen Anlaß, gegen sein irdisches Los aufzubegehren. Daher findet sich der Inder ab mit Kastenzwang, daher duldete er so lange die Fremdherrschaft, daher seine stumme Ergebenheit in Lagen, die nach abendländischen Vorstellungen längst zu Revolten geführt hätten.

Es gab nun freilich damals organisierte Gruppen, die antibritische Ziele verfolgten, wie die Kongreßpartei unter Gandhi und der Forward Bloc Boses, aber durch Verhaftungen, die in die Zehntausende gingen, hatten die Engländer beiden Organisationen das Kreuz gebrochen. Ein weitverzweigtes Spitzelsystem, die CID, sorgte dafür, daß die geringste englandfeindliche Regung sofort zur Kenntnis der Behörden gelangte. Kein Wunder also, daß wir bei unserer Unternehmung nicht auf die Mithilfe der indischen Bevölkerung rechnen konnten. Wer den Engländern feind war, behielt das schön für sich. Diese Erfahrung hatten wir auch in unserem Hospizrestaurant gemacht, wo wir uns abends aufhielten, in der Hoffnung, daß sich unter den vielen Studenten, die zu einem Imbiß hereinkamen, vielleicht der richtige Mann befände. Nur einmal erschien ein Student, dem wir seinem verwegenen Aussehen nach — er hatte auch das weiße Gandhi-Käppi auf — ein Wagestück zugetraut hätten. Wir begannen uns vorsichtig an ihn heranzufragen und ließen durchblicken, daß wir englische Deserteure seien. Er hielt uns, wie der Zahnarzt, für Spitzel und ging nicht auf unsere vorsichtigen Anspielungen ein.

Erst nach diesem erneuten Mißerfolg hatten wir beschlossen, auf gut Glück durch den Basar zu streifen. Als wir nun bereits eine Weile durch das Labyrinth seiner Gassen gezogen waren, vergeblich nach einem geeigneten Individuum Ausschau haltend, wollte Have nicht mehr weitergehen.

„Hier finden wir nie unseren Mann", sagte er.

„Laß uns noch bis zu den Farbhändlern laufen. Ich weiß von unserer geschäftlichen Tätigkeit her, daß sie eine weitverzweigte Organisation in der Provinz haben. Vielleicht wissen die was über Chittagong."

Wir gingen weiter durch das Gewühl. Langsamen Schrittes, das Gewicht in den Knien abfedernd, balancierten Träger Lasten auf dem Kopfe. Radfahrer flitzten zwischen Fußgängern hindurch. Kulis waren wie Zugtiere vor Karren gespannt, die mit schweren Baumwollballen bepackt waren. An einem Hydranten wusch sich eine Schar nackter Kinder. In voller Tonstärke kreischte aus einem Restaurant Radiomusik. Gleich neben dem Lautsprecher schlief jemand, wie überhaupt überall Schlafende herumlagen. Nachts, in der heißen Jahreszeit, schläft nach Möglichkeit alles auf der Straße. Man glaubt dann durch eine Stadt zu gehen, in der die Pest gewütet hat und die Leichen vor die Häuser gelegt wurden, denn die Schlafenden liegen in große Leintücher vollständig eingehüllt auf dem Pflaster, wie Tote. Ein Handleser mit riesigem Turban drängte sich uns auf. Wir suchten ihn abzuschütteln, jedoch ohne Erfolg, er wollte unbedingt eine Probe seines Könnens geben.

„Sahib", sagte er zu mir, mit Schelmenaugen mich musternd, „I know all about you — too much thinking and no success!" (Ich weiß alles über dich: zu viel Denken und kein Erfolg!)

„Scher dich zum Teufel!" fuhr ich ihn an.

„He, wie lange sind wir noch in Indien?" stellte Have die Schicksalsfrage.

„Zeig die Hand, Sahib ... Nicht mehr lange, bestimmt nicht mehr lange." Kunststück. Jeder Tommy sehnte sich in die Heimat zurück. Was hätte er Gefälligeres sagen können?

In der Menge tauchten immer wieder die heiligen Männer auf, ihre abgehärmten Leiber in phantastische Lumpen gehüllt. Lange, mit Asche bestäubte Haare fielen auf die Schultern herab, und in tiefliegenden Höhlen flackerten fiebrig die Augen. In den abgezehrten Händen hielten sie kleine Messingschalen, worin sich das erbettelte Essen befand.

Vor den Läden, an denen wir nun vorbeikamen, waren auf Tischen fein säuberlich kleine, pulvrige Haufen nebeneinander geschichtet, von denen jeder eine andere Farbe hatte. Wir waren bei den Farbhändlern. In einem der Geschäfte sprachen wir den Inhaber an, einen Anbeter des Gottes Shiwa, wie an den weißen, waagerechten Streifen zu erkennen war, die er auf seine Stirn gemalt trug. Wir erkundigten uns nach seinem Wohlbefinden, den Preisen und der Geschäftslage. Um sein Vertrauen zu gewinnen, sagte ich ihm, daß mein Onkel in Bradford eine Färberei besitze. Wie denn das Geschäft in Bengalen sei? Schlecht, wegen der Hungersnot. Und unten in Chittagong? Das wisse er nicht, er habe nur diesen Laden hier. Kenne er jemanden in der Nachbarschaft, der dort Bescheid wisse? Oh, es gebe schon solche Leute, aber im Augenblick wisse er niemanden zu nennen.

Es kam, wie vermutet: Wir hatten wieder nichts erreicht ...

Soeben hatten wir beschlossen, Kalkutta am nächsten Morgen zu verlassen. Die Frage, ob wir am mittleren Abschnitt der Front oder im Süden durchfiltern sollten, war nach langer Beratung zugunsten des südlichen Weges entschieden worden, wobei Haves Kenntnis der Strecke den Ausschlag gab. Die wenigen Ermittlungen über Assam-Manipur hatten genügt, um diese Route zu verwerfen. In unserer Reisekasse befanden sich noch dreihundert Rupien — weitere hundert als eiserne Reserve und ein Goldstück nicht eingerechnet, die Have in seinem Schuhabsatz versteckt trug. Der finanzielle Status war also einigermaßen zufriedenstellend.

Die bevorstehende Reise bedrückte uns sehr. Als letzte Bahnstrecke zur Front würde sie hochgradig unangenehm werden. Wir wachten zwar jeden Morgen mit dem bangen Gefühl auf, in unserem Sitzungszimmer ausgehoben zu werden, aber im Vergleich zu dem, was uns bevorstand, genossen wir noch relative Sicherheit, und immerhin befanden wir uns an einem zivilisierten Ort. Doch nun würde der Dschungel kommen, die Entbehrungen und die echte Gefahr.

Es war unter dem Eindruck der bevorstehenden bösen Tage, wo uns der Teufel so oder so holen würde, daß ich Have den Vorschlag machte, den letzten Abend in Kalkutta noch einmal gehörig auszunützen. Auch er hatte Lust, etwas Verwegenes anzustellen, sperrte sich jedoch gegen mein Vorhaben, mit Muriel auszugehen, weil wir mit Sicherheit dabei zu Schaden kommen würden. Erst als ich ihm vorschlug, wir könnten uns ja bei ihr zu Hause ansagen, war er damit einverstanden, daß ich sie anrief; doch sollte ich mich aus dem vorgeschlagenen Besuch wieder herausreden, falls sie keine eigene Wohnung hätte. Das Telephongespräch verlief wider Erwarten gut. Es war wohl nicht das erstemal, daß sie Frontfahrern letzten Trost zusprechen sollte, denn als ich mit dieser Begründung unseren Besuch motivierte, unterbrach sie mich lachend mit der Bemerkung, ich wäre wirklich ganz besonders originell. Aber sie versprach, noch eine ihrer Freundinnen einzuladen, und erwartete von uns lediglich, daß wir Alkohol mitbrächten.

„Wir spielen va banque“, flüsterte Have, während wir vor Muriels Wohnung aus dem Taxi stiegen.

„Sollen wir noch zurück?“

„Nun ist's geschehen. Komm!“

Muriel war am Telephon herzlich und unbefangen gewesen; es war nicht anzunehmen, daß sie uns in einen Hinterhalt lockte. Und selbst wenn sie im Verlauf des Abends Verdacht schöpfen sollte, so würden wir uns durch unsere bevorstehende Abreise allen Nachstellungen entziehen.

„Hallo, da sind ja unsere beiden Empire-Verteidiger!“ wurden wir von Muriel begrüßt und gleich darauf ihrer Freundin Joan vorgestellt, ebenfalls einer Anglo-Inderin, einem exotischen Geschöpf mit den trägen, aber begehrlichen Bewegungen der Exotin und mit Formen, wie von der Tropensonne gereift.

„Ihr seid also doch an die Front befohlen worden?"

„Ja, leider, und ausgerechnet nach Assam", logen wir.

„Ihr armen Jungen, dann müssen wir zu euch ganz besonders nett sein —"

Während Muriel einen Drink mischte und Have mit Joan ein unverfängliches Gespräch über Kalkuttas Annehmlichkeiten für vergnügungswütiges Militär begann, sah ich mich unauffällig in der kleinen Zweizimmer-Wohnung um. Sie lag zu ebener Erde und besaß außer dem Vordereingang noch einen Auslaß durch die Küche. Schlimmstenfalls hätte man auch über den Balkon, der in einen rückwärtigen Garten ging, entweichen können. Irgend etwas Verdächtiges war nicht zu bemerken. Die größte Gefahr, die uns drohte, war Muriels Intelligenz. Sie war gescheit und hätte bei der geringsten Achtlosigkeit unsererseits stutzig werden können.

Eigentlich war es läppisch, an diesem Ort und bei diesem Anlaß insgeheim Betrachtungen über unsere Sicherheit anzustellen. Ich fand auch meine Besorgtheit ungehörig und zu weitgehend. Es muß doch möglich sein, sich wenigstens einmal von den Zwangsvorstellungen der Angst freizumachen. Wer sollte uns schon hier in der Abgeschlossenheit der Wohnung aufspüren? Die Annahme, daß die Gefahr ständig und überall im Dunkeln lauere, bereit, uns anzufallen, erschien mir hier völlig unangebracht. Ich sollte mich jetzt lieber mit Feuereifer dem eigentlichen Zweck unseres Besuches widmen und es Have gleichtun, der sich bereits um Muriel bemühte.

„Muriel, ich warne dich, Harry ist ein treuloser Hund, setz dich lieber zu mir!"

„Kümmere du dich um Joan und laß uns in Ruhe!"

Aber Joan gefiel mir nicht besonders. Sie hatte richtige Spinnenfinger — und ihr . . .

Die Türglocke läutete.

„Es werden Freunde sein, die vorbeikommen wollten", rief Muriel und sprang auf, um zu öffnen. Im Vorraum wurden Männerstimmen laut, und wir hörten, wie Muriel nach kurzer Begrüßung mit den Angekommenen im Flüsterton einige Worte wechselte. Wenige Augenblicke später betraten zwei junge Offiziere, zwei Leutnante in frischgebügelter Uniform, das Zimmer. Keine unangenehmen Typen, aber doch Leute, die wissen, was sie wollen. Sie grüßten uns nicht unfreundlich durch kurzes Kopfnicken, warfen ihre Mützen auf den Tisch und fragten nach einem Getränk. Muriel, mit der sie gut bekannt zu sein schienen, gab nun etwas wie eine Erklärung über den Grund unserer Anwesenheit ab.

„Wie interessant — Sie gehen morgen an die Front?" fragte der Ältere.

„So ist es."

„Welche Einheit?"

Daß es plötzlich zu dieser fatalen Frage kam, der fatalsten, die uns gestellt werden konnte, war ganz allein unsere eigene Schuld. Unverantwortlich hatten wir gehandelt, leichtfertig gespielt und würden nun die Rechnung bezahlen. Es geschah uns ganz recht. In der Zelle würden wir dann Zeit genug haben, über unsere Eselei nachzudenken. Aber da tat Have etwas ganz Überraschendes, denn statt irgend eine erlogene Antwort auf die Frage der Verbandszugehörigkeit zu geben und damit unsere Niederlage zu besiegeln, setzte er unerwartet und mit größter Schärfe zum Gegenstoß an:

„Ich werde Ihnen gern jede Auskunft erteilen, aber nicht jetzt und nicht hier. Denn, offen gesagt, ich habe keine Lust dazu. Ich bin überhaupt der Meinung, daß dieses Zimmer überfüllt ist und schlage vor, daß etwas dagegen getan wird. Finden Sie nicht, meine Herren?"

„Wer sind Sie, daß Sie solche Rede führen?"

„Ich bin derjenige, dessen Party dies hier ist, und der Wert darauf legt, daß sie nicht gestört wird."

Wir erhoben uns und auch die anderen standen auf. Drohend maßen wir uns, kalte Wut in den Augen, in die jetzt die Furcht umgeschlagen war ... Schwebende Spannung ... Have hatte die Sache auf die Spitze getrieben, aber es war ihm damit gelungen, den Konflikt aufs rein Persönliche abzubiegen. Wir waren entschlossen, uns notfalls den Ausgang mit Gewalt zu erzwingen, wozu Aussicht bestand, da die Gegenseite keine Waffen trug. Ich sah auf Muriel, die durch ihre Parteinahme sofort eine Entscheidung hätte herbeiführen können, doch sie schien keine Lust zu haben, in den Streit einzugreifen. Es war, als schleiche in der plötzlichen, lautlosen Stille ein Gespenst durch den Raum ... Dann sagte einer der Offiziere in sehr kühlem, sehr gefaßtem Ton:

„Hier ist nicht der Platz für eine Auseinandersetzung. Verfügen wir uns besser nach draußen."

„Sehr wohl, wir kommen."

Die beiden ergriffen ihre Mützen und gingen voraus.

Muriel warf die Tür hinter ihnen zu und beschwor uns zu bleiben: „Wollt ihr euch wirklich schlagen wie dumme Jungen? Es wäre zu albern! Beruhigt euch um Himmels willen!"

„Nein, wir wollen ihnen nach!"

„Bleibt hier. Ich lasse euch nicht hinaus! Ich glaube nicht, daß sie zurückkehren werden, wenn ihr nicht gleich nachstürzt. Seid vernünftig und bleibt hier. Bitte bleibt!"

Der Schock, den wir soeben erhalten hatten, saß zu tief; kein noch so betörender Sirenengesang würde es mehr vermögen, uns von dem Vorsatz abzubringen, schleunigst das Feld zu räumen.

„Rasch, daß wir sie noch erreichen!" rief Have. Und damit schwangen wir uns über den Balkon hinaus.

GLÜCK IN BENGALEN

„Kein Blättlein fällt, und nicht wird ein harter Schlag treffen den Menschen, es stünde denn in einem klaren Buche" — von diesem Lehrspruch des Islams, demzufolge von Ewigkeit her durch feststehenden göttlichen Ratschluß alles Geschehen bis ins kleinste vorausbestimmt ist, geht eine tröstende, eine beruhigende Kraft aus, sagten wir uns, als der Chittagong-Expreß sich von Kalkutta entfernte und wir im Abteil zwischen einigen indischen Muselmanen saßen. Dem Kismetglauben hat der Orientale seinen völligen Gleichmut gegenüber der Zukunft zu verdanken. Inschallah — es geschieht doch alles nur, wenn Gott es will. Aber auch auf den Gesichtern der beiden Hindus, die sich noch im Abteil befanden, lag der passive, gottergebene Ausdruck des Fatalisten; denn auch was dem Hindu in seinem irdischen Dasein zustoßen soll, ist von je festgelegt durch eine Kette von Ursachen, die in frühesten Existenzen ihren Ursprung nimmt und die weiterläuft in ihrer nachwirkenden Kraft durch die fernsten Wiedergeburten. Es wäre daher eine Sünde gegen den Geist unserer Umgebung gewesen, eine heimliche Ketzerei im Kreise von Rechtgläubigen, wenn wir uns mit übertriebenen Sorgen um das Kommende herumgequält hätten. Es kommt doch, wie es soll, und längst sind die Lose gefallen. Der Himmel möge leiten — wir fügen uns.

Angesichts der bevorstehenden Schwierigkeiten wäre es auch Vermessenheit gewesen, unserer eigenen Macht viel zuzutrauen. Die Bahn würde uns zunächst bis Goalanda Ghat, unweit des Zusammenflusses von Ganges und Brahmaputra, bringen. Dort müßten wir auf einen Flußdampfer umsteigen und stromabwärts in südlicher Richtung bis Chandpur fahren. Hier schließt wieder die Bahn an, deren Endpunkt dann Chittagong ist. Wenn alles gut verliefe, würden wir in etwa achtundzwanzig Stunden am Ziel sein. Aber konnte es überhaupt gut gehen? Auf dem Bahnhof in Kalkutta war keine Einzelkontrolle erfolgt, aber das bedeutete nur, daß sie irgendwo unterwegs stattfände, da die Engländer bestimmt jeden genau unter die Lupe nehmen würden, der ins Frontgebiet fährt. Über kurz oder lang müßten wir daher auf einen dichten Filter treffen, in dem wir mit größter Wahrscheinlichkeit steckenbleiben würden.

Die einzige Möglichkeit, trotz allem noch durchzuschlüpfen, bestand in der Undefinierbarkeit unserer Erscheinung. Beim ersten Blick mußte man uns, unbeschadet der fehlenden Abzeichen, für Soldaten halten. Allenfalls hätten wir aber auch für Zivilisten gelten können, denn auf den indischen Bahnen fahren Europäer, mit Rücksicht auf Hitze und Schmutz, sehr oft in Khakikleidung. Nur als englische Zivilisten dürften wir uns nicht ausgeben, da Engländer unserer Altersklasse eingezogen waren. So hatten wir verabredet, im Falle einer MP-Kontrolle anzugeben, daß wir Schweizer Kaufleute seien, die eine Geschäftsreise nach Chittagong unternähmen. Gewiß, eine höchst durchsichtige Nottarnung, eine Verlegenheitslösung; aber so besaßen wir wenigstens einen Schimmer von Hoffnung, an der MP vorbeizuwischen, die für Zivilisten nicht zuständig war.

Auch diesmal waren wir mit den Indern nicht allein, denn über unserem Sitz, auf dem Oberbett, schlief ein Tommy, den wir schon beim Einsteigen in Kalkutta in dieser Lage angetroffen hatten. Er war inzwischen aufgewacht und stieg nun aus seiner Höhe zu uns herab, den Tropenhelm tief ins sommersprossige Gesicht gezogen, ohne Umschweife eine Unterhaltung beginnend, die ein Trinkgelage des Vorabends zum Gegenstand hatte, an dessen Folgen er offensichtlich litt. Völlig mit seinen Leiden beschäftigt, bekundete er für uns, solange wir nur seine Klagen anhörten, nicht das geringste Interesse. Während des Sprechens enblößte er lange, gelbliche Zähne. Der Nachdurst mußte ihn befallen haben, denn er trank jetzt aus seiner Feldflasche in gierigen Zügen reinen Gin. Wir konnten sein Verhalten nur gutheißen, — wenn er so weitermachte, würde er uns bald nicht mehr gefährlich sein. Er sagte noch ein paar wüste Verse auf und kam dann als ernsthafter Gegner nicht mehr in Betracht.

Wir fuhren über eine brandbraune Erde, deren trockene, rissige Lehmkruste ungehemmt die Strahlengluten der Sonne zurückwarf. Der Zug wirbelte eine gelbliche Staubwolke auf, mit der er sich selbst verhüllte. Feiner Staub drang durch die Fensterritzen und setzte sich allenthalben nieder. Von der Zeitung begannen schmale Sandbäche herabzurieseln, zwischen den Zähnen knirschte es. In der wüstengleichen Landschaft zeichneten sich da und dort Bauminseln ab, voll üppigen Wuchses, die mit ihrer überschäumenden Vegetation in einem seltsamen, ja sinnbildhaften Gegensatz standen zu der Öde ringsum. Denn indisches Leben ist Leben, das ins Nichts starrt, ist Überfülle, umgeben von ewiger Unfruchtbarkeit, sind die Monate des Monsun, wo alles hemmungslos sprießt, gefolgt von Zeiten der Dürre, die alles versengt.

Gegen elf Uhr näherten wir uns Goalanda Ghat. Im Bahngelände standen mehrere Militärzüge voller Truppen. Hier sahen wir den ersten Sanitätszug mit Verwundeten. Die Geleise führten bis dicht ans Wasser. Der typische Terminus am Strom: Vom Zug aus sieht man schon die Dampfer und Boote liegen, hört die Sirenen heulen; die Luft riecht anders, das Auge sucht das jenseitige Ufer.

Nachdem wir dem langzahnigen Tommy aus dem Abteil geholfen hatten, überließen wir ihn seinem Schicksal und schlossen uns auf dem Bahnsteig der Menschenmenge an, die zu den Anlegeplätzen am Ufer hindrängte. Dort lagen zwei Raddampfer, von denen der eine mit seinem Bug nach Süden zeigte. Das mußte der richtige sein. Vor den Stegen gabelte sich die Menge. Hier, an diesem Punkt, stand unversehens ein amerikanischer Offizier, der jeden vorübergehenden Soldaten kurz ausfragte. Was mag er wissen wollen? Ruhe, jetzt nur Ruhe, und nicht die Nerven verlieren!

Have war um einen Schritt voraus, schon kam die Reihe an ihn. Ich hörte, wie er gefragt wurde, ob er Amerikaner sei. Er antwortete kurz entschlossen mit ja. Dann bleiben Sie bitte hier, hieß es. Verdammt, was soll das? Wir mußten doch rechts weiter, zum Dampfer, der nach Chandpur fährt.

„Und Sie, sind Sie Amerikaner?“ wurde ich gefragt.

„Nein.“

„Engländer?“

„Nein.“

„Was sind Sie sonst?“ Aber er wartete die Antwort gar nicht ab — „O. K., Sie können weitergehen!“

Der Offizier machte einen Strich in sein Notizbuch und wandte sich bereits dem nächsten zu ... Es war, als hätte jemand aus unmittelbarer Nähe auf mich angelegt, dann aber jäh seinen Sinn geändert und nicht losgeschossen. Ich hatte fest damit gerechnet, daß er sich bis zu meiner Nationalität durchfragen würde, und da ich im Augenblick von allen guten Geistern verlassen war und vor plötzlicher Benommenheit nicht wußte, was ich angeben sollte, war ich schon auf das Ärgste gefaßt gewesen. Ich hatte soeben vollständig versagt, und nur durch einen glücklichen Umstand war meine Ungeschicklichkeit verborgen geblieben.

So sehr beschäftigte mich der Vorfall, daß mir erst auf dem Schiff Haves Abwesenheit voll zum Bewußtsein kam. Er stand noch unten neben dem Amerikaner. Als dieser die letzten abgefertigt hatte, sah ich, wie Have mit ihm zu reden begann, eindringlich und offenbar erfolgreich, denn nach kurzer Unterhaltung durfte er passieren und kam zu mir aufs Oberdeck. Wir erklärten uns den Zwischenfall so, daß der Frontabschnitt, den die Amerikaner besetzt hielten, im Norden lag, die GIs daher stromaufwärts, nach Assam fuhren und es die Aufgabe des Offiziers war, seine Leute auf den richtigen Dampfer zu bringen. Aber ausnahmsweise schienen Yanks auch nach dem Süden abkommandiert zu werden, denn sonst wäre ja Have, der vorgab, dort zu tun zu haben, nicht durchgekommen.

Doch hier kam der Kontrolloffizier persönlich. Durch die herumstehenden Tommies ging er geradewegs auf Have los. Neue Krisis. Have mußte ihm verdächtig vorgekommen sein, nun würde er weitere Auskünfte verlangen. Nein – er wollte nur ein paar Witze machen und gut Glück wünschen. Netter Mensch, dachten wir erleichtert. Solche Unterhaltungen mit Offizieren, wenn sie erst gut bestanden waren, besaßen den Vorzug, daß sie auf anwesende Dritte wie eine Einführung oder ein Echtheitszeugnis wirkten. Man erschien dann nicht von vornherein verdächtig. Und hier hatten uns viele Soldaten mit dem Amerikaner gesehen, denn die erste und zweite Klasse des Schiffes hätte auch ebensogut die eines Truppentransporters sein können, so voll war es von Militär.

Die zehn Stunden währende Dampferfahrt nach Chandpur glich einem einzigen Alptraum. Zwischen der Messe und einem Geländer, das uns von dem Deck trennte, wo die indischen Passagiere lagerten, standen wir eingepfercht zwischen Tommies und einem Eisschrank. Jedes Wort, das wir miteinander sprachen, wurde gehört. Da man so dicht zusammengedrückt stand, ergab sich schon aus der Tatsache der gegenseitigen Bedrängung Gesprächsstoff. Aber eine Unterhaltung war das letzte, was wir wünschten, sie würde sich zwangsläufig mit der Front befassen und damit zu unserer möglichen Entdeckung führen. Nun war die Aussicht auf das Ende nicht gerade etwas Neues für uns, aber Stunde um Stunde der Hochspannung ausgesetzt sein, mußte schließlich zermürben. Ein dumpfer Druck lastete auf unserem Gemüt, und die Gedanken kreisten endlos um unangenehme Vorstellungen. Wir suchten nach jedem Mittel, um uns wenigstens für Minuten aus der feindlichen Umklammerung zu befreien.

Wenn man auf die Eiskiste stieg, konnte man auf den Strom hinaussehen. Bei flachen, baumlosen Ufern wirkte der einige Kilometer breite Ganges noch breiter. Kleine Wellen kräuselten sein milchiges Wasser; eine leichte Brise wehte. Ferne Rauchfahnen stiegen am Horizont empor. Zuweilen begegneten uns Dampfer, die sich mit ihren Schaufelrädern mühsam gegen die Strömung heraufarbeiteten.

Ob Militärpolizei auf dem Schiff war?

Ein kräftiger Ausfall aus unserer Stellung führte uns auf das Eingeborenendeck, wo es aussah wie auf einem Auswandererschiff. Man glaubte einen Volksstamm vor sich zu haben, der aufgebrochen war, um nach neuen Siedlungen zu suchen. Zwischen Hügeln von armseliger Habe kauerten ganze Familien mit Greisen, Kindern und Säuglingen. Wer Platz hatte, schlief auf den Planken. Die anderen hockten in kleinen Gruppen und schwatzten. In einer Ecke saßen Kuliweiber, in blaue, ausgeblichene Sarigewänder gehüllt. Wenn ein Weißer sie ansieht, verstecken sie sofort mit mißmutiger Gebärde ihr Gesicht hinter dem Tuch. Dann schaut nur noch der Nasenschmuck hervor und die Metallringe an den gespreizten, dürren Zehen. Zwischen den Liegenden stapften indische Soldaten umher, die das ungewohnte Schuhzeug ausgezogen hatten. Abseits, weil sie mit den „Eingeborenen" nichts zu tun haben wollten, stand eine Gruppe Gurkhas. Ein alter Mann, der seinen Bart mit Henna rot gefärbt hatte, schenkte an einem erhöhten Stand gezuckerten Milchtee aus. Wir hätten an sich in der Messe ein Essen bekommen können, da aber dort an langen Tischen serviert wurde, und Offiziere aus der ersten Klasse sich unter die Tafelnden setzten, verzichteten wir darauf. So harmlos wie bei Firpo würde das hier nicht abgehen. Wir hielten uns daher an den heißen Milchtee und die beiden letzten, fauligen Bananen, die der rotbärtige Alte anzubieten hatte.

Nach beendigtem Rundgang, bei dem wir keinen MP entdecken konnten, kämpften wir uns durch die Soldaten zu der Eiskiste zurück. Nun müßten wir wohl hier bis Chandpur ausharren; neuerlich einen Keil durch das Gedränge zu treiben, würde Unwillen erregen.

Das Stampfen der Wasserräder hämmerte auf unsere matten Gehirne ein.

„Hallo, ihr da! Ja, ihr beiden!" rief ein Tommy, der höher als die anderen auf einem Geländer saß, zu uns herüber. Um Gottes willen –

„Seht doch nach, ob nicht ein paar Flaschen Bier im Eisschrank sind!"

Sichtliche Erleichterung unsererseits.

Ich machte auf. Der Tommy hatte den richtigen Verdacht gehabt.

„Ungefähr ein Dutzend ist darin!" gab ich bekannt.

Allgemeiner Aufruhr: „Her damit! ... Verteilen! ... Los, schmeiß 'rüber!" Peinliche Aufforderung; wenn wir das Bier einfach an die anderen ausgeben, kann uns gleich darauf ein Offizier zur Rechenschaft ziehen. Tun wir's nicht, sind wir Feiglinge. Ein indischer Boy half uns aus der Verlegenheit, indem er unter Klagegeheul und Beteuerungen, das Bier sei für die Offiziere bestimmt, die Flaschen wieder verschloß.

„Was, nur für die Offiziere? Und wo bleiben wir?! Immer dieselbe Geschichte!" Und nun ging ein pausenloses Geschimpfe über die Vorgesetzten los, über dem man uns wieder völlig vergaß.

Es war hier auf dem Schiff, und zwar als es dämmerig wurde, daß wir uns der Soldbücher entledigten. Sie hatten uns bisher nichts genützt, kein einziges Mal hatten wir sie vorgezeigt, nur eine Belastung waren sie gewesen, und wenn sie jetzt, hier in der Frontnähe, bei uns gefunden würden, könnten die Engländer sehr unangenehm werden. Welche Wunderwirkungen hatten wir uns seinerzeit von ihnen versprochen! Nun sahen wir ihre Wertlosigkeit ein und beschlossen, „Zoja" und „Simone" zu ersäufen. Wir zwängten uns an die Reling und warfen die unnützen Büchlein in die schwarze Flut.

Am Ufer flammten Lichter auf — bald würden wir in Chandpur sein.

Kommandorufe erschallten, im Maschinenraum ertönten die Glocken, die Schaufelräder stemmten sich im Rückwärtslauf gegen die Strömung, in weitausholendem Schwung wurden Seile auf die Anlegebrücke geworfen — der Dampfer machte fest. Über schmale Planken sprangen Kulis an Bord, um als Gepäckträger ihre Dienste anzubieten. Halt — war das nicht eben Rot? Leuchtete in dem dunklen Menschengewoge am Kai nicht die verdächtige Farbe hervor? Gleich hier vorne, dort neben der Rampe und da drüben auch? Irrtum — das waren nur rote Turbane. Nein, jetzt kann man es besser erkennen, es sind keine Turbane; was da auf dem Kai unter all den Köpfen hervorleuchtet, ist ein anderes Rot, es ist das unverkennbare Karminrot der Militärpolizei!! Und tatsächlich, da standen sie, die Rotkappen und bildeten fein ausgerichtet einen Kordon am Kai entlang. Einer von ihnen rief einen Befehl herüber. Die Tommies gaben ihn weiter: „Alles Militär für eine Kontrolle an Bord geblieben!" Hier ist also der Filter! Na, dann gute Nacht. Nun haben sie uns.

Die erste Reaktion war vollständige Lähmung. Man wurde blaß, hatte das berühmte schwache Gefühl im Magen und konnte keinen vernünftigen Gedanken fassen. Dann blitzten Schreckvorstellungen auf, die sich zu einem Schauerbild der bevorstehenden Verhaftung fügten, und erst nachdem man diese Vision vertrieben, war es wieder so weit, daß man an Gegenwehr denken konnte. Aber was war in dieser Lage zu tun? Es gab, wenn man nicht wie ein hypnotisiertes Karnickel auf den Biß der Schlange warten wollte, nur zwei Möglichkeiten: entweder sich auf dem Schiff zu verstecken, oder es sofort zu verlassen. Lieber verlassen — nur wie? Sollen wir uns als Schweizer durchbluffen? Wir müßten in diesem Falle vor aller Welt am Steg bei den MPs vorbei und außerdem —. Nur jetzt nicht lange überlegen! Handeln, rasch handeln! Ich forschte in Haves Augen, sprechen konnten wir uns ja nicht. Er mußte den gleichen Entschluß gefaßt haben, denn er winkte einen indischen Jungen herbei, dem wir unsere Militärtaschen, Tropenhelme und Feldflaschen aufpackten, um uns möglichst vom kriegerischen Beiwerk zu befreien. Wir setzten uns sofort in Bewegung, die Treppe hinunter, dann zum Ausgang hin. Die Tommies waren über unser eigenwilliges Vorgehen entrüstet; von allen Seiten riefen sie uns zu, daß wir dazubleiben hätten. Sie veranstalteten diese Protestkundgebung in der gutgläubigen Annahme, daß wir ihresgleichen seien und den Befehl der MPs genau wie sie befolgen müßten. Unbekümmert um die Zurufe gingen wir unseren Weg. Der Junge blieb zurück; es gelang ihm nicht, sich durch die Soldaten zu zwängen.

Und nun kam der entscheidende Augenblick.

Denn jetzt schritten wir, indes alle Augen auf uns gerichtet waren, auf den MP los, der im vollen Licht der Bogenlampe neben dem Ausgang stand. Als interessiere uns der ganze Mann nicht, versuchten wir an ihm vorbeizugehen.

„Stop!" rief er und stellte sich in den Weg. „Haben Sie nicht gehört, daß Sie das Schiff nicht verlassen dürfen? Bitte zurück!"

„Müssen denn Zivilisten auch warten?" fragte Have mit gut bewahrtem Gleichmut.

„Wieso, Sie sind doch Soldaten!"

„Wir? Nein, wir sind keine Soldaten."

„Keine Soldaten?" fragte er ungläubig.

„Sehen Sie doch her, hier sind unsere Fahrkarten", sagte Have, dem dieser rettende Einfall gekommen war, und zog unsere gewöhnlichen Fahrkarten hervor. Der MP warf einen prüfenden Blick darauf, schien einen Augenblick zu schwanken, musterte uns von oben bis unten, sah wieder auf die Karten — und ehe wir wußten, wie uns geschah, klang das Zauberwort „Weitergehen" an unser Ohr.

Das völlig Unglaubliche war eingetreten: Wir hatten das

Kontrollnetz passiert! Die Aussichten waren tausend zu eins gewesen, daß wir den Kopf nicht mehr aus der Schlinge kriegen würden, und nun war es doch gelungen. Jetzt schlug uns zum Heile aus, daß wir keine Rangabzeichen trugen, sonst wäre der Rollenwechsel nie geglückt, und hätten wir in Kalkutta die Uniformen gekauft, dann wären wir jetzt gescheitert.

„Wo bleibt denn bloß der Lümmel mit den Sachen?" hörte ich Haves Stimme neben mir.

„Dort auf der Treppe zum Oberdeck steht er eingeklemmt zwischen den Soldaten. Kannst du ihn jetzt sehen?"

„Ja, jetzt sehe ich ihn. Na, dann muß ich ihn wohl holen gehen."

„Bist du toll?" Aber da war er schon fort, ging über den Steg wieder aufs Schiff, vorbei am MP, hinauf zu dem Jungen, nahm ihn ins Schlepptau, zog zurückkehrend wieder am MP vorüber und langte wohlbehalten mit den Sachen bei mir an. Das war wieder so ein Streich nach Haves Geschmack. Er konnte dem Reiz der Lage nicht widerstehen und mußte zurück. Aber Have durfte sich solche Stückchen leisten. Furchtlos, ohne Nerven, mit einem unfehlbaren Instinkt für das gerade noch Mögliche, stand er immer über der Situation. Niemals habe ich ihn aufgeregt gesehen, und selbst in verzweifelten Lagen behielt sein Gesichtsausdruck ein lächelndes „Ihr könnt mir alle ..." Hinterher sahen seine Abenteuer immer so aus, als habe er sie vorher genau durchkalkuliert. War ich mit meinem Latein zu Ende — und oft genug war das der Fall —, so verließ ich mich einfach auf Have. Der wird schon einen Ausweg finden — und er versagte nie.

Vom Fluß zur Bahn waren es nur wenige Minuten. Die Bahnsteige lagen im Dunkeln, wir warteten lange, bis der Zug einlief. Vom Schiff kamen noch immer keine Soldaten. Wir suchten ein leeres Abteil zweiter Klasse, klappten die Oberbetten hoch und drückten uns oben an die Wand. Doch wir hatten ungünstig gewählt, denn mehrfach benützte Wachtpersonal ausgerechnet unser Abteil zum Durchgang von einem Bahnsteig auf den anderen. Es war aber so finster, daß uns niemand bemerkte. Nach einer Weile kam ein Bahnbeamter und machte sich an der Tür zu schaffen. Ich stieg, nachdem er gegangen war, von meiner Liegestatt herunter und stellte fest, daß wir eingeschlossen waren; es hatte auch jemand mit Kreide an den Wagen geschrieben, daß er für Offiziere bestimmt sei. Wir kletterten daher zum Fenster hinaus, fanden ein anderes Abteil und schliefen durch bis kurz vor Chittagong, das wir am nächsten Morgen erreichten.

Chittagong, das am Golf von Bengalen gelegen ist, bildet den Endpunkt der südbengalischen Bahn und liegt noch über zweihundertfünfzig Kilometer von der burmesischen Grenze entfernt. Diese Strecke mußten wir bewältigen, um zu den japanischen Linien zu stoßen. Die Gebiete in den Grenzräumen zwischen Indien und Burma, weite, unwegsame Bergdschungel, die sich über Zehntausende von Quadratmeilen erstrecken, waren bis zum Kriege kaum erschlossen und beherbergten stellenweise noch wilde Stämme, ja selbst Kopfjäger wie die Nagas. Wollte man früher von Chittagong nach Burma gelangen, so benützte man die Dampferlinie über Cox's Bazar nach Akyab. Jetzt war sie natürlich eingestellt. Der Krieg zwang die Alliierten, Straßen zu bauen und diese unbetretenen Gegenden an die zivilisierte Welt anzuschließen.

Vom Lager trennten uns nun mehr als zweitausend Kilometer, zu denen wir zwei Wochen gebraucht hatten; allein von jetzt an würde sich unser Vorrücken verlangsamen; wir waren auf Fußmärsche angewiesen, mit der Aussicht, streckenlang Eingeborenenboote, die sogenannten Sampans, benützen zu können. Der ganze Küstenstrich ist hier nämlich von einem dichten Netz kleiner Wasserläufe durchzogen, auf denen sich ein großer Teil des einheimischen Verkehrs abspielt.

Augenscheinlich hatten die Engländer Chittagong zu einer militärischen Basis ausgebaut; jedenfalls erweckte das Straßenbild diesen Eindruck. Afrikanische Soldaten mit schweren, ungeschlachten Leibern befanden sich hier in großer Zahl. Der

Gedanke, diesen schwarzen Kolossen im Dschungel in die Hände zu fallen, ließ uns erschaudern. Wir trachteten in den Basar zu gelangen, denn Have, der zum zweitenmal hierher kam, wußte sich zu entsinnen, daß an seinem Ende eine Anlegestelle für Sampans war, mit denen man über den breiten Fluß setzen konnte, an dem Chittagong liegt. Ich war erstaunt, so wenig Bombenschäden an einem immerhin kriegswichtigen Platz zu finden. Mit der japanischen Luftbedrohung schien es nicht besonders weit her zu sein.

Um die Sampans zu erreichen, mußten wir durch tiefen Schlick waten, da gerade Ebbe war. Wir wurden mit einem der Bootsleute handelseinig und stießen ab. Eine mörderische Sonne sengte, und die Wasser des Flusses wälzten sich dahin wie flüssiges Metall. Träge bediente der Bootsmann das Ruder — wir kamen nur langsam über den weiten Strom. Nun konnte man die ganze Uferfront von Chittagong liegen sehen. Links, an der Ozeanseite, ragten mächtige Antennenmaste empor, darunter lagen flache, helle Amtsgebäude, anschließend standen Bungalows zwischen Bäumen und dann folgte die Eingeborenenstadt. Hoch über allem schwebten unbeweglich die silbernen Ballons der Luftsperre.

Der Sampan hielt auf einen Einschnitt am jenseitigen Ufer zu, wo sich ein Wasserlauf hinzog, der in scharfen Windungen ins Landesinnere führte. Die Böschung war dicht mit stacheligem Buschwerk bestanden. Nach wenigen Ruderschlägen waren wir allen Blicken entzogen. Wir ließen den Inder eine Weile weiterfahren und stiegen dann bei einem Dorf an Land. Es war notwendig, daß wir erst einmal die Richtung aufnahmen und das Gelände erkundeten. In einer Bude, wo indischer Milchtee ausgeschenkt wurde, erfuhren wir, daß nur wenige Kilometer entfernt eine Landstraße in südliche Richtung führte. Wir beschlossen, uns parallel zu dieser Straße zu bewegen, aber erst nachts; den Rest des Tages wollten wir in Deckung verbringen. Leicht gesagt. Hier waren überall Dörfer und Felder, aber nirgends ein schützendes Gestrüpp. Wir suchten und liefen dabei kreuz und quer durchs Gelände. Überall folgten uns die Blicke der Eingeborenen. Was haben bloß die beiden Sahibs vor? Endlich fanden wir einen Platz zwischen Agaven, hinter einem Teich, streckten die Glieder und versuchten auszuruhen. Doch die Rast währte nicht lange. Wir hörten, wie jemand auf unser Versteck zukam. Es war ein dürrer, verschrumpelter Greis, der sich, ohne uns zu sehen, in unmittelbarer Nähe niederhockte, um sein Geschäft zu verrichten. Ein lautes He! schreckte das Männlein empor. Mit offenem, zahnlosem Munde starrte er uns an und humpelte, so schnell es seine alten Knochen erlaubten, mit allen Zeichen des Entsetzens davon — um jedem, den er traf, sein Erlebnis erregt zu melden. Schon kamen Inder, um in gebührender Entfernung die beiden seltsamen Engländer zu beäugen. So mußten wir aufbrechen und liefen ein Stück auf Pfaden entlang, bis wir wieder auf eine der Wasserbahnen stießen, die stark von Barken befahren war. Wir riefen einen der Bootsleute heran und hießen ihn, uns in südlicher Richtung soweit wie möglich zu rudern.

Die Sonne näherte sich schon den Palmenwipfeln, die Hitze hatte sich gelegt. Der Wasserspiegel lag in gleicher Höhe mit den Reisfeldern und Grünflächen. Lässig hingestreckt, glitten wir wie in einer Zaubergondel über die türkisblauen Kanäle dahin. Auf den Pfaden wurde das Vieh nach Hause getrieben. Über den Dörfern schwebte der Rauch der Abendfeuer; ein fernes Tempelglöcklein läutete. Man hätte hier aussteigen und verweilen mögen. Vergessen war alle Drangsal ...

Als der Tag verglomm, führte der Wasserarm in weite Sumpfwiesen. Gegen dunklen Dschungelhintergrund stand in der Ferne ein längliches, weißes Gebäude. Wir fragten, was das sei. Eine Polizeistation — wir führen ohnedies darauf zu. Diese Nachricht riß uns aus den Träumen. Aber er könne nur noch ein kurzes Stück weiter, meinte der Bootsmann, dann höre der Kanal auf. An seinem Ende, wo wir anlegen mußten, war gerade vorher ein Boot angekommen, dem ein Inder entstieg. Er redete auf uns ein und schien uns für Piloten zu halten, deren Maschine zu Bruch gegangen war, denn er meinte, wir sollten zur Polizei gehen, die dann zum Flugplatz telephonieren und uns auch sonst helfen würde. Er selber wollte gleichfalls hin. Der aufdringliche Mensch mißfiel uns, wir machten, daß wir fortkamen und umgingen in weitem Bogen das Polizeigelände, und zwar im Geschwindschritt, da wir fürchteten, daß der Inder die Schergen auf unsere Spur setzen könnte.

Unterdessen wurde es dunkel.

Auf Feldwegen und Pfaden marschierten wir südwärts. Da wir uns am Tage offen im Gelände bewegt hatten, schien es ratsam, nunmehr unsere Fährte möglichst zu verwischen, weshalb wir uns beim Herannahen von Indern sogleich hinter einen Busch oder in eine Bodenrille duckten. Schon auf weiten Abstand hörten wir sie kommen, weil sich die indischen Landleute auf nächtlichen Wegen wie die Kinder im Walde benehmen; sie sprechen so laut, wie sie können, und singen, wenn sie allein sind. Das hält die bösen Geister fern. Aufregend wurde der Durchgang in den Dörfern, wo regelmäßig die Hunde anschlugen. Auf leisen Sohlen hasteten wir eilig durch die Gassen und suchten uns unbemerkt an den Eingeborenen vorüberzustehlen. Daß die Nächte mondlos waren, kam uns dabei zu Hilfe.

Gegen Mitternacht hörte unversehens der Weg auf; ein breites Wasser lag vor uns. Wir mußten die Suche nach einem Boot, mit dem man hätte übersetzen können, bald aufgeben, da überall Hütten standen und die Köter zu bellen anfingen. Wir machten kehrt, um einen anderen Weg einzuschlagen. Beim Rückzug gerieten wir in ein Dorf, in dem ein Fest, eine Hochzeit gefeiert wurde. Es handelte sich um eine der Gelegenheiten, bei denen die Inder Haus, Hof und alle Habe verpfänden, um Geld für die Feier zu beschaffen. Durch eine Bambushecke sahen wir einen Platz, auf dem Bauern um das Feuer hockten und junge, angetrunkene Leute in bewegten Gruppen beisammenstanden. Wir konnten nicht gleich den Dorfausgang finden und irrten eine Weile zwischen den Gehöften umher. Unsere vorbeihuschenden Schatten mußten wohl von heimkehrenden Festteilnehmern bemerkt worden sein, denn plötzlich schrie jemand neben uns aus voller Kehle: „Diebe! Diebe!“ Der Schrei wurde von anderen aufgenommen und ehe wir's uns versahen, gellte es im ganzen Dorf. Als wäre der erste Ruf ein Startschuß auf der Aschenbahn gewesen, stoben wir davon und gewannen das Freie. Aber die Verfolger setzten uns nach, einer sogar mit einer Taschenlampe, doch konnte uns der Lichtkegel nicht mehr erreichen, da unser Vorsprung wuchs. Nach einigen Minuten waren wir die Meute los. Auf einem Reisfeld, in gebührlichem Abstand von dem wildgewordenen Dorf, warfen wir uns zu kurzem Schlaf nieder.

Ehe der Morgen graute, noch vor der Zeit, da der Moslem sein erstes Gebet sprechen würde, mußten wir aufbrechen, um nicht von Bauern auf offenem Feld schlafend aufgefunden zu werden. In den tropischen Breiten folgt der Tag fast übergangslos auf die Nacht, und wenn es erst einmal hell ist, dann wird es auch bald heiß. Die kurze Morgenkühle nützend, folgten wir einem Kanal, bis wir wieder auf den breiten Wasserarm stießen, der schon nachts unseren Marsch aufgehalten hatte. Hier lagen, umschlossen von Bambusgebüsch, das gleich riesigen Garben emporwuchs, die regellos durcheinander stehenden Wohnstätten eines kleinen Marktfleckens. Das Leben im Dorf hatte schon begonnen. Von ihrem Morgengang zum Brunnen kehrten die Mädchen mit dem Krug auf dem Kopfe in die strohgedeckten Lehmhütten zurück. Die Männer, das schmutzig-weiße Hüfttuch um die mageren Lenden, kauerten auf den hartgestampften Plätzen vor den Türen, banden sich die Turbane und rauchten ihre langen Pfeifen an. Irgendwo brüllte ein hungriges Rind. Es begegneten uns einige Bäuerinnen, die, ihre Säuglinge im Arm, mit schweren Hacken auf die Felder gingen; im ganzen Osten sind es die Frauen, auf denen die Hauptlast der Arbeit ruht. An einem Tümpel, wo ein uralter, durch seine rippenartigen Leistenwurzeln wie ein gotischer Dompfeiler wirkender Banyan-Baum ein weites Schattendach bildete, lag eine Tempelstätte. In ihrem Inneren war das rohgeformte Standbild eines Stiers zu erkennen, das Symbol der göttlichen Schöpfungskraft. Hier, in dem abgestandenen, verseuchten Wasser, verrichtete ein Priester seine Waschungen. Auf einem schattenlosen Platz, der an den Kanal grenzte, waren Bauernweiber tätig, flache Körbe mit Früchten und grauem Reis, in dem der Wurm zu sein schien, für den Verkauf bereitzustellen, indessen mehrere Männer vor einer Teebude ihren Frühtrunk einnahmen. Unser Erscheinen erregte sofort aller Aufmerksamkeit. Vielleicht war es zum erstenmal, daß Weiße dieses Dorf betraten. Wir gingen auf die Männergruppe zu, setzten uns nieder und baten um Tee.

Ein alter Mann, mit einem Gesicht voll zahlloser, kleiner Runzeln, der etwas Englisch konnte und den Wortführer für die anderen abgab, eröffnete das Gespräch:

„Wo wollen die Sahibs hin?"

„Nach Cox's Bazar."

„So? Von hier aus?"

„Ja, von hier aus. Sag 'mal", fragte Have, um erst ganz sicher zu gehen, „ist hier eine Polizeistation?"

„Hier im Dorf nicht. Die nächste liegt mehrere Meilen entfernt." Nun konnten wir unser Vorhaben ausführen.

„Zu dumm, wir brauchen Hilfe."

„Was ist es?"

„Wir müssen ein Boot haben, das uns nach Cox's Bazar bringt."

„Das wird schwierig sein", meinte der Alte, „von unserem Dorf sind es zwei Tage dorthin und nur selten fährt ein Sampan so weit. Aber wenn die Sahibs die Militärstraße benützen, sind die Sahibs im Auto in wenigen Stunden dort."

„Du sollst uns keine Ratschläge geben, sondern ein Boot besorgen, und zwar rasch, da wir vom Headquarter den besonderen Auftrag haben, unverzüglich in einem Sampan nach Cox's Bazar zu fahren. Ruf doch einmal den Dorfältesten her!"

„Der bin ich selbst“, erwiderte der Alte.

„Dann gebe ich dir hiemit den Befehl, schleunigst einen Sampan mit Ruderknecht bereitzustellen!“ sagte Have.

Der Alte kratzte sich hinter dem Ohr, gab vor, nachzudenken, brummelte etwas von „Schwierigkeiten“ und „unmöglich“, schickte dann aber doch einige Burschen aus, einen Bootsmann aufzutreiben. Einen Batzen Geld würde es kosten, meinte er. „Macht nichts, die Armee muß es bezahlen“, gab ich zurück, „und auch du sollst dein Bakschisch bekommen“, denn das war es natürlich, worauf er mit seiner Bemerkung zielte. Fast befiel uns ein Gefühl der Scham, die braven Leute so irrezuführen. Es war zu leicht. Nachdem sie uns für englische Offiziere und damit für Respektspersonen hielten, konnten wir beliebig mit ihnen umspringen.

Allmählich hatte sich das Dorf um uns versammelt. Zahllose dunkle Augen sahen uns an, — die übergroßen, altklugen der Kinder; gequält, doch zugleich begehrlich, diejenigen der Männer; und aus scheuer Ferne, sanft und sammetweich verloren, die Augen der Mädchen. Eingedenk der Notwendigkeit, auf die Zuschauer einen großen Eindruck zu machen, agierten wir feierlich wie Bühnenhelden. Der Alte wollte durch besondere Vertraulichkeit im Umgang mit uns seinen Dorfgenossen imponieren und bat darum, den Inhalt unserer Taschen untersuchen zu dürfen. Es wurde ihm untersagt mit dem Hinweis, daß sie wichtige Dokumente, Karten und Pistolen enthielten. Er hätte noch nie eine Pistole in Händen gehabt, gestand der Alte, wir möchten doch bitte ausnahmsweise gestatten, daß er eine der unseren betrachten dürfe. Da wir keine Waffen besaßen, übergab ich ihm umständlich unsere große Taschenlampe ersatzhalber zur Untersuchung.

Ein Bootsmann kam und mußte zunächst von dem Dorfältesten überredet werden, da er keine große Lust verspürte, die lange Reise anzutreten. Als er endlich einwilligte, gab Have mit Feldherrnmiene dem Alten weitere Anordnungen, die er dem Bootsmann übersetzen sollte:

„Sag ihm, daß wir unterwegs Überraschungskontrollen vornehmen werden und der Mann sich nirgends unterstehen soll, darüber zu reden, daß er zwei Offiziere in seinem Sampan mithat."

Das war eine Vorsichtsmaßnahme; denn wir hatten schon bemerkt, daß die Bootsleute, wenn sie einander auf dem Wasser begegneten, gerne schwatzten. Daß er zwei Weiße bei sich habe, würde natürlich das erste sein, was der unsrige aller Welt bekanntgäbe.

„Sorge infolgedessen auch dafür, daß der Sampan mit einem Palmendach bedeckt wird und daß der Bootsmann Bananen, Eier und Keks mitnimmt."

Der Mann ging, um zu tun, wie ihm befohlen ward.

Unterdessen erzählte uns der Dorfschulze von der Hungersnot, die in den letzten Monaten auch in seinem Dorf mehrere Todesopfer gefordert hatte. Er sprach von der Katastrophe, wie man vom Wetter spricht, wie von etwas Selbstverständlichem, das hingenommen wird ohne Auflehnung, ohne die Spur eines Gedankens, daß sich vielleicht etwas dagegen tun ließe. Als Inder ist man auf der Welt, um zu leiden, und der Hunger ist nur eine unter vielen Plagen, die der Mensch zu erdulden hat. Diese passive Einstellung erklärt, weshalb die furchtbare Heimsuchung Bengalens, wiewohl die betroffenen Gebiete im Rücken der Burmafront lagen, keine Erschütterung der englischen Position zur Folge hatte.

Schließlich erschien der Bootsmann in seinem Nachen. Mit großem Gefolge, wie Fürsten, die zur Kathedrale wallen, zogen wir zum Sampan, wo es ein allseitiges Händeschütteln und Abschiednehmen gab. Wir fühlten uns doch sehr erleichtert, als wir auf dem Wasser schwammen, denn trotz vorgetäuschter Sicherheit bangten wir heimlich vor dem Auftauchen einer Polizeistreife, der Anwesenheit eines Spitzels oder vor sonst einer unangenehmen Überraschung.

Ein Sampan ist nur wenige Schritte lang und so breit, daß zwei Mann auf dem Boden nebeneinander liegen können.

Seine beiden Enden sind stumpf. Der Ruderknecht steht auf erhöhtem Borde am Bootsende und bewegt den Sampan durch Wriggen eines Ruders, das in einer Gabel aufruht. Er begleitet den Ruderschlag mit einem Vortreten um einen Schritt und dem Vorverlegen des Körpergewichts, dem ein Zurückpendeln in die Ausgangsstellung folgt.

Unser Boot war mit einem halbrunden Dach aus Palmenblättern ausgestattet, das so niedrig war, daß man darunter eben noch aufrecht sitzen konnte. Die beiden bogenförmigen Öffnungen am Kopf- und am Fußende hatten wir verhängt, um uns jeder Sicht zu entziehen. Die Bodenplanken bedeckte eine dünne Fasermatte. Dieser winzige Raum war für drei Tage und zwei Nächte unser Aufenthalt. Wir verbrachten die Zeit in liegender Stellung und nicht viel anders als blinde Passagiere, die sich unter einem Rettungsboot verborgen halten.

Das Gelingen unserer Sampanreise hing wesentlich von dem Bootsmann ab. Wenn er den Mund hielt, würden wir die über hundert Kilometer lange Strecke ohne besondere Unfälle zurücklegen können, denn wir hatten keinen Grund zur Annahme, daß die Boote unterwegs durchsucht würden; dazu waren wir noch zu weit vom Kampfgebiet entfernt. Unsere Entdeckung könnte also nur der Bootsmann durch Ausplaudern an einen seiner Berufsgenossen oder Anzeige bei einer der Militär- oder Polizeistationen herbeiführen. Wir behandelten ihn daher wie ein rohes Ei und mit aller erdenklichen Liebe, um für den Fall, daß er Verdacht schöpfte, so viel menschliches Gefühl bereits in ihm erweckt zu haben, daß er uns nicht ohne weiteres verriete. Der dunkelhäutige Mann, ein Süd-Bengale, war Mitte Vierzig, hatte eine gedrungene Gestalt und ein knochiges, mongoloides Gesicht. In seinem sauberen, schwarzen Hemd und den kurzen Pluderhosen machte er einen ordentlichen und zuverlässigen Eindruck.

Am ersten Tage unserer Bootsfahrt bewegten wir uns durch ein Labyrinth von Wasserläufen, die unweit der Ozeanküste das Land durchziehen. Da auf ihnen ein starker Verkehr herrschte, hielten wir uns verborgen und beschränkten uns darauf, durch einen Sehschlitz hin und wieder einen Blick auf die Umgebung zu werfen. Meist konnten wir, infolge des niedrigen Wasserstandes, nur schlammige Böschungen sehen. Da alle Wasserläufe mit dem Meer in Verbindung stehen, wirken sich in ihnen die Gezeiten aus, so daß sich bei Ebbe der Wasserspiegel bis nahe an die Kanalsohle senkt. Dann kommt es vor, daß die Fahrrinne nicht genügend Wasser führt, um selbst einen der flachen Sampans durchzulassen, weshalb wir oft stundenlang auf die Flut warten mußten; während solcher Haltezeiten litten wir wahre Höllenqualen. Gewöhnlich wartete eine ganze Flottille von Booten gemeinsam mit uns. Da war natürlich die Versuchung für unseren Mann groß, den anderen das Geheimnis seiner Fracht preiszugeben. Es war aber auch schon gefährlich, wenn er bei solcher Gelegenheit mit uns sprach. Da wir uns mit ihm in einem Kauderwelsch aus Englisch und Hindostani unterhielten, wären seine Landsleute beim Hören eines solchen Gesprächs sofort aufmerksam geworden. Wir hatten zwar dem Bootsmann eine besondere Belohnung versprochen, wenn er das Schweigegebot einhielte, konnten uns aber nicht vorstellen, daß er es wirklich beachtete. So beteten wir bei jedem Halt, daß er nichts verraten möge, und ließen ihn nicht aus den Augen. Doch die wirkliche Pein bereitete die Hitze. Das Wasser wurde zu siedendem Öl, die Schlammwände bildeten Kästen aus sinterndem Blei. In unserem Gehäuse, wo wir in einer Schweißlache lagen, glaubten wir vor Hitze umzukommen.

War der Sampan erst wieder in Bewegung, ging es ganz flott vorwärts, da wir in unserem Bengalen einen unermüdlichen Bootsmann besaßen, der Stunden hindurch ohne Unterbrechung ruderte; dann kam mit jedem Schlag sein breiter, brauner Fuß, den er auf der Planke vorschleifen ließ, neben unseren Köpfen zum Vorschein. Von Zeit zu Zeit hörten wir ihn ein langgezogenes, tiefes „Oeh“ rufen — seinen Warnungsschrei an den Kanalkreuzungen, um Zusammenstöße zu vermeiden.

Abenteuerlich hob sich seine Gestalt über uns gegen den Himmel ab, und wenn er sein gelbes Kopftuch um die Stirne schlug, sah er aus wie ein Pirat.

Im brechenden Licht, als schon der Erdschatten violettgrau über dem Horizont emporstieg, fuhren wir durch eine weite, öde Fläche. Neben einem schachtelhalmförmigen Baumgewächs wurde angelegt, der Bootsmann machte Feuer, um seinen Reis zu kochen, indessen wir, um unsere steifen Glieder zu regen, in der Nähe umherstreiften. Ringsum herrschte geheimnisvolle Stille, nur die Zikaden zirpten. Wir schliefen diese Nacht im Boot.

Am nächsten Morgen — wir waren schon eine geraume Zeit unterwegs, ohne hinauszusehen — bemerkten wir, daß das Wasser an der Bordwand ein anderes als das gewohnte Geräusch erzeugte. Das gleichmäßige Rauschen hatte sich in ein Knattern verwandelt, wie wenn kleine Wellen an das Boot schlügen. Ein Blick hinaus bestätigte es — wir waren draußen auf offenem Meer. Links, in einiger Entfernung, lag die sonnerwärmte, goldsandige Küste, auf der Palmen ragten; rechts vor uns tauchte eine große Insel auf: Cudobdia. Dunkle Sampans fuhren hin und wider und zwischen ihnen glitten helle Segler hindurch. Das war das Tropenmeer, das tief-tiefblaue Inselmeer, dessen vielbuchtige Gestade in der Farbe dunkler Saphire leuchteten — ein seliger Archipelagos!

Eine Dschunke schnitt dicht an uns vorbei; sie hatte eine Ladung Wassermelonen an Bord. Unser Bootsmann rief hinüber. Zwei große Früchte flogen in den Sampan, an deren rotem Fleisch wir unseren Durst stillten.

Gegen Mittag legten wir in einer blauenden Bucht am Strand von Cudobdia an. Hohe Gestrüppmauern erlaubten es nicht, einen Fuß auf die Insel zu setzen. Wir nahmen ein Bad.

Verführerisch schön war es um uns her, doch wir, von unseren alten Sorgen geplagt, hatten keinen Blick für den Liebreiz der Umgebung. In der Nacht würden wir in Cox's Bazar anlangen — das war die alles beherrschende, harte Tatsache, neben der nichts anderes existierte. Have besaß eine tiefe Abneigung gegen diesen Ort, in dessen Nähe er auf seiner ersten Flucht wieder eingefangen worden war. Wenn man ihn bloß meiden könnte! Nun gab es zwar einen Weg, dies zu tun, er lag sogar auf der Hand: Der Bootsmann müßte dazu bewegt werden, Cox's Bazar zu umschiffen. Würde er aber darauf eingehen wollen? Würden wir uns nicht mit diesem Vorschlag vollends verdächtig machen? Es mußte ihm doch schon seltsam erscheinen, daß wir noch nirgends unsere angekündigten Kontrollen vorgenommen hatten.

Wir zogen unsere kleinen Kärtchen zu Rate. Man konnte entweder in südlicher Richtung, der Küste entlang, Cox's Bazar umschiffen oder den Ramu River, der bei der Stadt ins Meer mündet, landeinwärts, also nach Osten, hinauffahren. Die Küstenstrecke verwarfen wir wegen der wahrscheinlichen Anwesenheit britischer Wachtboote. Würde nun der Bootsmann bereit sein, den Fluß hinauf zu schippern? Wir schoben die schwierige Unterhaltung immer wieder hinaus, und es war schon dämmerig geworden, als wir sie endlich eröffneten. Zu unserer großen Erleichterung ging der Bengale sofort auf den Vorschlag ein, wobei wohl den Ausschlag gab, daß wir seinen Fahrlohn von fünfzig Rupien um weitere fünfundzwanzig erhöhten. Fünfundsiebzig Rupien in wenigen Tagen einzunehmen, bedeutete für den Mann einen unerhörten Verdienst. Solcher Versuchung zu widerstehen, sah er sich außerstande. Oder war die Gewinnsucht vielleicht doch nicht der wahre Beweggrund für sein rasches Einverständnis? Wollte er uns vielleicht nur in falscher Sicherheit wiegen, um zu verhindern, daß wir kurz vor Cox's Bazar an einer Stelle ausstiegen, wo er nicht Alarm schlagen könnte? Ursprünglich hatten wir uns gesagt, daß ein Zeichen für den aufkeimenden Verdacht auf seiten des Bootsmannes seine Weigerung sein müßte, uns weiterzufahren; daß auch das gerade Gegenteil, nämlich das sofortige Eingehen auf unsere Wünsche, bedenkliche Rückschlüsse zuließ, kam uns erst jetzt zum Bewußtsein. Nun fürchteten wir, daß Cox's Bazar ein zweites Mal einer Flucht zum Verhängnis würde. Wir forschten in dem Gesicht des Bengalen, ob es irgend eine Regung verriete. Nein, er schien ganz mit dem Rudern beschäftigt. Mit der resignierten Feststellung, daß jeder Versuch, der dichtverhüllten Zukunft ihr Geheimnis zu entreißen, ein eitles Bemühen sei, legten wir uns schlafen, alle Gedankenunruhe mit der Trostformel beschwichtigend, daß „nicht ein Schlag werde treffen den Menschen, er sei denn vorausbestimmt". Inschallah . . .

Es war schon unbändig heiß, als wir erwachten. Die Sonne glühte. Der Sampan hatte angelegt und schaukelte auf öliger See inmitten eines Gewirrs von anderen Booten. An unser Ohr drang das Geräusch geschäftigen Treibens und fahrender Wagen. Wir lagen im Sampan-Hafen von Cox's Bazar. Ohne daß wir es bemerkten, hatte ihn der Bootsmann während der Nacht angelaufen. Jetzt hockte er mit teilnahmsloser Miene vor seinem Boot an Land. Unser erster Gedanke, er habe inzwischen die Polizei benachrichtigt, hielt näherer Überlegung nicht stand, weil die Polizei auf eine Anzeige hin sofort blitzschnell zugepackt hätte. Vorerst war also nichts zu befürchten. Wir winkten daher den Bootsmann heran und trugen ihm auf, einige Lebensmittel für uns einzukaufen. Er kehrte bald mit dem Besorgten zurück. In unserem Versteck zwischen den übrigen Eingeborenen-Booten fühlten wir uns jetzt ganz sicher und waren dem Bootsmann nicht mehr gram, daß er hier angelegt hatte.

Das Gefühl der Sicherheit verließ uns allmählich, als wir den Ramu River hinauffuhren und die Anzeichen sich mehrten, daß wir in eine Zone militärischer Betriebsamkeit einzudringen begannen. Auf einer Brücke, unter der wir hindurch mußten, standen Negersoldaten, die mit geschultertem Gewehr Wache hielten. Eine Kolonne von Benzin-Tankwagen rollte darüber hin. In der Luft zeigten sich mehr und mehr Flugzeuge, von denen viele so niedrig über unseren Köpfen schwebten, als ob sie landen wollten oder gerade aufgestiegen wären. Es fing an, ein wenig mulmig zu werden . . .

Wiewohl es von Cox's Bazar bis Ramu nur etwa zehn Kilometer waren, kamen wir sehr langsam voran. Das Wasser war niedrig, die Fahrrinne nur ein dünner Faden im Schlamm, so daß wir wiederholt warten mußten. Überdies schien aber auch unser Rudersmann keine große Lust mehr zu seinem Geschäft zu verspüren. Der alte Eifer hatte ihn verlassen, er lehnte sich nur matt gegen das Ruder und suchte unter allen möglichen Vorwänden Pausen einzulegen.

Jetzt konnten wir den ersten Flugplatz sehen — eine Maschine bewegte sich mit großem Gedröhn über die Rollbahn. Dann folgten weitere Fluganlagen zu beiden Seiten des schmäler werdenden Flusses. Neben einigen Hütten, zwischen Palmen und Bambus, standen Flugzeuge unter großen Tarnungsnetzen verborgen.

In einer Flußbiegung blieben wir lange liegen. Der Bootsmann wollte Reis kochen. Wir beobachteten ihn scharf. Seine Augen wanderten unruhig umher, und einmal fingen wir einen eigenartigen Blick auf. Aha, dem Kerl dämmerte es. Er begriff, daß irgend etwas mit uns nicht stimmte. Noch immer bestanden wir darauf, daß er nicht mit den anderen rede, und noch immer und jetzt erst recht hielten wir uns peinlichst unter unserem Palmdach verborgen. Wir versuchten seine Überlegungen zu erraten. Zeigt er uns an, so erhält er vielleicht eine Belohnung, geht aber seines Fahrverdienstes verlustig und zieht sich alle möglichen Scherereien zu. Unternimmt er nichts, dann streicht er eine hübsche Summe ein, läuft dabei aber Gefahr, in unseren Fall, dessen wahren Sachverhalt er allerdings nicht einmal ahnen konnte — wie sollte er darauf kommen, daß wir deutsche Flüchtlinge waren? —, verwickelt zu werden. Wie groß er diese letzte Gefahr einschätzte, davon hing ab, wie er sich verhalten würde.

„Komm, fahr weiter!"

Widerwillig ging er an die Arbeit.

Die Sonne stand schon niedrig, die Flugzeuge kehrten von ihren Feindflügen zurück; ein feiner Dunst legte sich über das

Wasser. So, nun war Schluß, der Bootsmann wollte um keinen Preis mehr weiter.

„Ich habe Angst vor den Gurkhas —"

„Hier sind doch gar keine."

„Aber in Ramu stehen Posten, ich weiß es."

Er hatte sich also fürs Stillschweigen entschlossen, und damit für uns.

„Hier", sagte er und zeigte auf eine Uferböschung, „hier könnt ihr 'raus. Ich warte, bis es dunkel wird."

Wir packten unsere Sachen, entlohnten den Getreuen und wateten, als es düster geworden war, durch das flache Wasser an Land. Der Sampan wendete und entschwand nach wenigen, schnellen Ruderschlägen unseren Blicken.

DSCHUNGELFLUCHT

Die Nacht war schwarz; man konnte nichts erkennen. Vom raschen Anstieg den Uferhang hinauf ging der Atem schneller, das Blut hämmerte in den Schläfen. Oben auf der Fläche hielten wir, des Geländes unsicher, einen Augenblick inne und gingen dann zögernd weiter. Schon nach wenigen Schritten riß es uns zu Boden — vor uns waren Lichter aufgeblitzt. Liegend tasteten wir die Erde ab: Sie war hart und wie festgestampft. Horch! Ein kurzer, scharfer Anruf, den hinter uns jemand beantwortete, dann wieder Stille . . .

Sollten hier Posten stehen? Irgend etwas stimmte hier nicht. Man hatte das Gefühl, auf einer offenen Fläche zu sein, einer Fläche, auf der ringsum die Gefahr lauerte, die man nur nicht sah. Lautlos und immer wieder aussetzend, bewegten wir uns weiter.

Halt! Meine vorgestreckte Hand hatte etwas berührt, etwas Metallisches — es war ein Kabel. Wir krochen vorsichtig darüber hinweg. Jetzt zuckte wieder ein Licht auf. Ich preßte meinen Kopf dicht an die Erde. Erde? Das ist ja gar keine Erde — das ist Kalk. Ich lag mitten auf einem breiten Markierungsstreifen. Nun war der Verdacht zur Gewißheit geworden: Wir befanden uns zu unserem namenlosen Erschrecken auf einem Flugplatz der Alliierten!

Flüsternd verständigten wir uns über die Lage. Ob wir jetzt vorwärts oder zum Fluß zurückkrochen — es war einerlei. Jeden Augenblick konnten Scheinwerfer das Feld taghell erleuchten und uns den verdutzten Wachen als Zielscheibe darbieten. Dann gäbe es auf der spiegelglatten Fläche kein Entrinnen; wie Treibwild im Kreis der Schützen wären wir umstellt. Es brauchte jetzt nur ein verspätetes Flugzeug zu landen . . .

Die Aussicht auf diese Möglichkeit kürzte alle Überlegungen ab und verwies uns auf den Weg, der durch den Kalkstreifen vorgezeichnet war. Es kam nur darauf an, ihm bis an sein Ende zu folgen, wo sich dann das Weitere finden würde. Durch die Nötigung, sich auf das Nächstliegende zu konzentrieren, wurde man halbwegs wieder zu sich gebracht, vermochte die Ausgeburten der erhitzten Phantasie zurückzudrängen und den Entschluß zu fassen, mit größter Schnelligkeit dieses teuflische Viereck zu überqueren. Wir wagten einige geduckte Sprünge — warfen uns wieder hin — horchten angespannt — robbten ein Stück und warteten wieder. Wie jetzt alles nur von der Kleinigkeit abhing, ob die Lichtanlagen, während wir weiterkrochen, aufflammten oder nicht!

Da — wie der Mörder aus der Falltüre, stand plötzlich eine Gestalt vor uns, nur wenige Schritte entfernt und unbeweglich. Mir stand der Schweiß auf der Stirne — ich wähnte, er habe uns entdeckt und starre auf die beiden Liegenden, unschlüssig noch, was zu tun sei. Verstärkung wird er holen wollen, denn nun rief er laut auf englisch jemanden herbei. Dann neigte er sich etwas vor, wie um besser zu sehen . . . Ich brauchte alle Kraft, um am Boden liegen zu bleiben. Am liebsten wäre ich aufgestanden und hätte mich gestellt, nur um die unerträgliche Spannung loszuwerden.

Der andere kam; aber es handelte sich gar nicht um uns, sondern um einen Geländewagen, in dem die beiden wegfahren wollten. Ich hatte wieder Gespenster gesehen. Glücklicherweise stand und fuhr der Wagen so, daß seine Scheinwerfer uns nicht erfaßten. Leichter atmend, rückten wir weiter. Wie lang ist so ein Flugplatz, wenn er gehend, und wie endlos streckt er sich, wenn er robbend überquert werden muß! Wir waren mehr tot als lebendig, als wir an seinem Rande anlangten, wo sich anscheinend Werkstätten befanden und indische Posten umherhuschten. Infolge unserer Erschöpfung hatte sich eine gewisse Gleichgültigkeit eingestellt — wir besaßen einfach nicht mehr die Kraft zu neuer Angst, weshalb wir die letzten Hindernisse nicht sonderlich ernst nahmen, vielmehr unbekümmert durch sie hindurchschritten und dann endlich, mit einem vernehmlichen Seufzer der Erleichterung, den unheimlichen Ort verließen.

Hinter dem Flugfeld gerieten wir bald in Sumpfgelände, in dem wir nur mühsam vordrangen, da der Grund immer morastiger wurde. Bis zu den Knien im Schlamm versinkend, wateten wir auf die gigantischen schwarzen Silhouetten des Urwalddickichts zu, das sich vor uns in der Dunkelheit abzeichnete. Als wir wieder das Trockene gewonnen hatten, schlugen wir uns in den Dschungel, wo wir uns auf einer Anhöhe, in dichtem Gestrüpp, verschmutzt und ermattet, niederließen.

Wir lagen unter schwerschattenden Blättern, durch die das Licht nur mühsam filterte. Ringsum von üppigen Gewächsen gedeckt, inmitten eines Dickichts, das eine Hügelkette überwucherte, hielten wir uns verborgen wie Dschungelwild. Hoch über unseren Köpfen rankten sich Schlingpflanzen in zierlichen Bogenhängen von Zweig zu Zweig. Fiederblättrige Kletterfarne, von niederwallenden Hängegräsern durchsetzt, nisteten in den Astgabeln der großen Bäume, und in einer Lücke, die der grüne Laubschleier gelassen hatte, nickte ein riesiger Palmenwedel. Zwischen den modernden Blättern am Boden krochen große Ameisen umher, züngelten geschwind die Eidechsen. Hinter uns, in einiger Entfernung, war der Flugplatz, von dem uns der Wind zuweilen ein gedämpftes Motorengeräusch zutrug; zu unseren Füßen lag das sumpfige Gelände, das sich als eine feuchte Zunge in den großen Gestrüppwald vorstreckte, von dem unser Hügel nur einen kleinen Ausläufer bildete.

Es war unsere Absicht, den ganzen Tag in diesem Versteck zu verbringen und uns erst bei hereinbrechender Dunkelheit herauszuwagen; denn fortan wollten wir nur nachts marschieren und untertags im Dschungel in Deckung bleiben — uralte Taktik von Nachtwesen, die Finsternis und Schlaftrunkenheit ausnützen, um ihr lichtbedrohtes Dasein zu fristen.

Wir sagten uns, daß wir niemals vorwärtskommen würden, wenn wir uns in dem schwierigen Dschungelgelände selbst einen Weg bahnen müßten, und wollten daher versuchen, an irgend einen Verkehrsstrang oder eine Straße Anschluß zu finden. Von Cox's Bazar oder Ramu zöge sicher eine Straße an die Front, — an ihr besäßen wir dann ein wichtiges Mittel der Orientierung. Aber warum sollte sie uns nicht mehr sein, warum sollten wir sie nicht einfach benützen? Dann kämen wir am schnellsten zum Ziel. Nur nachts würden wir sie benützen, das war klar. Wir müßten lediglich vor den vorbeifahrenden Wagen auf der Hut sein, nicht weil wir von den Insassen als solchen etwas zu fürchten hätten, sondern weil es nahelag, daß sie uns als vermeintliche Engländer auffordern würden, mitzufahren, um uns dann vor irgend einem Stabsquartier abzusetzen, was wirklich nicht in unserem Sinne war.

Im Dämmerdunkel brachen wir auf. Wir wollten an einem Wasserloch am Rande der Sumpfwiese unsere Feldflaschen füllen, ehe wir in den urwaldgleichen Dschungel untertauchten. Als wir auf den Saumweg heraustraten, hörten wir Stimmen und sahen gleich darauf zwei Frauen mit Wasserkrügen auf dem Kopf arglos herankommen. Ein anmutiges Bild, die beiden Geschöpfe in ihren Gewändern, die schöne Falten warfen, vor dem dunkelgoldenen Hintergrund des Abendhimmels leichtfüßig dahinschreiten zu sehen. Wie sie unser ansichtig wurden, zuckten sie zusammen, stießen einen Schrei aus und flatterten kreischend davon. Nicht einmal Pan hätte ihnen einen größeren Schreck einjagen können. Wir selbst erschraken über den Schreck der anderen, sprangen rasch ans Wasserloch, um die Flaschen zu füllen, und verschwanden im großen Wald.

Ein schmaler Pfad zog uns immer tiefer ins finstere Dschungelinnere. Wir gingen wie auf dem Grunde einer gespenstischen Schlucht, deren schwarze Wände die ungeheuren Urbäume bildeten. Während langer Strecken schlossen sich ihre Kronen in großer Höhe zu einem Dach zusammen, durch das nur selten ein Stern blinkte. Im Unterholz phosphoreszierten die faulenden Stämme in einem bösen Gelb. Es knackte zuweilen und pfiff. Drohend saß in jedem Busch das Hinterhältige. Die Feuerinsekten vollführten ihre Spuktänze, flammten auf und erloschen. In dieser schwärzesten aller Finsternisse wurde man den Gedanken an einen Überfall nicht los ... Mehrfach blitzte uns aus dem Dunkel ein grünleuchtendes Augenpaar an. Spähte eine Bestie — vielleicht ein Tiger, ein maneater — nach uns aus? Setzte hier schon etwas zum Sprunge an? ... Aber wahrscheinlich gab es in diesem Waldstück gar keine großen Raubtiere. An sich mußten wir mit der Möglichkeit rechnen, auf unseren nächtlichen Gängen einem Tiger zu begegnen, doch maßen wir dem keine besondere Bedeutung bei, weil Tiger nur in den allerseltensten Fällen den Menschen angreifen; in der Regel weichen sie ihm aus.

Mehrere Stunden mochten wir durch den Urwald gegangen sein, als der Pfad ins Freie trat und in ein einsames Dorf führte. Mit der Frage, wo die nächste Militärstation sei, sprachen wir einen Eingeborenen an. Er verstand uns nicht und ging voraus zu einer Hütte, in der mehrere, nur mit einem Schurz bekleidete Männer auf dem Boden hockten, von denen einer gebrochen Hindostani sprach. Der Schein eines verglimmenden Feuers ließ wunderlich gestaltete Menschen erkennen: kleinwüchsig, tiefdunkle Haut, mit Plattnasen und Kraushaar. Es mußten Pygmäen sein — wahrscheinlich der Rest einer Urbevölkerung, der hier im entlegenen Dschungel sein Dasein fristete. Es gelang uns nur so viel aus ihnen herauszubekommen, daß etwa eine Stunde Wegs von ihrem Dorf eine Straße entlangführte, auf der Militärbetrieb herrschte.

So kamen wir um Mitternacht zu der breiten Lehmstraße,

die wie ein helles Band durch den dunklen Dschungel zog. In der großen Stille der Wildnis war sie die belebte Verkehrsrinne, der Verbindungsstrang, auf dem und um den herum sich die feindliche Aktivität zusammendrängte. Wir näherten uns ihr daher mit einer ehrfürchtigen Scheu, nach allen Seiten sichernd, als wäre sie von Scharfschützen bewacht, die sofort das Feuer eröffnen würden, wenn wir uns nur blicken ließen. Nach anfänglich zaghaften Gehversuchen nahmen wir sie voll in Besitz und schritten dann kräftig auf ihr aus. Sowie allerdings ein ferner Lichtschein oder ein Geräusch das Herannahen eines Fahrzeuges ankündigte, verbargen wir uns schleunigst hinter Büschen.

Das Licht eines der vorübersausenden Wagen beleuchtete vor uns einen Flecken. Have, der das heikle Amt des Proviantmeisters übernommen hatte, beschloß, dort die Lebensmittel für den nächsten Tag einzukaufen. Die meisten Dörfer haben ihren kleinen Laden, wo auch Tee ausgeschenkt wird, und der bis tief in die Nacht offen bleibt. Wir wollten es uns zur Regel machen, nur spät abends einzukaufen, um gleich darauf in die Dunkelheit verschwinden zu können. Diesmal kam Have unverrichteter Dinge zurück. Das bedeutete schmale Kost für die nächsten vierundzwanzig Stunden.

Bis kurz vor Morgengrauen gingen wir noch auf der Landstraße weiter und drangen dann in dichtes Gestrüpp ein, um uns eine Lagerstatt für den kommenden Tag zu suchen. Es war der Augenblick, da es im Osten zu dämmern begann. Gleich würden wir Zeugen werden von Buddhas Glorie, dem himmlischen Strahlenfächer, der allmorgendlich den Erdkreis überglänzt. Noch war es dunkel, die Natur hielt ihren Atem an, nichts regte sich, man hörte keinen Laut. Aber schon tauchten schemenhaft und bleich die Konturen des Dschungels in der glasigen Blässe auf; am Rande der Welt deutete sich ein schwaches Erröten an, dann flammten goldene, durch azurblaue Wolkenschatten getrennte Lichtbänder empor, schossen fächerförmig die Frührotstrahlen herauf, mit zarten rosa Tinten die Federwölkchen übergießend ... Wenige Zeit später lagen die Wälder lichtüberrieselt in der Sonne.

Es war uns doch einfach nicht möglich, am Tage zu schlafen. Man war nach dem Nachtmarsch müde wie ein Hund und konnte trotzdem kein Auge schließen, achtete auf jedes Geräusch, hielt das Rascheln einer Schlange für einen herannahenden Menschen, fürchtete, von allen Seiten von unsichtbaren Augen beobachtet zu werden, kurzum, man benahm sich, als wäre man mit Verfolgungswahn geschlagen. Da das Gesträuch um uns her nur schwach belaubt war, mußten wir mangels Schatten erbärmlich in der Sonne schmoren und konnten es nicht erwarten, bis sie endlich niederginge. War es dann aber so weit, hatten wir wieder keine Lust, aus dem nun relativ sicher scheinenden Schlupfwinkel herauszutreten. Jetzt auf einmal hätte man auch schlafen können und mußte alle Energie aufbieten, um nicht liegen zu bleiben. Der abendliche Aufbruch kostete uns jedesmal furchtbare Überwindung.

Auf der Straße, die wir dann in der Dunkelheit betraten, war es gleich anfangs nicht geheuer. Wir hatten erst eine kleine Strecke zurückgelegt, als einige Tommies in der Dunkelheit so dicht an uns vorübergingen, daß wir sie fast gestreift hätten. Sie konnten an unseren Umrissen erkennen, daß wir keine Inder waren und schienen wie wir von der Begegnung überrascht, denn sie brachen ihre Unterhaltung unvermittelt ab. Das Erscheinen von Engländern ließ sich nur als Warnung bevorstehenden Unheils auslegen, weshalb wir geschwind weiterhasteten und seitlich in den Dschungel traten, um uns in seinem Schutze voranzuarbeiten. Aber auch hier ging es nicht mit rechten Dingen zu, denn unmittelbar neben uns im Dickicht fing es plötzlich zu summen und zu surren an, wie wenn ein Elektromotor anliefe. Der Wald schien verhext. Wir erkannten gleich darauf, daß wir neben einem im Gebüsch verborgenen kastenförmigen Wagen gestanden waren, in dem irgend eine Maschinenanlage untergebracht war.

Voll Unbehagen und bösen Vorahnungen kehrten wir auf

die Straße zurück. Sie führte durch offenes Feld; der Busch war zu beiden Seiten zurückgetreten. Am Ende der Fläche blinkten die Lichter von Wohnstätten. Aber ehe wir sie erreichten, tauchten rechts und links Zelte auf, zwischen denen Lastwagen standen, und da und dort befanden sich Baracken. Wir hatten uns in einem Militärlager verfangen! Aus dem Dorf kam eine Autokolonne gefahren, ihre Scheinwerfer erleuchteten schon schwach die Straße dort, wo wir gingen. In der Nähe fand sich keine Deckung, doch beiderseits des Straßenrandes waren kastenförmige Löcher ausgehoben, um Erde für den Fahrdamm zu beschaffen. In eines dieser Löcher warfen wir uns. Wir wollten in dem sargähnlichen Kasten so lange liegen bleiben, bis das Lager zur Ruhe gekommen wäre. Wenn uns jäh eine eisige Leichenhand berührt hätte, wären wir nicht entsetzter gewesen als nun, da plötzlich über dem Loch ein indischer Soldat auftauchte, der die stehengebliebene Wand zwischen unserem und dem Nachbarkasten als Laufsteg benützte. Hätte er in das Loch, in dem wir halbtot vor Schreck lagen, hineingeblickt, wären wir unweigerlich entdeckt worden. Zum Greifen nahe waren wir ihm und hoben uns deutlich gegen den helleren Lehmgrund ab. Die Haare gesträubt, die Pulse jagend, flohen wir davon und schlichen, eine Lücke zwischen den Zelten benützend, heimlich durch das Lager. Der Boden brannte uns unter den Füßen bei jedem Schritt, aber wir entkamen unbemerkt und konnten einen Augenblick in einem Zuckerrohrfeld verschnaufen.

Unter weiter Umgehung des Lagers gelangten wir auf die Straße zurück. Schnurgerade zog sie über eine weite, offene Fläche. Die Nacht war groß und bestirnt. Als würde ein Feuerwerk abgebrannt, funkelte und flammte das Himmelsgewölbe, und die häufigen Sternschnuppen, bei denen wir uns jedesmal wünschten, daß unsere Flucht gelingen möge, zogen feurige Schweife wie Kometen hinter sich her. In dem sanft kühlenden Anhauch der Nacht kamen wir mit Flügelschritten vorwärts; nur mußten wir immer wieder, wenn die Kraftwagen vorüberbrausten, in die elenden Kastenlöcher hineinfahren. Über und über waren wir mit Schrammen und Schmutz bedeckt.

Pflanzen waren um uns her, überall Pflanzen. Da standen die großen Bäume, einsame Riesen, die, glatt und kerzengerade aufsteigend, das Waldprofil weithin überragten. Schlingranken, Lianen wanden sich an ihren zementgrauen Stämmen empor und ließen sich, grüne Ampeln formend, wieder niederfallen. Da wuchsen die mittelgroßen, dickblättrigen Laubbäume, die mit dem Bambus und mit vereinzelten Palmen den eigentlichen Waldbestand bildeten. Da starrte schwarzästiges, verkrümmtes Gesträuch, wucherten Schmarotzergewächse, von denen man glaubte, sie seien von menschlicher Hand zu künstlichen Dekorationsstücken zusammengestellt, und dicht über dem Boden wuchsen große Doppelblätter an ganz feinen, dünnen Stielen.

Wir wähnten uns unter diesen stummen, lautlosen Wesen geborgen, mußten aber bald unseren Irrtum erkennen, als kurz nach Sonnenaufgang ein Knacken im Unterholz begann und Axtschläge erschallten. In der Nähe mußten Holzfäller tätig sein. Sie schlugen sich langsam zu uns durch, denn schon sahen wir einige Baumkronen zwischen dem Astwerk niederkrachen. Und nun ging ein fortgesetztes, nervenaufreibendes Umsiedeln los, das den ganzen Tag anhielt. Kaum hatten wir uns irgendwo unter großen Farnen und schwarzschattenden Blattpflanzen niedergelassen, wurden wir gleich wieder aufgestört. Der Versuch, in einen entfernten Waldstreifen hinüberzuwechseln, mißlang, da wir uns von den Arbeitern regelrecht umzingelt fanden. So wurden wir selbst in der Ruhestellung in atemloser Flüchtlingsspannung gehalten. An Schlafen war natürlich nicht zu denken.

Abends befanden wir uns wieder auf der Militärstraße, die nun durch tiefen Urwald lief. Der Himmel war verhängt und unser Weg, auf dem sich nichts einzelnes erkennen ließ, stockfinster. Die Nacht, von Geheimnis und Drohung beschwert, verhieß nichts Gutes. Auf weichen Gummisohlen eilten wir lautlos durch das Dunkel. Todesstille ringsum ... Urplötzlich — es durchfuhr uns wie ein Stich — sprang seitlich aus dem Busch etwas hervor und schrie „Stop!" Es kam so unerwartet und hinterhältig, daß wir im ersten Schreck unwillkürlich weitergingen, nur unmerklich vor dem Anspringenden ausweichend. Da hörten wir ein metallisches Klicken — das Entsichern eines Gewehrs! Sonst aber war gegen den schwarzen Hintergrund des Waldes nichts zu bemerken. Ein zweiter Anruf folgte und ein dritter. Wir blieben aber auch jetzt nicht stehen — ich wüßte nicht zu sagen warum, es trieb uns einfach weiter — und entwichen in die Dunkelheit. Geschossen wurde nicht.

„Sag mal", flüsterte ich Have zu, als wir hinter der ersten Straßenbiegung angekommen waren, „sag mal, bist du lebensmüde?"

„Nee."

„Ich auch nicht. Wenn uns daher wieder etwas Ähnliches zustößt wie eben, bleiben wir besser stehen."

„Hast recht. Wir waren viel zu leichtsinnig. Übrigens glaube ich, daß die Wache ein indischer Soldat war."

„Dann jagen wir den nächsten weg."

„Weshalb die hier wohl Posten stehen?"

„Vielleicht ist hier wieder ein Lager."

Meine Vermutung traf zu: Der Dschungel an der rechten Straßenseite war belebt. Durch das Gitter der Äste sah man Feuer lodern und hörte das Schnauben von Pferden.

Wir waren wenige Schritte gegangen, als sich plötzlich wieder eine Gestalt aus dem Dunkel löste, mit mächtigem Satz vor uns hinsprang, „Halt!" schrie und das Bajonett vor meinen Bauch hielt.

„Laß uns durch, Hundesohn!" fuhr Have den Mann an, indes ich ihm mit der Taschenlampe ins braune Gesicht blendete. Er trat einen Schritt zurück und drehte das Bajonett zur Seite.

„Wir sind Sahibs, du Trottel!" sagte ich zu ihm und leuchtete zur weiteren Bekräftigung meiner Behauptung Have und mich an.

Er stammelte verwirrt eine Entschuldigung und gab sofort den Weg frei.

„Siehst du, so geht es auch", stellte ich, indes wir weitergingen, befriedigt fest. „Das Vorbeikommen an Wachtposten ist eine reine Faszinierungsfrage —"

Entblößt, preisgegeben war unser Dasein, ein Leben, dessen Grundlagen, gemessen an normalen Begriffen, auf den Kopf gestellt waren. Wir hatten den Tag mit der Nacht vertauscht, trieben uns in der Wildnis umher, völlig unzureichend ausgestattet gegen die Fülle der Gefahren, ohne Waffen und Lebensmittel. Das Ungewisse, das Unbekannte war zu unserem eigentlichen Lebenselement geworden. Nirgends fanden wir sicheren Halt, nirgends eine verläßliche Größe, mit der wir rechnen konnten. Nur selten wußten wir genau, wo wir waren, und selbst dann, wenn wir eine bestimmte Örtlichkeit ausgemacht hatten, blieb uns ihre Lage in bezug auf unser Endziel unklar, denn wo dieses sich befand, konnten wir schlechterdings noch gar nicht angeben. Wie lange das Unternehmen, das sich schon in die vierte Woche hinzog, noch dauern, ob es überhaupt glücken, wohin der nächste Schritt uns führen, was die nächste Sekunde bringen werde, blieb beständig ungewiß. Sicher war nur, daß wir immerfort auf irgend etwas Unerwartetes, Bedrohliches, vielleicht sogar Endgültiges, in jedem Falle aber auf etwas Unbekanntes gefaßt sein mußten. Wir hatten uns schon so vollkommen umgestellt, daß das Überraschende uns selbstverständlich, das unter gewöhnlichen Verhältnissen Selbstverständliche überraschend vorkam. Wenn etwas ganz normal verlief, waren wir bestürzt und mißtrauisch, wenn sich etwas Unverhofftes ereignete, fanden wir das in der Ordnung.

Die Fluchterlebnisse entstellten auch unseren Begriff von der Zeit, in die sie etwas Sprunghaftes, einen hektischen, stoßweisen Rhythmus brachten. Das plötzliche Eintreten des Unvorhersehbaren hob die zeitlich gleichmäßige Verteilung des Geschehens auf, jene Anordnung, die uns den Eindruck ihres ruhigen Dahinströmens vermittelt. Die Ereignisse waren auf wenige atemraubende Augenblicke zusammengedrängt, auf allerkleinste Zeiteinheiten, zwischen denen lange, qualvolle Pausen, große, leere Zeitstrecken lagen. Man wartete angespannt, bis sich blitzschnell etwas entlud, um dann in neuer Spannung dem nächsten Zwischenfall entgegenzubangen.

Jeder Augenblick konnte den ganzen Mann erfordern. Mit dieser Umstellung ging auch die Führung vom Verstand auf den Instinkt über; wir überließen uns unbewußten Reaktionen und Reflexbewegungen. Hätten wir jedesmal überlegt und umständlich erwogen — wir wären bei der ersten Gelegenheit gescheitert. Der Umstand, daß wir instinkthaft handelten, war wohl der Grund für die verblüffende Übereinstimmung, mit der wir in den vielen Fällen vorgingen, wo wir uns nicht vorbesprechen und aufeinander abstimmen konnten. In gleichen Lagen verhalten sich Instinktwesen eben immer gleichartig.

Weil ununterbrochen neue Ereignisse auf uns einstürmten, wären wir ihnen alsbald nicht gewachsen gewesen, hätte nicht unsere eigene Natur durch einen Entlastungsmechanismus Abhilfe geschaffen. Er bestand einmal darin, daß das soeben Erlebte weit in die Vergangenheit zurückgestoßen wurde, beklemmende Eindrücke also ihre lähmende Nachwirkung verloren. Alles war sogleich verwunden und abgetan. Wir waren noch keine zwanzig Schritt an den Straßenposten vorbei, da waren sie schon aus dem Sinn und vergessen. Und zum anderen wurden wir gegen Gefahren zusehends unempfindlicher; immer gefährlichere Begebenheiten kamen uns harmlos vor, und gegen noch so aufregende Reize stumpften wir augenblicklich ab, sobald sie sich wiederholten. Während das erste vorbeifahrende Kriegsgefährt noch ein Erlebnis gewesen war, kümmerte uns das nächste schon gar nicht mehr; man führte nur automatisch die erforderlichen Bewegungen aus. Hätten wir wieder einen

Flugplatz überqueren müssen, es wäre fast eine Routinesache geworden.

Unser neuer Lagerplatz bot einen Rundblick weit ins glutflimmernde Land. — Endlose Buschwälder erstreckten sich in hügelig-welligem Gelände, und zur Rechten, mehr geahnt als gesehen, glitzerte fernblauend der Golf von Bengalen. Die Felder lagen als bedrohte kleine Aussparungen im Dschungel, der alles, was ihm keinen Widerstand leisten kann, überwuchert, gierig verschlingt. Ganz im Süden, im bläulichen Dunst verschwimmend, zog sich eine Bergkette hin.

Es war die Zeit der größten Mittagsglut. Eine magische Ruhe lastete auf dem lichtbetäubten Land, das der Sonne, die hier feindselig am Himmel brannte, gnadenlos ausgeliefert war. Die Luft zitterte von ihrer Strahlung, die Blätter wurden zu ebenso vielen grünen Blendspiegeln, alle Oberflächen waren von Licht überschwemmt. Von dem flirrenden Glanz schmerzten die Augen. Man atmete schwer. Kein Hauch war zu spüren, alle Bewegung hatte aufgehört. Etwas Brütendes, Träges, Stockendes erfüllte die Atmosphäre. Die Natur lag in lethargischem Banne.

Uns dürstete. Der Wasservorrat für den Tag beschränkte sich, wenn es hoch kam, auf zwei Feldflaschen, — es hätten zwei große Kübel sein müssen. Wir waren daher gezwungen, unsere Wassermenge zu rationieren und tranken jede Stunde eine genau berechnete Anzahl von Schlucken. Wenn der andere aber nicht hinsah, nahm man geschwind einige weitere dazu, was zur Folge hatte, daß wir schon mittags durstgequält auf dem Trockenen saßen. Es zog uns daher mächtig zum nächsten Dorf, das wir, sobald es eben anging, aufsuchten, um dort Wasser zu holen und auch etwas Eßbares aufzutreiben. Unsere Hauptnahrung bestand schon seit Tagen vorwiegend aus Früchten.

Die Militärstraße, die uns so viele unangenehme Überraschungen gebracht, hätten wir jetzt gern verlassen, mußten aber die Aussichtslosigkeit jedes anderen Vormarschversuches einsehen und setzten daher nachts unseren Weg auf ihr fort.

Das erste fahle Licht des Morgens enthüllte unseren Augen ein Bild, das uns erschaudern ließ ... Was sich da um uns her abzuzeichnen begann, waren die Umrisse einer militärischen Stellung!

Wir Elenden hockten in einem schmalen, abschüssigen Dreieck, das von zwei sich in spitzem Winkel überschneidenden Straßen gebildet wurde, von denen die eine die Militärstraße war. Diese lag zu unseren Füßen, nur wenige Schritt von uns entfernt. Die andere zog hinter unserem Rücken vorbei und erlaubte es ohne weiteres, in unser Versteck einzusehen, weil die Büsche nach dieser Seite niedrig und überdies schütter waren. Aber damit nicht genug, schloß an die Militärstraße ein breiter Platz an, auf dem alles mögliche Material gestapelt war. Dahinter befanden sich Ladeschuppen, die an einen Wasserarm grenzten. Ein Schild war zu sehen, das die Aufschrift „Transportation Centre" trug; wir befanden uns also in einer Verbindungs- und Nachschubzentrale. Selbst das war noch nicht alles. Denn jenseits des Platzes, auf einer kleinen, spitzen Erhebung, stand eine Flakbatterie. Wir konnten die Sikhs, die sie bemannten, ganz deutlich hinter dem Wall aus Sandsäcken erkennen. Auch knapp über uns lag eine besetzte Abwehrstellung.

Langsam belebte sich die Szene. Erst kamen Kulis, um Kohlen zu schleppen, die auf dem Platz lagen; sie arbeiteten den ganzen Tag. Dann erdröhnten Marschtritte — ein Bataillon Gurkhas, feldmarschmäßig ausgerüstet, zog unten auf der Straße zu einem Fluß, wo inzwischen am Kai ein Raddampfer angelegt hatte, der sie aufnahm. Vorher waren dort Truppen ausgeladen worden, die nun ihrerseits in entgegengesetzter Richtung auf der Straße marschierten. Die Burschen waren uns so nahe — wir hätten die Haare auf ihren Köpfen zählen können. Später zeigten sich Engländer und indische Soldaten, die anscheinend zum Personal des Transportation Centre gehörten. Jedenfalls herrschte dauernd Unruhe. Ganz bedrohlich wurde es immer dann, wenn ein Wagen auf der Straße hinter uns vorbeifuhr. Es hätte nur jemand zufällig in unsere Richtung zu blicken brauchen — und schon wären wir verloren gewesen.

Das also war das Hornissennest, in das wir nachts hineingeraten waren ... Als wir nämlich am Vorabend unseren Marsch auf der Landstraße fortsetzten, hatten wir bald an Hand bereits bekannter Anzeichen festgestellt, daß wir wieder in einem Lager sein mußten, und zwar in einem, das sich sehr lang auseinanderzog. Das Überqueren von Plätzen, das Vorbeikriechen an Wachtposten und langwierige Umgehungen hatten aber so viel Zeit verbraucht, daß wir am Flußkai, wo die Straße unversehens aufhörte, erst kurz vor Sonnenaufgang anlangten und weder übersetzen konnten noch es wagten, seitlich am Ufer entlang zu gehen, weil uns der Morgen auf offener Fläche überrascht hätte. Wir mußten also wieder zurück, und zwar schnell, denn schon wollte es tagen. Eilig waren wir auf einen Hang zugegangen und hatten uns dort in den Büschen ein Versteck gesucht, eben das „Versteck", in dem wir jetzt lagen.

Es war völlig ausgeschlossen, daß wir uns auf unserem Platz aufrichteten, ja nur aufsetzten. Den ganzen, langen Tag, den wir dazu verdammt waren, diese Stellung zu halten, mußten wir mucksmäuschenstill flach auf dem Boden liegen. Und um das Maß voll zu machen, sengte eine Sonne herunter, daß wir glaubten, bei lebendigem Leibe gebraten zu werden. Unter unseren kargen Eßbeständen befand sich noch eine Dose australischen Specks, die wir aufmachten, um unseren kannibalischen Hunger zu stillen. Der Speck war gut, aber so salzig, daß er eigentlich nur mit viel Wasser — von dem wir jedoch keinen Tropfen mehr besaßen — genießbar war. Aufheben konnte man ihn bei der Hitze und auch wegen der Hunde nicht, also mußte er gegessen werden, und wenn es auch den Durst verzehnfachte.

In diesem Zustand befielen uns häßliche Gedanken.

Sollten wir nämlich hier ausgehoben werden, so würden uns

die Engländer sofort unter die Anklage der Spionage stellen. Sie hatten Have und seinen Fluchtgenossen seinerzeit des gleichen Verbrechens bezichtigt, nur weil die beiden in der befestigten Zone von Cox's Bazar — und hiezu war die ganze Stadtumgebung erklärt worden —, weil sie in einer verbotenen Zone angetroffen wurden. Erst nach sechstägigem, scharfem Kreuzverhör in dem roten Fort zu Delhi hatten sie sich von dem Verdacht reinigen können. Wie würden dann die Engländer mit uns umspringen, die wir doch schon ins eigentliche Aufmarschgebiet vorgedrungen waren und inmitten einer ihrer Nachschubstellungen saßen?! So peinlich diese Überlegungen sein mochten, sie hatten auch ihr Gutes. Denn nun war man doppelt vorsichtig und grimmig entschlossen, alles daranzusetzen, um durchzukommen.

Wie immer in mißlichen Lagen, wollte die Zeit nicht vergehen, und dabei warteten wir von Minute zu Minute nur auf den Augenblick, um wie zwei zusammengepreßte Federn aus unserem Versteck hervorschnellen zu können. Wir wollten, sobald es dunkel würde, noch einmal zum Fluß vorstoßen, um dort zu prüfen, ob man nicht an seinem Ufer entlanggehen könne. Sollte sich ergeben, daß dies unmöglich sei, so war unser Plan, durch das ganze Centre zurückzumarschieren, um es in weitem Bogen zu umgehen.

Schließlich verging selbst dieser Tag.

So stiegen wir abends aus dem Versteck, krochen in den Hängen herum, in denen überall Blockhäuser verborgen lagen, und kamen endlich zum Kai, an dessen Seiten sich sumpfiges, unbegehbares Gelände erstreckte, so daß wir den befürchteten Rückzug antreten mußten. Das bedeutete die Preisgabe eines teuer erkämpften Abschnittes.

Es machte Mühe, aus dem im Dunkel liegenden Centre wieder herauszukommen, und nur einmal trieb es uns rascher vorwärts, das war, als eine Gruppe betrunkener Tommies an uns vorbeitorkelte und wir, einer Eingebung folgend, uns dicht an sie anschlossen. Das zwang uns sogar, als wir über ein erleuchtetes Stück der Straße mußten, ein wenig mitzuschwanken, damit uns Beobachter für nachhinkende Zechkumpane halten sollten. Die Reden der Tommies waren unbeschreiblich. Einer von ihnen wollte irgend einen Koch erschlagen und belegte ihn mit den letzten, aber auch allerletzten Ausdrücken. Unser bacchantischer Zug währte nicht lange. Die Säufer blieben stehen, um ein Heldenlied anzustimmen. Doch ohne unsere Mitwirkung.

Als wir wieder draußen vor dem Lager angelangt waren, beschlossen wir, uns ins nächste Dorf namens Gundum Bazar zu verfügen, um dort kräftig einzukaufen; anschließend würden wir nicht etwa die Umgehung beginnen, sondern ein Versteck aufsuchen und dort die Nacht verbringen. Wir hatten umdisponiert und wollten unsere Kräfte schonen, denn für den kommenden Tag hatten wir einen großen Anschlag geplant . . .

Das Frühstück am nächsten Morgen war etwas eigenartig zusammengestellt. Es bestand aus gezuckertem Zitronensaft und Dosenbutter. Wir hatten beides in Gundum Bazar aufgetrieben, und zwar von der Butter ein ganzes Pfund, das nun ohne Unterlage, so wie es war, verzehrt wurde. Dem Imbiß folgte eine umständliche Reinigungszeremonie, wobei wir den restlichen Zitronensaft als Rasierwasser benützten. Dann wurde der zweite Satz Hemden herausgeholt und angezogen, und als schließlich auch noch die Schuhe mit einem Grasbüschel blankgeputzt waren, standen zwei säuberlich hergerichtete Engländer im Busch und warteten auf einen günstigen Augenblick, um auf die Straße herauszutreten.

Nachdem es uns nämlich in zwei Nächten nicht gelungen war, aus dem Zauberkreis des Lagers hinauszukommen und seine Umgehung unmöglich erschien, weil auf allen Seiten Blockhütten, Depots und Stellungen unseren Weg versperrten, hatten wir den mehr als verwegenen Entschluß gefaßt, im vollen Tageslicht durch das Transportation Centre zu gehen, um uns am Kai unter die Truppen zu mischen, die auf dem Fluß an die Front gebracht wurden. Ein riskanter, aber schneller Weg, um nach Burma zu gelangen. Nun, da dieser Plan ausgeführt werden sollte, erfüllte uns Angst vor dem eigenen Entschluß. Aber es half nichts, die angesetzte Stichzeit war gekommen, wir mußten handeln.

Wir kamen unbemerkt auf den Weg, der in Windungen zur Straßenkreuzung führte. Zunächst ereignete sich nichts; wir gingen ungestört, wenn auch etwas benommen, weiter und näherten uns bereits der letzten Biegung, hinter der dann der Blick auf die Militärstraße frei wird. Als wir kurz darauf ihrer ansichtig wurden, hatten wir nur den einen Wunsch, unverzüglich von der Erde verschlungen zu werden. Denn an der Straßenkreuzung stand — ein MP!

Er hatte uns gleich gesehen, wir konnten nicht mehr zurück. Achtzig Schritte waren wir noch von ihm entfernt. Have ging hinter mir und ich bemerkte leise zu ihm, der da vorne würde vielleicht Augen machen, wenn er erführe, daß wir deutsche Internierte seien. Aber ich hörte nur „Junge — Junge" hinter mir brummeln. Beim Weiterschreiten hatte man das schon bekannte Gefühl des Zugehens auf das Verhängnis. Ohne Atem, im Inneren leer und mit bleiernen Beinen schleppte man sich wie ein Verurteilter zur Richtstätte. Nun waren es nur noch zwanzig Schritte ... jetzt noch fünfzehn ... Da — in allerletzter Minute die Wendung! Ein Lastwagen kam die große Straße herangedonnert, der die Aufmerksamkeit des MP just in dem Augenblick auf sich zog, als wir an ihm vorbei mußten. Er hielt das Fahrzeug an, ging an den Wagenschlag und ließ sich von dem indischen Fahrer die Papiere zeigen. Diesen ablenkenden Zwischenfall benützend, schlüpften wir hinter seinem Rücken vorbei ...

Wieder einmal hatte der Zufall verächtlich jegliches Gesetz überspielt, und wieder einmal waren wir, entgegen aller Erwartung, dem sicheren Untergang entronnen. Diese Begebenheit von Gundum Bazar reihte sich würdig an die von Lucknow und Chandpur an, denn hier wie dort handelte es sich um ganz unerhörte Glücksumstände. Wir selber hatten doch soeben nicht im mindesten, ja auch nicht im allerbescheidensten Maße zu dem guten Ausgang des Abenteuers beigetragen. Nein, hier war just im Augenblick der höchsten Not die Hilfe von außen gekommen. Die dauernde Wiederholung solch unwahrscheinlicher Vorfälle hätte uns Anlaß zu der Annahme geben können, daß wir in eine lange Glücksserie hineingeraten waren. Leider war unsere Lage jedoch nicht dazu angetan, sich des Glückes zu erfreuen. Es reichte zwar immer aus, um uns über eine Klippe zu bringen, aber dann sahen wir sofort schon die nächste sich vor uns türmen und bangten und zagten und fluchten und kamen nie aus den Sorgen heraus.

So war es auch jetzt wieder; denn nun mußten wir im Transportation Centre, das in vollem Betrieb war, gleichsam Spießruten laufen. Große und kleine Fahrzeuge fuhren umher, Trupps indischer Soldaten kamen uns entgegen, und allenthalben waren Engländer zu sehen. Zwei Tommies mit nacktem Oberkörper schlenderten vorbei, ohne von uns weiter Notiz zu nehmen; aber später kam einer, der sah uns gedankenvoll nach. Als auf der anderen Seite der Straße ein Major erschien, wagten wir vor Furcht nicht die Augen aufzuschlagen. Wie gut, dachte ich, daß die Engländer es mit dem Grüßen nicht so genau nehmen. Jetzt hatten wir die Lagermitte erreicht. Hier stand ein Schilderhaus, mit einem englischen und einem indischen MP darin; sie sprachen miteinander und betrachteten uns nur flüchtig. Dann kamen wir an einer Kantine vorbei, wo Tee gratis an die Truppen ausgeschenkt wurde. Wir ließen hier unsere Feldflaschen füllen und kauften Zigaretten ein. Schließlich langten wir wohlbehalten am Kai an. Weit und breit waren aber weder abfahrbereite Truppen, noch Dampfer, noch Sampans zu sehen. Wir suchten uns hier eine Weile zu halten und entdeckten dabei, daß rechts vom Kai ein paar Planken — in der Nacht von uns unbemerkt — über Wassergräben zu dem schmalen Uferdeich führten. Das Warten wurde langsam unbehaglich; wir harrten jedoch aus, bis das Auftauchen von zwei Offizieren uns zu eiligem Abzug zwang. Hier kam uns der Deichpfad gelegen, den wir, mit dem peinlichen Gefühl, im

Rücken mißtrauisch beobachtet zu werden, überschritten. Endlich fanden wir dann ein Gebüsch, hinter dem wir uns verbargen. Dort beschlossen wir, da wir nun auch einen Weg aus dem Lager gefunden hatten, den ursprünglichen Plan fallen zu lassen, also nicht mit den Truppen zu ziehen, sondern uns lieber allein durchzuschlagen.

Wir mußten in der brütenden Mittagshitze noch zwei Stunden im Schlamm und zwischen Stachelpflanzen auf der Lauer liegen, bis endlich ein Sampan mit ein paar nackten Kerlen vorbeiglitt, die wir anriefen und die uns über den Fluß setzten. In der jenseitigen Ufergegend herrschte tiefster Gottesfriede. Der Militärbetrieb war eben nur auf wenige Punkte und Straßen beschränkt.

Nach unserer Schätzung waren es noch gut fünfzig Kilometer bis zur Front, genauer gesagt, bis Maungdaw, das schon auf der Burma-Seite lag und das der Ort war, zu dem wir hinstrebten. Von dort aus ging die berühmte Straße nach Buthidaung, in den Frontberichten öfter erwähnt, weil sie heiß umkämpft war. Es schwebte uns vor, diese Straße zu überqueren, denn in ihrer Nähe mußten ja die japanischen Linien sein; wohingegen wir von dem Verlauf anderer Frontstücke nicht die geringste Ahnung hatten.

Wir waren auf ein ganz einfaches Mittel verfallen, um britischen Militärstationen auszuweichen. Es bestand darin, die Eingeborenen gleich als erstes nach dem nächsten Standort zu befragen und so zu tun, als ob wir darauf zugingen, um dann im letzten Augenblick abzubiegen. Gleichzeitig erreichten wir damit, daß die Leute unsere Soldateneigenschaften nicht anzweifelten. Auf diese Weise erfuhren wir jetzt, daß es in der einzuschlagenden Richtung vorläufig nichts zu befürchten gab.

Als es auf den Abend zuging, dehnten sich vor uns wieder ungeheure Dschungel. Wild und ungebärdig hoben sich über den dunklen Massen des Waldes die Umrisse der abenteuerlich umrankten Baumwipfel gegen das gelbe Schwefellicht des Himmels ab.

Zu nächtlicher Stunde erreichten wir ein Dorf. Die Hütten, aus deren Türen nur noch vereinzelt die Flackerschatten der Herdfeuer fielen, lagen geduckt und schwarz zwischen Bäumen und Gebüsch. Wir wollten erfahren, wie wir nach Nihla gelangen könnten, dem nächsten größeren Ort auf unserem Wege, und traten, um zu fragen, in eine der Behausungen ein. Als wir in den halbdunklen Raum unser „Salaam" riefen, hörten wir drinnen das Klappern von Fußringen — ein Zeichen, daß die Frauen sich eilig in den Hintergrund der Hütte zurückzogen. Ein Inder, die Stirne mit blutroten und weißen Farbmalen gezeichnet, das Gesicht düster und fanatisch, die braune Hautfarbe mit einem bleiernen Grau unterlegt, gab uns kurz und mürrisch den Bescheid, daß nachts der Pfad nach Nihla nicht begehbar sei. Wir mußten den Mann bei einer Zeremonie gestört haben; er wandte sich sogleich wieder ab, den aufgestellten Opfergefäßen zu, die Spitzen seiner Finger in eine Schale tauchend, in der weiße Tempelblumen schwammen. Da wir keine andere Wahl hatten, als weiterzugehen, trachteten wir, trotz der Warnung, auf den Pfad hinauszukommen. Während wir zum Ausgang des Dorfes schritten, wurde offenkundig, daß in seinem Inneren noch irgend etwas Geheimnisvolles vor sich ging. Man sah Gestalten vorüberhuschen, darunter auch Frauen, hörte heiseres Stimmengewirr und vernahm den dumpfen, aber doch aufpeitschenden Rhythmus einer eintönigen Musik, von klatschenden Händen im Gleichtakt begleitet. Dann erscholl, an- und wieder abschwellend, ein Gesang, der sich zuzeiten zu gellendem, ekstatischem Geschrei steigerte, anscheinend, um ein anderes, aus einer einzelnen Kehle hervordringendes Schreien zu übertönen ... Der Ort hatte etwas so Unheimliches, Finsteres, er hatte gleichsam ein so schlechtes Gewissen, daß man sich nicht der Vorstellung entziehen konnte, seine Bewohner hätten sich in diese Einöde zurückgezogen, um irgend welchen wüsten, gräßlichen Kulten zu frönen.

Die Prüfungen auf dem stockfinsteren Pfad begannen schon nach den ersten Schritten, als wir eine lange, geländerlose Bambusbrücke zu überqueren hatten, die nur einen Fuß breit war und so tückisch wippte, daß man Schwindelanfälle bekam und auf ihrer Mitte in Derwischzuckungen verfiel. Danach mußten wir auf schmalen Erdwällen wie auf Seilen balancieren, glitten fortgesetzt aus und blieben im warmen Schlamm stekken. Plötzlich hörte ich hinter mir einen dumpfen Aufschrei und das Gurgeln von Wasser. Ich drehte mich um — Have war weg. Statt seiner sah ich nur ein gespenstisches Licht aus der Erde hervordringen. Dort mußte er sein. Richtig! Er war in ein tiefes Loch gefallen und steckte bis zum Schopf im Wasser. Im Sturz war ihm die Taschenlampe entfallen; dabei hatte sie sich angeschaltet und beleuchtete ihn nun von unten. Es kostete Mühe, ihn herauszuziehen, und es gab eine Verstimmung, weil ich mir das Lachen nicht verbeißen konnte. Dann stolperten wir, unsicher geworden, barfuß auf den steilen Lehmgraten weiter, die bald schlüpfrig, bald hart wie Glas waren. Links von uns lag ein Wasser, an dessen Ufer Gestrüpp starrte, zur Rechten zogen sich die schwarzen Lachen einer Sumpfwildnis dahin. Wiederholt brodelte es vor unseren Füßen auf, — das war an Stellen, wo der Damm geborsten war. Endlich fanden wir aufs Trockene zurück und rasteten hinter einem Heuhaufen. Ich hatte es satt und wollte hier schlafen. Da in der Nähe Eingeborenenhütten standen, drängte Have auf Weitermarschieren. Grollend erhob ich mich und schlug aus Zorn ein rasendes Tempo ein. Have schwieg, hielt sich aber dicht an meine Fersen. Und nun kam die Reihe zu lachen an ihn, denn jetzt fiel ich mitten im Vorstürmen kopfüber in einen Graben und wußte mich vor Wut nicht zu fassen. Bei dem Fall hatte ich ein Loch in meine Feldflasche geschlagen, die damit unbrauchbar geworden war. Nach dieser Begebenheit zogen wir versöhnt weiter, drangen noch in eine Hütte ein, aus der Licht fiel, und wo wir etwas Essen kaufen wollten, doch lag ein Kranker darin, der ein furchtbares Zetergeschrei anstimmte, als er uns, die er für Dämonen hielt, in der Tür sah, so daß wir uns rasch davonmachten. Schließlich erstiegen wir einen steilen Hügel, auf dessen oberster Spitze, unter einem riesigen Baum, wir uns für den Tag einrichteten.

Die Witterung schlug jählings um, ein schwerer Regen strömte. Obwohl in Indien der Monsun frühestens Mitte Juni einsetzt, gibt es in diesem Gebiet, das am Rande der Zone mit den größten Niederschlagsmengen der Welt liegt, schon vorher starke Schauer. Unser Baum konnte uns nur kurze Zeit vor der Nässe schützen, dann prasselte es auch auf uns herab. Durchnäßt bis auf die Haut, blieben wir stundenlang dem Regen ausgesetzt und fingen, trotz der hohen Lufttemperatur, zu frösteln an.

Als die Wolken sich hoben, machten wir von unserem Platz aus eine aufregende Entdeckung: Jenseits des Flusses Naaf, der hier schon die Breite eines Meeresarms annahm, lag Burma, lag das ersehnte Ziel unserer langen Wanderschaft! Denn der Naaf ist Grenzfluß. Vom Norden nach Süden verlaufend, trennt er vom Festland eine schmale Halbinsel ab, die im Westen vom Ozean begrenzt wird und deren südliche Spitze Maungdaw gegenüberliegt. Diese Halbinsel gehört noch zu Indien, und auf ihr befanden wir uns jetzt.

Der Anblick der Berge am jenseitigen Ufer erfüllte uns mit nicht geringer Genugtuung. Wir hatten, indem wir auf Sehweite an sie herangekommen waren, alle Fluchtrekorde des Lagers gebrochen — so nahe am Ziel war noch niemand gewesen. Allein, wir gaben uns keinen Illusionen darüber hin, daß das schwerste Stück noch vor uns lag. Die Widerwärtigkeiten würden jetzt mit jedem Schritt wachsen, und der Ausgang unseres Unternehmens bliebe so peinlich ungewiß wie am ersten Tag.

Wir brachen schon frühzeitig auf, weil wir mit Rücksicht auf unsere Einkäufe nicht zu spät in Nihla eintreffen durften. Unser Weg führte auf der Halbinsel genau in südlicher Richtung;

links floß der Naaf und rechts, dicht von urwildem Dschungel bewachsen, stand eine Bergkette, die gleichsam das Rückgrat der Halbinsel bildete und hinter der das Meer lag. Dort, auf der Ozeanseite, vermuteten wir eine militärische Verbindungsstraße, während auf dem schmalen Uferstreifen des Naaf, den wir entlanggingen, nur ein kümmerlicher Pfad hinzog.

Allmählich machte uns der Hunger zu schaffen. Seit Kalkutta hatten wir nichts Ordentliches gegessen. Wir waren daher nicht mehr ganz bei Kräften, ermüdeten rasch und fingen schon unmerklich zu wanken an. Wie Schakale waren wir daher auf Nahrung aus und fahndeten in allen Dörfern nach Eßbarem. So auch jetzt, wo es uns nach langer Jagd gelang, ein paar Eier aufzutreiben, die wir gleich roh verschlangen. Sonst boten die Bauern nur Mangos an, eine ovale, großkernige Frucht, von orangefarbenem Fleisch, das mit einem köstlichen, leicht terpentinähnlichen Geschmack im Munde zergeht. Die gab es hier in Fülle, da es die Zeit ihrer Reife war.

Vor Nihla verloren wir den Weg. Die Nacht hatte uns in einem weiten Schlammfeld überrascht, das dem Flecken vorgelagert ist. Nachdem wir einmal in den Morast hineingeraten waren, fiel es unsagbar schwer, ihn wieder zu entrinnen; nur dadurch, daß wir Wasserarme durchschwammen, kamen wir überhaupt aus dem Moorgebiet heraus. So ging es bereits auf Mitternacht, als wir den kleinen Basar von Nihla erreichten, zu spät, um die Läden noch offen zu finden. Wir mußten hier auf der Hut sein, denn in Nihla lag Militär. Aus einer Budike, durch deren Ladenritzen Licht fiel, trommelten wir den Besitzer heraus. Er veranstaltete mit seinen Freunden ein kleines Trinkgelage und forderte uns auf, seinen Reisschnaps zu versuchen. Wir hatten es auf feste Nahrung abgesehen, weshalb wir ihn baten, Zwieback und Bananen zu beschaffen.

Während unserer Verhandlungen war ein junger Mann, ein Inder, aus dem Dunkel aufgetaucht und an den erleuchteten Laden herangetreten. Er hörte erst eine Weile unserer Unterhaltung zu und sprach uns dann, als der Krämer abgezogen war, die Eßwaren zu holen, in fließendem Englisch an. Er begann mit einer prahlerischen Selbsteinführung: Die ganze Kriegsanstrengung des Bezirkes ruhe praktisch auf seinen Schultern, er sei es, der für das Militär alles beschaffe, und er habe viele Freunde im Headquarter. Dagegen ließ sich nichts einwenden. Was uns aber gar nicht paßte, war, daß der kriegswichtige Jüngling wissen wollte, und zwar in auffallend verdächtiger Weise wissen wollte, mit wem er die Ehre hatte. Er habe uns hier gar nie gesehen, und dabei kenne er doch jeden Engländer genau — wir müßten wohl in dieser Gegend fremd sein ...

„Das sind wir auch", warf ich hin und dachte an den Eindruck, den unsere etwas wüste Erscheinung — wir waren schlammbeschmutzt und hatten Turnschuhe an — auf ihn machen mußte.

„Haben Sie ein Quartier?" forschte er weiter.

„Wir sind mit einem Boot gekommen und wollen nach Gundum Bazar", antwortete Have ausweichend.

„Ich habe gar kein Boot anlegen sehen — seltsam ..."

„Hören Sie mal, Freundchen, was kümmern Sie sich eigentlich um Sachen, die Sie gar nichts angehen?"

„Ich wollte Ihnen doch nur behilflich sein."

„Wir brauchen Ihre Hilfe nicht. Los, marsch, gehen Sie nach Hause!"

Er trat einige Schritte zurück, blieb dann aber stehen.

„Wenn Sie nicht gleich verschwinden, führen wir Sie ab zum Boot!"

Da grinste er und ging.

Der Krämer hatte außer einer Handvoll Bananen nichts besorgen können. Wir zahlten und machten uns davon — das Verhalten des Inders war doch zu verdächtig gewesen. Es galt, rasch den Dschungel zu gewinnen, wo man vor Nachstellungen sicher war. Aber um in den Wald zu gelangen, mußten wir erst ganz Nihla durchqueren. Wir hatten nur wenige Schritte vom Basar zurückgelegt, als uns jemand zu folgen schien, der uns sogar kurz mit seiner Taschenlampe anleuchtete. Das konnte nur der Inder sein; um jedoch sicher zu gehen, leuchtete ich zurück. Er war es. Wir beschleunigten unseren Schritt — desgleichen unser Verfolger. Wir blieben stehen — er auch.

„Laß uns auf ihn zugehen", sagte ich leise zu Have.

„Gut."

Der Kerl zog sich zurück und hing dann wieder an unseren Fersen, als wir weitergingen.

„Ich lauere ihm auf und haue ihn auf die Backen", schlug ich vor.

„Ausgezeichnet. Sonst werden wir ihn nicht los."

Links vom Wege war eine Böschung, rechts lag ein Schuppen. Hinter ihm bogen wir ab, blieben jedoch an der Ecke stehen. Ahnungslos folgte uns der Inder. Er lief auf mich zu, in einen Kinnhaken hinein, der aber in der Dunkelheit nicht richtig traf. Have drängte ihn über den Weg, und ehe er wußte, wie ihm geschah, flog er die Böschung hinunter.

Das alles hatte sich blitzschnell abgespielt, und da der Überfallene schrie, mußten wir eiligst flüchten. Im Laufen kamen wir an einem Drahtzaun vorbei, hinter dem das Prusten von Maultieren zu hören war, überstiegen ihn, rannten zwischen den Ställen hindurch und gelangten auf der anderen Seite wieder auf einen Weg, der, wie wir sehr bald bemerkten, in ein Lager am Dschungelrand führte. Nun begann eine schwierige Aktion in den Hängen, bei der wir uns zwischen versteckten Blockhütten, Gräben und Stacheldraht hindurchwinden mußten. Im Dschungel gingen wir, wegen des Zwischenfalls mit dem Inder, noch ein gutes Stück weiter, bis wir uns, völlig ermattet, an einem Bach zum Schlafen niederlegten. —

Wir führten das friedlose Dasein zweier Gehetzter, und das inmitten einer paradiesischen Umgebung, wo jeder Fleck Seligkeit atmete. So war es auch jetzt, da die strahlende Reinheit des Tropenmorgens zu heiterer Beschaulichkeit und sorglosem Naturgenuß einlud. Keine Wolke trübte das leuchtende Himmelsblau, das sich über einem Landstrich wölbte, wild und zugleich idyllisch wie ein Zaubergarten, voll kleiner Palmenhaine und Schilftümpel, aber auch großer Waldschluchten und Felstheater. Obwohl wir kaum zwei Stunden halben Schlummers hinter uns hatten, hielt es uns nicht länger; wir brachen auf. Dicht am Dschungelrand gehend, blieben wir den Pfaden und Siedlungen fern.

Wir waren so bis Mittag gegangen, als der Dschungel uns gegen das Ufer des Naaf herandrängte. Durch niedriges Gehölz, vielmals von breiten Bächen durchschnitten, auf denen große Libellen glitzerten, führte ein Holzfällerpfad, der uns nach längerem Marsch an einige schilfgedeckte, gelbe Hütten brachte. In einer von ihnen baten wir um Wasser und Früchte. Ein alter Mann versprach uns etwas herauszubringen. Wie wir nun wieder auf den Weg traten, um dort zu warten, sahen wir plötzlich am Ausgang des Dorfes eine Patrouille indischer Soldaten. Mit einem Satz sprangen wir hinter die Hecke und suchten in den schützenden Dschungel zu kommen; da bemerkten wir, wie hinter uns her, mit einem Gefäß in seinen Händen, der Alte gewackelt kam. Je schneller wir gingen, desto rascher humpelte er hinterdrein. In dem Widerstreit zwischen Durst und Angst siegte der erstere, wir liefen dem Alten entgegen und gaben dann Fersengeld. Jenseits des Dorfes war wieder so eine schwankende Brücke, die aus ineinandergefügtem glattem Rundholz bestand, nach der Mitte des Wassers steil anstieg und dann abfiel. Ohne die Hilfe eines kleinen indischen Jungen, der seinen nackten Fuß zum Abstützen hinter die unsrigen stellte, wären wir nicht hinüber gekommen.

Den Rest des Tages und die Hälfte der Nacht verbrachten wir mit dem Überqueren von Wasserarmen und halsbrecherischen Brückenabenteuern. Es fing an zu regnen, und auf der Burma-Seite wetterleuchtete es. Ein ferner Donner grollte. Wir fühlten uns reichlich mitgenommen und litten erbärmlichen Hunger; unsere Tagesration hatte nur aus einigen Mangos bestanden. Verdrossen suchten wir im Gebüsch nach einem halbwegs trockenen Platz. Dabei gerieten wir auf eine Blöße, die an den Naaf grenzte, und in dem Augenblick, da die Sicht frei wurde, erkannten wir, daß das, was wir für ein Gewitter gehalten hatten, in Wahrheit Geschützdonner war. Deutlich konnte man das Mündungsfeuer am jenseitigen Ufer sehen. Dieses erste Zeichen aus der Kampfzone traf uns wie ein elektrischer Schlag. Gebannt blieben wir stehen und beobachteten lange das Feuern der Batterien.

WETTLAUF MIT DEM HUNGER

Neben dem Platz, wo wir frierend im Regen die Nacht verbracht hatten, fanden wir aus Steinen einen Hügel geschichtet, wo vor Jahresfrist — auf einer Holztafel stand es zu lesen — ein indischer Soldat begraben worden war. Hier mußte einst eine Stellung gewesen sein — wie flach aufgeworfene Wälle, Feuerstätten und leere Konservendosen bezeugten. Wahrscheinlich hatten sich die britischen Truppen über den Naaf an diesen Ort zurückgezogen, als die Japaner im Vorjahre den Angriff gegen Maungdaw vortrugen.

Es war unsere Absicht, noch am gleichen Tage bis Teknaaf vorzudringen, den letzten größeren Ort auf der Halbinsel, der Maungdaw schräg gegenüber lag; dort wollten wir versuchen, nach Burma überzusetzen.

Wir nahmen den alten Waldpfad auf, an den hier der Höhenzug immer dichter heranrückt, und kamen dem Punkte näher, wo die Berge steil in das Wasser abfallen, nur gerade so viel Raum lassend, daß der Pfad sich zwischen ihnen und dem Naaf durchzwängen kann. An dieser Stelle stand — wir entdeckten es mit weit aufgerissenen, erschrockenen Augen und erst als wir praktisch schon auf sie aufgeprallt waren — eine Blockhütte mit indischen Soldaten! Glücklicherweise drehten die Wachen uns den Rücken zu, so daß unser blitzschneller Abzug unbemerkt blieb. Aber einen heftigen Schock hatte uns diese überraschende Morgenbegegnung doch verursacht, denn wir brachten nicht die Verwegenheit auf, an den Posten vorbeizugehen und zogen es vor, in den Schroffhang aufzusteigen, der sich lotrecht hinter der Hütte erhob, weil es uns leichter erschien, das natürliche Hindernis zu bezwingen als das militärische.

Unmittelbar über der Blockhütte begannen wir mit dem Einstieg in die Wand. Da wir jeder bergsteigerischen Ausbildung ermangelten, ging diese Aufgabe fast über unsere Kräfte. Mit Klimmzügen, gegenseitigem Hochstemmen, Emporziehen und eingekrallten Fingerspitzen arbeiteten wir uns mühsam und von plötzlichem Schwindel befallen in die Höhe. Auf einmal ging, von meinem Fuß gelöst, ein Felstrumm krachend in die Tiefe. Im Fall riß es noch andere Brocken mit, die mit Donnergetöse unten aufschlugen. Besorgt spähten wir nach der Hütte . . ., da lief auch schon jemand auf den kleinen Vorplatz und blickte zu uns herauf, die wir hoch oben, unweit des Grates in der Wand hingen. Bald hatte sich die ganze Mannschaft versammelt und beobachtete die beiden Kletterer mit zurückgebogenen Köpfen.

„Das gäbe so einen Spaß, wenn die jetzt schießen würden", sagte ich zu Have.

„Schießen? Niemals. Sie werden uns für Engländer halten, für so ein paar verrückte Weiße, die wieder einmal eines der vielen Dinge tun, deren Sinn zu begreifen die Inder längst aufgegeben haben."

„Hoffentlich erkennen sie auch, daß wir Weiße sind."

„Dann wollen wir ihnen mal sicherheitshalber mit unserem Tropenhelm winken —"

Die Soldaten winkten zurück, sahen uns noch eine Weile zu und gingen dann auseinander.

Endlich hatten wir den Kamm erklommen und damit wieder den Dschungel erreicht, der hier in urtümlicher Wildheit die Berge bedeckte. Um einen Ausblick zu gewinnen, folgten wir dem Höhenpfad, doch versperrten am Gipfel Bäume mit großen, ledernen Blättern die Sicht. Erst als wir einen von ihnen erkletterten, konnten wir durch seine Zweige einen Blick auf die Ebene von Teknaaf werfen. Zungenförmig erstreckte sich der letzte Ausläufer der Halbinsel ins Meer, das ihn vom Westen und Süden mit weißen Schaumkränzen umgürtete. Tief unten lagen, in Sonnenlicht gebadet, Palmenwälder, Dörfer und grüne Flächen, und dem Meeresstrand entlang zog eine Straße. Auf der blaugrünen Fläche des Naaf entdeckten wir britische Wachtboote.

Wir begannen den Abstieg, indem wir kurzerhand in das Gestrüpp einbrachen, das am steilen Berghang wuchs. Bei dieser Gelegenheit machten wir zum erstenmal nähere Bekanntschaft mit dem Bambus. Denn es ist etwas anderes, ob man die ästhetisch wohltuenden Formen seiner von gertigen Rohrstangen gehaltenen zarten Belaubung bewundert oder ob es gilt, sich stundenlang durch sein Dickicht hindurchzuarbeiten. Wie eine Palisade aus Riesenspeeren stehen die Pflanzen widerspenstig und bösartig rückfedernd im Weg und klemmen Fuß oder Körper zwischen ihren Schäften ein. Hält man sich an ihnen fest, reißen sie die Hände mit messerscharfen Schnitten blutig auf. Diese Erfahrung hätten wir uns, die wir hungerschwach und unausgerastet waren, besser ersparen sollen. Es war uns daher eine Erleichterung, als wir eine kleine, enge Schlucht erreichten, auf deren Sohle wir weniger behindert vorwärtsdrangen. Ein mystisches Halbdunkel empfing uns. Über die Felswände hingen abenteuerliche Schlingpflanzen herab, zwischen den Blöcken wucherte üppiger Farn, und dann und wann schaute aus fleischigen Blättern eine große, blutrot leuchtende Blume hervor. Aus kleinen Quellen und grünspiegelnden Pfützen bildete sich allmählich ein Rinnsal, das, andauernd genährt von winzigen Wasserstürzen und dem feuchten Geriesel der Wände, sich zum Bach erweiterte. Bald nahm er die ganze Sohle ein, so daß wir seinem Fluß stellenweise watend folgen mußten. Eine erschlaffende Schwüle herrschte . . .

Als die Sonne sehr hoch stand, befanden wir uns auf einer

Kuppe, von der aus sich erkennen ließ, daß wir bald den Bergdschungel verlassen und auf die Ebene hinaustreten könnten, doch wußten wir nun auch, wessen wir uns zu versehen hatten, denn am Waldsaum zu unseren Füßen lagen im weiten Halbkreis große Zelte und Baracken.

Mit größter Vorsicht näherten wir uns, einen Hohlweg benützend, dessen feuchter Boden frische Spuren von Soldatenstiefeln aufwies, dem Dschungelrand. In dem Augenblick, da wir bei den letzten Büschen anlangten, gewahrten wir zu unserer Rechten die Silhouette eines indischen Wachtpostens, der unbeweglich und starr, mit aufgepflanztem Bajonett, vor einem Zelt stand. Wir stahlen uns wieder fort, machten einen kleinen Umweg und kamen unversehrt ins Freie. Da der Hunger, der uns plagte, kaum zu bezähmen war, zog Have sogleich aus, um in der nächsten Ortschaft einzukaufen. Lange blieb er weg und kehrte dann, mißmutig und verärgert, mit leeren Händen zum Versteck zurück. In unserer Enttäuschung hätten wir fast eine Torheit begangen, denn nur um unseren Heißhunger zu stillen, wollten wir jetzt, am hellen Nachmittag, nach Teknaaf hineingehen, das vom Militär besetzt war. Der Anblick der Zelt- und Barackenlager brachte uns wieder zur Besinnung. Wir blieben in Deckung und hungerten notgedrungen weiter.

Zu allem Überfluß fing es in dem buschigen Vorgelände des Waldes, in dem wir saßen, nun auch noch laut zu knallen an. Ein Trupp indischer Soldaten veranstaltete hier eine Gefechtsübung. Wir sahen zwischen den Büschen die Gestalten der Schützen auftauchen, und bis auf fünf Schritt trat ein dicker Feldwebel, dessen schwarze Schnurrbartspitzen nach englischem Vorbild gewichst waren, an unser Versteck heran. Leichenstarr lagen wir im Gesträuch, in unser Schicksal dumpf ergeben, das nur zuschlagen sollte, wenn es mochte. Doch der Spuk zog vorüber, und bald danach verdunkelten sich schon die Felder.

Am Waldrand flammten überall Lichter auf. Achtung, das sind Blockhütten! Behutsam pirschten wir uns zur breiten Straße vor und gingen auf ihr, die zwischen den Lagern hindurchführte, bis kurz vor Teknaaf. Dann tasteten wir uns vorsichtig an den Flecken heran, in der beständigen Sorge, einer der uns entgegenkommenden Schatten könnte eine Soldatenstreife sein. Gottlob befand sich gleich unter den ersten Hütten ein Laden, wo wir einige Bananen, Zwieback und Milchtee erstanden. Wir fielen in der erleuchteten Bude sogleich auf, denn schon fanden sich Gaffer ein; aber um jeden Preis mußten wir eine Zeitlang ausharren, weil wir Informationen über die Bootsverhältnisse erlangen wollten. Unsere ganzen Erwartungen hatten wir auf Teknaaf gesetzt, von wo aus wir das Wasser zu überqueren gedachten, um entweder hinter die englischen oder, noch besser, gleich hinter die japanischen Linien zu kommen. Wir nährten nämlich neuerdings die Hoffnung, daß sich ein Teil des burmesischen Naaf-Ufers in japanischen Händen befand. Durch sehr vorsichtiges Ausfragen der Umstehenden erfuhren wir nun, daß sämtliche Sampans von der britischen Militärbehörde beschlagnahmt waren oder zum mindesten streng beaufsichtigt wurden, aber wenn wir nach Maungdaw übersetzen wollten, könnten wir ja von der Anlegebrücke aus einen der Dampfer benützen, die täglich mehrmals die Überfahrt unternähmen — keine sehr ermutigende Auskunft, denn wie sollten wir, wenn der freie Bootsverkehr unterbunden war, auf die andere Seite des Wassers kommen? Die Dampfer beförderten nur Militärpersonen; einen von ihnen zu besteigen, wäre jetzt, so dicht hinter der Front, glatter Wahnsinn gewesen.

Als wir uns aus dem Dorf zurückzogen, um in seiner Nähe ein Versteck zu suchen, äußerte Have auf Grund des Gehörten seine ersten Zweifel über die Durchführbarkeit unseres Bootsplanes. Ich pflichtete ihm bei, setzte aber meine Hoffnung auf den nächsten Tag, den wir dazu benützen wollten, um, koste es, was es wolle, die Überquerung des Naaf zu bewerkstelligen. Doch hegte auch ich insgeheim die Befürchtung, daß wir in eine Sackgasse gelaufen waren.

Beim ersten Hahnenschrei waren wir auf den Beinen, weil unser Lagerplatz in einer Gefahrenzone lag und nur notdürftige Deckung bot. In bedrohlicher Nähe, am Rande von Teknaaf, befand sich eine britische Kommandostelle, während auf der anderen Seite, in unserem Rücken, Baracken und Zelte standen. Dort wurde jetzt der Weckruf geblasen. Wir beschlossen, bis an die äußerste Spitze der Halbinsel vorzuspüren, unterwegs energisch nach einem Boot zu suchen und gleichzeitig eine weitere Möglichkeit des Entkommens zu prüfen, denn der Halbinsel ist, wie unsere Karte zeigte, im Süden ein kleines Eiland namens Schipura vorgelagert, von dem wir annahmen, daß die Japaner es besetzt hielten.

Für unser Vorhaben war das Gelände denkbar ungeeignet: Die Siedlungen lagen dicht beieinander; deckendes Gesträuch fand sich nur in der Nähe der Wohnstätten, und mit Sicherheit war anzunehmen, daß wir unterwegs auf militärische Anlagen stoßen würden. Wir rückten deshalb nur zögernd vor; erst nachdem wir den Eingeborenen das Geheimnis entlockt hatten, in welchen Ortschaften Militär lag, trauten wir uns auf die Fußwege hinaus.

Wiederholte Erkundigungen führten alle zu dem gleichen entmutigenden Ergebnis: Es war schlechterdings nicht möglich, einen Sampan aufzutreiben. Da jede dieser Unterhaltungen ein höchst gefährliches Unterfangen war, bei dem wir regelmäßig die bei einer Flucht gebotene Sicherheitsgrenze überschritten, unterließen wir weitere Befragungen.

Wir gingen nun, immer vorsichtig spähend, bis ans Ufer des Naaf, um dort ein Boot ausfindig zu machen, das wir für eine nächtliche Überfahrt „organisieren" könnten. Wir schritten den Uferdeich ab, ohne jedoch einen Sampan entdecken zu können. Sie waren sämtlich von der Bildfläche verschwunden. Vom Deich aus konnte man das Wasser und den gegenüberliegenden Küstenstrich überblicken. Eine bläuliche Bergkette, der eine Ebene vorgelagert war, zog die andere Seite entlang, und am Ufer, uns genau gegenüber, lag Maungdaw.

Die Breite des meeresarmartigen Naaf mochte nach unserer Schätzung drei bis vier Kilometer betragen.

„Weißt du was?“ sagte ich zu Have, „nachdem bisher alles fehlgeschlagen ist, könnten wir doch versuchen, ans andere Ufer zu schwimmen.“

„Aber nur als allerletzten Ausweg und auch dann nur nachts. Die Strecke kommt mir verflucht lang vor.“

„Ich werde probeweise ein Stück hinausschwimmen und feststellen, wie stark die Strömung ist.“

Es fing gleich mit Schwierigkeiten an, denn in dem seichten, aber strudeligen Uferwasser wuchsen stachelblättrige Bäume, eine breite Sperre bildend, deren Durchquerung bereits die Kräfte über Gebühr beanspruchte. Dann konnte ich endlich schwimmen, fühlte jedoch schon nach kurzer Strecke, daß wir außerstande sein würden, das andere Ufer zu erreichen. Es handelte sich weniger um die Strömung als vielmehr darum, daß uns die Frische der ersten Tage fehlte. Wären wir in guter körperlicher Verfassung gewesen, hätten wir es vielleicht geschafft, aber in dem gegenwärtigen abgewirtschafteten Zustand würden wir spätestens nach einem Kilometer kläglich absaufen. Have sah die Aussichtslosigkeit des Unternehmens sogleich ein, zumal es auch den vollen Verlust des Fluchtgepäcks bedeutet hätte. Doch welcher Weg blieb uns sonst noch offen? Schipura – obwohl wir, um die Insel zu erreichen, gleichfalls ein Boot benötigten. So zogen wir in Richtung des äußersten Endes der Halbinsel in gedrückter Stimmung ab.

Nachmittags kamen wir an Gelände heran, das noch nicht Ozean, aber auch nicht mehr Festland war. Weite Flächen grauen, im Sonnenglast metallisch glänzenden Schlamms bildeten ein unabsehbares, grundloses Zwischenreich. In dieser unbestimmbaren Zone hört irgendwo Indien auf.

Am Horizont tauchte Schipura empor, von dem man nur die Palmen sah, die infolge von Lichtspiegelungen, ähnlich einer Fata Morgana, über dem Wassergeflimmer zu schweben schienen. Wir machten diese Beobachtungen vom Rande einer großen, ausgedörrten Grasfläche aus, dem letzten Fleck, wo man noch festen Boden unter den Füßen hatte. Weiterzugehen war nicht mehr möglich.

Es war uns schon bei dem Anmarsch hierher aufgefallen, daß sich in diesem Schipura gegenüber gelegenen Gelände keine besetzten Stellungen befanden, eine Tatsache, die nicht gerade dafür sprach, daß die Japaner, wie wir früher angenommen hatten, auf der Insel saßen. Doch suchten wir Gewißheit über diesen Punkt zu erlangen und kehrten deshalb zu den Behausungen zurück, die wir schon hinter uns gelassen hatten. In einem alleinstehenden Gehöft, nahe dem Ozeanstrand, kauerte vor seiner Hütte ein Eingeborener. Den sprachen wir an.

„Heiß ist es heute —"

„Ja, Sahib, heute ist es sehr heiß."

„Wie tief das Meer steht! Man könnte meinen, daß sich Schipura zu Fuß erreichen läßt."

„O nein, das ist unmöglich, es liegt viel Wasser dazwischen."

„Warst du schon drüben?"

„Früher, in der letzten Zeit nicht mehr."

„Natürlich, es ist ja auch Krieg, und deshalb dürfen nur Soldaten hin —." Das war ein Schuß ins Dunkle.

„Ja, ich weiß, nur Gurkhas dürfen hinüber."

So hatten wir also mit unserer Befürchtung nur zu sehr recht gehabt. Nun fiel auch Schipura als letzte der verbleibenden Möglichkeiten aus. Wir erfuhren noch durch den Mann, daß das jenseitige Naafufer in voller Ausdehnung in englischen Händen sei und es vergeblich wäre, hier nach einem Sampan oder Segelboot zu suchen.

Ein banges Gefühl fiel uns an, ein Gefühl der Ausweg- und Aussichtslosigkeit. Den ganzen Tag hatten wir in einem Gefahrenbereich erster Ordnung verzweifelte Versuche angestellt, nach Burma zu kommen — doch alles umsonst. Überall waren wir gegen eine unsichtbare Mauer angelaufen, von der wir einfach nicht wußten, wie wir sie überwinden sollten. Wenn man wenigstens den Eindruck gehabt hätte, durch geduldiges Abwarten zum Ziele gelangen zu können — wir wären in drei Teufels Namen noch länger hier geblieben; allein es handelte sich gar nicht um das Abpassen des günstigen Augenblicks, sondern um eine Unmöglichkeit schlechthin.

Ein Lastwagen hielt in unserer Nähe. Soldaten sprangen ab und schwärmten aus. Wir glaubten natürlich, es gälte niemand anderem als uns: eine Streife sei ausgeschickt, die beiden verdächtigen Individuen aufzubringen. Verängstigt zogen wir uns ins Gebüsch zurück. Zu unserer nicht gelinden Erleichterung sahen wir das vermeintliche Suchkommando sich bald wieder sammeln, den Wagen besteigen und abfahren. Wer weiß, aus welchem Grunde sie hierher gekommen waren. Wir verließen das Versteck nicht gleich, uns fesselte der Ausblick auf die Berge am jenseitigen Ufer, den es gewährte. Griffnahe und lockend lag das Ziel uns vor Augen. Sollten wir wirklich, nachdem wir uns so weit vorgearbeitet hatten, der Hoffnung entsagen, es je zu erreichen?

Nun drang von fernher Geschützdonner an unser Ohr. Die englischen Batterien nahmen nach längerer Pause das Feuer wieder auf.

„Wir müssen hinüber um jeden Preis", meinte Have.

„Ja, das müssen wir —"

„Es wäre unerträglich, wenn wir so nahe dem Ziele scheitern würden. Gemessen an der langen Strecke, die hinter uns liegt, ist diese letzte doch lächerlich kurz."

„Aber schwer! Und weißt du, warum sie so schwer ist?"

„Na?"

„Weil in ihr noch der volle Unterschied zwischen Erfolg und Mißerfolg steckt. Vom Standpunkt des Erfolges zählt es gar nicht, daß wir bis hierher gekommen sind. Gezählt wird nur, wenn wir drüben sind."

„Ich würde mir bis zum Ende meines Lebens Vorwürfe machen, wenn wir jetzt nicht alles, aber auch restlos alles daransetzten, das letzte Stück zu bezwingen. Der Augenblick ist gekommen, ein Äußerstes zu wagen; mit gewöhnlichen Mitteln richten wir nichts mehr aus."

„Gut, dann laß uns heute Nacht hinüberschwimmen."

„Nein, das Schwimmen haben wir bereits verworfen."

Darauf besprachen wir andere extreme Lösungen, die aber alle unbrauchbar waren. Schließlich sagte Have: „Ich bin für einen letzten Übersetzversuch am Kai von Teknaaf."

„Dann können wir uns ebensogut gleich den Engländern stellen", widersprach ich. „Wenn wir uns am Kai blicken lassen, werden wir kassiert."

„Das Risiko ist groß, doch einen anderen Ausweg sehe ich nicht."

„Ich aber: Laß uns Maungdaw aufgeben und statt dessen den Rückmarsch antreten, um auf dem Landwege Buthidaung, das ja auch in unmittelbarer Frontnähe liegt, zu erreichen."

„Was, du willst tatsächlich die ganze Halbinsel wieder zurücklaufen?"

„Allerdings. Nachdem wir nicht über den Naaf kommen, halte ich es für richtiger, den Erfolg nicht durch eine Unbesonnenheit oder ein Übermaß an Schneid aufs Spiel zu setzen und lieber den sicheren Weg einzuschlagen, auch wenn er mit einem Rückzug verbunden ist."

Have überlegte, und ich sah, daß ihn, den Müden und Abstrapazierten, mein Argument, das er sonst nie akzeptiert hätte, umstimmte; er fügte nur wenig hinzu:

„Gesetzt, wir einigten uns auf diesen Schritt, so würde das ja nicht ausschließen, daß wir uns unterwegs weiter um einen Sampan bemühen. Wir könnten auch versuchen, im Dschungel ein Floß zu bauen."

„Gewiß, wenn sich eine Möglichkeit zum Übersetzen bietet, werden wir sie selbstverständlich ergreifen."

„Dann bin ich einverstanden, daß wir umkehren."

Wir beschlossen, noch in den Abendstunden nach Teknaaf zu gehen, um Essen zu kaufen, weil wir wieder einmal den ganzen Tag mit brennenden Eingeweiden herumgestreift waren und unser Kräfteverfall bedenkliche Formen anzunehmen begann.

Über dem Meere vollzog sich unterdessen der festliche Anbruch des Abends auf Wolken, die wie ferne Purpurgebirge leuchteten ...

Der kleine Basar von Teknaaf lag verödet in völliger Dunkelheit. Längst waren die Buden geschlossen, und nur aus einer Türe drang ein feiner Lichtstreif hervor. Hier klopften wir an, wurden eingelassen und begannen mit dem Budiker im Scheine einer Öllampe über einige Erdnüsse und einen Riegel Zuckerwerk eilig zu feilschen.

Wir waren just handelseinig geworden, als ein Inder in weißem Gewande mit stark pomadisiertem Haar, scharfer Hakennase und aalglatten Bewegungen in der Tür erschien. Der Mensch grüßte unterwürfig und bot uns auf anschmeißerische Art seine Dienste an. Wenn wir einzukaufen gedächten, sollten wir besser den Morgen abwarten, dann wäre der Basar in vollem Betrieb. Er sei selbstredend erbötig, uns durch die Stände zu geleiten; wir könnten keinen besseren Führer finden als ihn, meinte er selbstgefällig und setzte — er hielt dies uns gegenüber für eine besonders eindrucksvolle Empfehlung — hinzu: „Sie müssen nämlich wissen, daß ich der detective officer von Teknaaf bin."

Auf den hatten wir gerade gewartet, der und kein anderer war unser Mann!

„Welch angenehme Überraschung, Sie kennenzulernen! Allerdings fürchten wir, auf Ihre gütige Hilfe verzichten zu müssen, denn morgen früh fahren wir wieder hinüber nach Maungdaw."

„Dann wünsche ich den Herren alles Gute. Soldaten kann man nicht oft genug Glück wünschen. Gute Nacht, verehrte Herren!"

Schleunigst entschwanden wir in die Finsternis. Abgehetzt, betäubt von den Abenteuern des Tages, ließen wir uns unweit des Dorfes zwischen einigen Büschen niedersinken.

Wir hatten eine schlechte Nacht gehabt. Es regnete unablässig. Auf der Suche nach trockenen Plätzen waren wir kreuz und quer durch das Buschgelände gezogen. Have, der infolge seiner latenten Malaria gegen Temperaturschwankungen empfindlich war, wurde von Schüttelfrost befallen.

Es war unumgänglich nötig, daß wir vor unserem bevorstehenden Rückweg nochmals in den Basar von Teknaaf gingen; denn die Ausbeute des Vorabends an Lebensmitteln war praktisch Null gewesen, und während der Durchquerung des Bergdschungels gab es keine weitere Versorgungsmöglichkeit. Um neun Uhr morgens entschloß sich Have zu dem schweren Gang, indessen ich die Zeit bis zu seiner Rückkehr in marternder Ungewißheit in einer Kuhle verbrachte. Wir hatten nämlich verabredet, daß Have im Falle seiner Festnahme die Engländer zu dem Versteck führen würde, in dem ich saß, da wir das gleiche Los teilen wollten, zumal es sinnlos gewesen wäre, die Flucht allein fortzusetzen. Nach mehr als einer Stunde kam er wieder mit der Nachricht, daß der Basar erst um zwölf beginne. Ich konnte Have nicht zumuten, ein zweitesmal den Weg zu machen und erklärte mich selbst dazu bereit. Er machte mich darauf aufmerksam, daß zwischen den Lagern und der Befehlsstelle in Teknaaf ein Pendelverkehr der Ordonnanzen bestünde. Als er gerade im Begriff gewesen war, einen Steg zu überqueren, sei ihm eine solche entgegengekommen und habe auf der anderen Seite gewartet, Haves unbekannte Erscheinung mit durchdringendem Blick musternd. Frech habe er den Blick des anderen erwidert und so herausfordernd dreingeschaut, daß ihn dieser nicht ansprach.

So geschah es, daß ich mich gegen Mittag in den Basar begab. Unterwegs mußte ich eine Weile neben einem englischen Unteroffizier einhergehen, der sich in Begleitung eines Inders befand, konnte aber beizeiten abbiegen und kam ohne weitere Zwischenfälle in das große Dorf. Auf einem Platz in seiner Mitte waren mehrere überdachte Stände aufgestellt, in denen die Erzeugnisse des Landes feilgeboten wurden. Hier wimmelte es von Einheimischen, die aus den umliegenden Dörfern zum Markt herbeigeströmt waren. Ich suchte erst einen Überblick über den Tumult zu gewinnen und entdeckte auch bald ein Rudel Tommies, die an einem Stand Limonade tranken. Von dieser Stelle hielt ich mich fern. Mit angespannter Miene und unruhig wandernden Augen spähte ich nach anderen Gefahren aus, mich gleichzeitig nach Lebensmitteln umsehend. Es gelang mir, ein Dutzend Eier und ebenso viele Bananen zu erstehen, aber ich wollte noch einen irdenen Topf mit Buttermilch einhandeln, als ich plötzlich durch die Stände hindurch in dem Gewühl einer anderen Gasse einen Militärpolizisten mit Schlapphut und Pistole erblickte, der durch einen indischen Dolmetscher Hühner einkaufen ließ. Er befand sich mir genau gegenüber; uns trennte nur eine Doppelreihe von Ständen. Der Dolmetscher war kein anderer als der detective officer — ich erkannte es erbleichend. Auch er sah mich sofort, sichtlich erstaunt, mich hier noch anzutreffen, grüßte aber schmierig lächelnd und sagte dann etwas zum MP. Dieser faßte mich mit seinem Blick, der ich bis in die Lippen blaß geworden war, und gleich darauf bemerkte ich, wie der Spitzel sich von dem Engländer ablöste, zweifellos, um sich zu mir hindurchzuwinden. Da der andere um die Stände herumgehen mußte, hatte ich einen kleinen Vorsprung und daher die Aussicht, ihm zu entwischen. Kurz vor der Limonadenbude drückte ich mich seitwärts in eine Gasse, gelangte an den Dorfrand und wartete dort ab, da ich mich nicht entschließen konnte, die Buttermilch aufzugeben. Die bloße Vorstellung ihres säuerlich-erquickenden Geschmacks hätte mich zu der größten Heldentat hingerissen, weshalb ich nach einer Weile einen neuerlichen schnellen Vorstoß in den Basar wagte — wo die Hüter der Ordnung nicht mehr sichtbar waren —, den Topf erstand und befriedigt zu meinem wackeren Leidensgefährten zurückkehrte.

Bald darauf begann der Rückmarsch. Da wir nicht in die Nähe der Lager geraten durften, mußten wir einen Umweg machen, der häufig von Wasserläufen unterbrochen war. Zweimal schwammen wir, unsere Sachen nur mit Mühe über unseren Köpfen haltend, durch stockende, faulige Fluten. Hinter einem Dorfe lenkten wir auf den Dschungelrand zu. Aus einer der Hütten trat ein Eingeborener heraus und folgte uns in gemessenem Abstand. Der Einstieg in die Berge war schwierig. Erst stießen wir auf eine indische Patrouille; in dem anschließenden Ausweichmanöver verloren wir den Weg und verfingen uns im Gestrüpp. Überdies schien uns der Eingeborene zu verfolgen, der uns lange von unten nachsah und dann ebenfalls in den Dschungel tauchte. Allerdings hatte er wenig Aussicht, unsere Fährte in diesem Dickicht aufzunehmen. Schweißtriefend arbeiteten wir uns durch die Waldhänge, wo alles schmal und steil nebeneinander aufstrebte, in die Höhe, bei jedem Schritt auf dem glatten Laubpolster einen halben durch Abrutschen verlierend.

Plötzlich stieß Have einen erstickten Schreckensschrei aus: „Mensch, bei mir ist ein Ei in der Tasche ausgelaufen!" Wir hatten nämlich, um die Gefahr des Zerbrechens zu vermindern, die Eier einzeln auf unsere Taschen verteilt. Nun erlitten wir unseren ersten Verlust. Have schnitt Grimassen und versuchte das glitschige Zeug aus seiner aufgenähten Brusttasche hervorzuholen. Es entschlüpfte jedoch seinen Fingern und begann nun durch die Poren des Hemdenstoffs zu quellen. Wie gut, daß ich mich nicht über seinen Unfall lustig machte, denn bald darauf widerfuhr mir das gleiche. In meiner hinteren Hosentasche wurde es auf einmal verdächtig feucht. Nur ging ich bei der Bergung radikaler zu Werke als Have: Ich zog die Shorts aus, ließ den Tascheninhalt sorgfältig in unseren Becher ablaufen und rettete so, was bereits dem Untergang bestimmt gewesen. Nach kurzer Zeit ereignete sich ein dritter Bruch. Um weitere schwere Einbußen zu verhindern, vertilgten wir, ehe wir den Marsch fortsetzten, alle verbliebenen Eier, wiewohl dies völlig planwidrig war.

Es gelang uns nicht, die Talrinne, die wir damals zum Abstieg benützt hatten, zu finden, was uns viele Stunden vergeblicher und anstrengender Kletterei kostete. Erst kurz vor Einbruch der Dunkelheit erreichten wir den Kamm und suchten nach einem geeigneten Platz zum Übernachten. Wir fanden ihn auf einer hochgelegenen, abschüssigen Lichtung, die mit Elefantengras bewachsen war. Ringsum stand dichtwuchernder Dschungel, aus dem einzelne Urstämme schwarz und majestätisch hervorragten, und tief unten dunkelte der Naaf. Eine spannungsvolle Stille herrschte, hinter der die verhaltene Drohung der Wildnis lag ... An einer Stelle war das Gras geschnitten und zu Haufen geworfen; hier wühlten wir uns hinein, um gegen mögliche Regengüsse Schutz zu finden. Nach Mitternacht fing es auch tatsächlich stark zu regnen an.

Die Grasschicht wurde durchlässig und lag bald als naßkalte Decke auf unseren zitternden Leibern. Denn nun hatte es zum erstenmal auch mich gepackt und ließ mich nicht mehr los. Mit klappernden Zähnen lag ich neben Have, dem es eher noch übler erging, und ich verwünschte mich, unsere Flucht und des Menschen unüberbietbare Torheit, die ihn in solche Lagen geraten läßt. Nie hätte ich es für möglich gehalten, daß andauernder Regen so demoralisierend wirken kann. Für ein trockenes Hemd und eine Tasse warmen Tee hätte ich das ganze Abenteuer preisgegeben ...

„Mach um Himmels willen nicht solchen Krach!" rief mir Have zu, als ich mich mühte, einige Lianen von den Bäumen loszureißen.

„Ich versuche ja, so leise wie möglich zu sein, aber ohne Lärm geht es selbst bei größter Vorsicht nicht ab."

„Wenn der Krach nicht zu vermeiden ist, dann müssen wir eben die ganze Geschichte lassen."

Und damit gaben wir den Plan des Floßbaues auf — es war von vornherein ein unreifer und undurchführbarer Einfall gewesen.

Nach dem Abstieg von der Lichtung hatten wir nämlich versucht, ein Floß zu zimmern, und zwar unweit des indischen Postens, über dem wir seinerzeit die Kletterei begannen. Wir mußten so nahe bei den Wachen bleiben, weil nur hier geeignetes Holz, von Waldarbeitern geschnitten und gestapelt, vorhanden war. Die einzelnen Stämme wollten wir mit Fasern und Schlingpflanzen verbinden, nur war das eben nicht ohne Lärm zu bewerkstelligen; ebenso hätte das Hinschaffen ans Wasser nicht unbemerkt geschehen können. Überdies wußten wir nicht, wie groß wir das Floß bauen sollten und wie es zu steuern und fortzubewegen wäre. Angesichts dieser Schwierigkeiten mußte der Gedanke fallen gelassen werden.

Indes wir den Pfad nach Nihla zurückgingen, lastete auf unseren Gemütern jene Niedergeschlagenheit, die sich nach dem Aufgeben eines Planes, von dem man sich die Rettung versprach, einzustellen pflegt. Sie wirkte lähmend, indem sie unsere Lage völlig hoffnungslos erscheinen ließ, und raubte uns den ganzen Schwung. Nach Buthidaung waren es noch mehrere Tagesmärsche, unsere Kräfte aber waren verbraucht; das Stegreifdasein, das wir führten, setzte einen Reichtum an Einfällen voraus, den wir nicht mehr besaßen; und die uneingeschränkte Gunst des Zufalls, ohne die unser Unternehmen nie zu einem glücklichen Ende zu bringen war, schien einfach nicht mehr gegeben. Die Göttin des Glücks hatte sich von uns abgewendet . . .

Es fügte sich, daß im selben Augenblick, als wir an einen Wasserarm gelangten, über den keine Brücke ging, ein breiter, plumper Sampan, der eine Ladung Knüppelholz an Bord führte, dahergefahren kam. Wir riefen ihn an und baten die Inder, uns die wenigen Schritte überzusetzen. Es saßen ihrer drei im Boot, zwei Männer und ein Junge, der zwölf Jahre alt sein mochte. Sie willigten ein, gegen ein Trinkgeld die Überfahrt zu bewerkstelligen. Der Junge, der auch die Verhandlung führte, machte einen aufgeweckten, ja gerissenen Eindruck und schien seinen einfältigen Begleitern weit überlegen. Have meinte von ungefähr, ich sollte doch einmal vorfühlen, ob die Leute geneigt seien, uns nach Maungdaw zu bringen. Wenngleich ich den Versuch für aussichtslos hielt, beschloß ich dennoch, einen Anlauf zu wagen. Unterdessen waren wir schon am anderen Ufer angelangt, so daß ich mir den Jungen an Land beiseite nahm, während die Bootsleute geduldig im Kahn warteten.

„Jetzt wollen wir beide einmal ein hübsches Geschäft machen", fing ich an. „Siehst du das viele Geld hier?"

„Gib her!" rief er begehrlich und griff nach den Scheinen. Ich zog die Hand nicht weg, ließ ihn vielmehr ruhig die Noten befühlen. Seine Geldgier schien geweckt —

„Du kannst noch mehr bekommen, wenn du willst. Du brauchst uns nur dort hinüber zu bringen", und ich bezeichnete durch eine Bewegung des Kopfes die andere Naafseite.

„'rüber nach Maungdaw?" fragte er.

„Ja, nach Maungdaw."

„Das geht nicht."

„Warum nicht?"

Statt aller Antwort machte er das Zeichen des Fesselns, indem er seine kleinen Hände an den Gelenken übereinander kreuzte, womit er sagen wollte, daß die Engländer die Leute für Schwarzfahrten einsperren.

„Würdest du auch nicht für v i e l Geld fahren?"

„Nein, ich habe Angst, es ist zu gefährlich."

„Schade —"

Damit brach ich die erfolglose Unterredung ab. Die übliche Enttäuschung.

Wir waren erst wenige Minuten gegangen, als hinter uns das Trappeln von nackten Füßen vernehmbar wurde. Es war der Kleine, der uns nachlief.

„Na, was ist los?"

„Ich habe mit meinen Brüdern gesprochen. Sie sind bereit, euch hinüberzufahren."

Wir wollten unseren Sinnen nicht trauen —. Sollte das wirklich die langersehnte und schon aufgegebene große Gelegenheit sein? Wir mußten uns das Unglaubliche noch einmal bestätigen lassen. Ob wir jetzt gleich fahren könnten? fragte ich.

„Nein, wir müssen das Holz erst am Kai abladen, dann kommen wir zurück. In zwei Stunden oder so sind wir wieder da."

Wir vereinbarten einen Preis, der wahrscheinlich das Monatseinkommen von einem dieser Bootsleute überstieg, und sagten, wir würden hier, an dieser Stelle, warten, bis er käme, uns abzuholen. Der Junge lief zurück zum Kahn.

Der Umstand, daß die Leute erst nach Teknaaf fuhren, erregte unser Mißtrauen. Vielleicht besinnen sie sich unterwegs eines anderen und führen Soldaten an den Treffpunkt, um uns dort zu überrumpeln. Diese nicht von der Hand zu weisende Möglichkeit befürchtend, blieben wir nicht im Dschungel, sondern suchten ein Versteck im dichten Gebüsch, unmittelbar am Ufer des Naaf, von wo aus man das Herannahen des Sampans beobachten konnte. Würden die Inder mit Begleitung zurückkehren, könnten wir das schon auf größere Entfernung erkennen und uns noch rechtzeitig aus dem Staube machen.

Wir warteten in unserem Ausguck mehr als zwei Stunden in wachsender Unruhe, zweifelnd, ob es uns wirklich gelingen werde, das andere Ufer zu erreichen. Es schien doch gar zu unwahrscheinlich, daß die Inder angesichts des regen Verkehrs auf dem Wasser im vollen Licht des Tages die Überfahrt antreten würden; sie setzten sich dabei einer unter Umständen höheren Strafe aus als wir. Vermutlich kamen sie überhaupt nicht mehr zurück, denn nun ging es schon auf halb vier, und sie waren noch immer nicht zu sehen.

Es war ein lastender Tropentag. Unter dunstigem Himmel herrschte sonnenlose Glut. Der Naaf glich einer Pechsee, deren zähflüssige Massen sich langsam zum Ozean schoben. Fernab, gegen Schipura, lagen schwarze Rauchfahnen über dem Meer, die sich in der schweren Luft nicht vom Wasser abzuheben vermochten. Ein britisches Sturmboot fuhr stampfend vorbei.

Kam da nicht hinter dem Vorgebirge ein Sampan hervor? Ein breites, schwerfälliges Boot? Das mußten doch unsere Leute sein! Wahrhaftig, sie waren es, und sie kamen allein, denn im Kahn befanden sich nur drei Mann. So konnten wir denn unbesorgt zum Treffpunkt gehen.

Als wir im Sampan saßen, der sich langsam vom indischen Ufer entfernte, dachte ich an die letzten drei Tage zurück, in denen wir uns so festgerannt und so verzweifelt abgemüht hatten, von der Halbinsel wegzukommen. Ich dachte daran, wie sehr unsere Stimmung von Tag zu Tag gefallen war, wie wir zum Schluß schon fast die Hoffnung aufgegeben hatten und wie dann unversehens die Wendung eingetreten war. Ich dachte an den ganzen langen Weg, den wir von Dehra Dun bis hierher zurückgelegt hatten, und an die beispiellose Reihe von Glücksfällen, deren es bedurfte, uns so weit zu bringen, und auch jetzt konnte ich nicht umhin, die Tatsache der endlich ermöglichten Überfahrt einer sonderbaren Fügung zuzuschreiben. Mir fiel ein, welch heimlicher Widerwille mich erfüllte, als ich vor Jahren zum erstenmal meinen Fuß auf indischen Boden setzte, und wie es mich seitdem trieb, ihn zu verlassen, doch immer vergeblich; Indien hielt mich fest, als sei es so beschlossen; und mit Staunen sah ich nun die seltsame Verknüpfung von freien Entschlüssen und notwendigen Begebenheiten zu Ereignissen, die schließlich dazu führten, daß dieses Land mich für immer, wie ich hoffte, freigab. War es ein völliges Verkennen der Zusammenhänge, wenn ich das Walten der Vorsehung in diesem Geschehen zu entdecken vermeinte? Jedenfalls schien mir damals diese Betrachtungsweise die einzig natürliche, weshalb ich auch nichts Besonderes dabei fand, in dem indischen Jungen und seinen einfältigen Brüdern, die im Begriff waren, uns über den Naaf zu rudern, Werkzeuge des Schicksals zu sehen, das gleichsam die Gestalt dieser drei angenommen hatte, um uns ans Ziel zu führen. Auf der Flucht machte ich die uralte Erfahrung, daß man um so wirksameren Beistand von den Schicksalsgewalten erhält, je mehr man sein eigenes Geschick in die Hand nimmt.

„Der Mantel Gottes wehte an uns vorüber, und wir ergriffen seinen Saum —“

„Ist das von dir?“ fragte Have.

„Nein, ich hab’s einmal irgendwo gelesen.“

Unterdessen waren wir schon ein gutes Stück in den Naaf hinausgefahren und mußten nun gewärtig sein, daß eines der englischen Kriegsboote in unserer Nähe vorbeikommen würde. Aus der Richtung von Nihla sahen wir auch bald ein Fahrzeug herannahen und konnten uns leicht ausrechnen, daß es ganz dicht unseren Sampan passieren mußte. Wäre unser Boot nicht so flach gewesen, hätten wir uns auf seinen Boden legen und unsichtbar machen können, so aber mußten wir uns den feindlichen Blicken voll aussetzen. An der Geschwindigkeit, mit der sich der andere näherte, ließ sich erkennen, daß es ein schnelles Motorboot war. Und schon schoß es, Gischt vor dem Bug, pfeilgeschwind auf uns zu. Wie zwei Unglückswürmer hockten wir zusammengesunken im Sampan, konnten es aber nicht lassen, unter dem Rand unserer Tropenhelme vorsichtig hinüberzuäugen. Am Steuer stand ein uniformierter Inder, neben ihm noch andere Soldaten und am Bootsrand, die Beine über Bord baumelnd, saßen zwei Tommies. Wie auf ein geheimes Kommando warfen sie alle ihre Köpfe zum Sampan herum, und ich glaubte den Ausdruck der Verwunderung auf ihren Gesichtern zu lesen, als sie zwei Weiße darin gewahrten. Für ein Wimperzucken war ich überzeugt, daß das Schnellboot abstoppen, einen Bogen ausführen, längsseits kommen und die beiden Übeltäter an Bord nehmen würde. Gefehlt! Es geschah nichts dergleichen und das Boot fuhr in voller Geschwindigkeit weiter. Heftig schaukelten wir in seiner Heckwelle. Nun war es vielleicht auch die Aufgabe dieser Boote, nach Japanern Ausschau zu halten, so daß der Anblick von vermeintlichen Tommies, die überdies in Richtung der Front fuhren, also keine Deserteure sein konnten, die Leute nicht sonderlich aufregen mochte.

Wir verspürten nicht die geringste Lust, am Kai von Maungdaw anzulegen und konnten uns nicht vorstellen, daß unsere

Bootsleute es wollten, denn in dieser Hinsicht liefen unsere Interessen parallel. Da sie, um nach Maungdaw zu gelangen, noch ein langes Stück hätten rudern müssen, hingegen sehr viel weniger zu arbeiten brauchten, wenn sie uns irgendwo auf den Reisfeldern am Ufer absetzten, so bedurfte es keiner großen Überredungskunst, die Leute zur Landung an der erwünschten Stelle zu bewegen.

Am späten Nachmittag, es war der 31. Tag unserer Flucht, betraten wir mit dem Hochgefühl des Eroberers burmesischen Boden.

Vor uns erstreckte sich ein ebener Küstenstreifen, dessen Breite etwa zehn Kilometer betragen mochte, und dahinter erhob sich steilauf der erste Höhenzug der Mayuberge, in denen irgendwo die Front verlief. Eine tiefhängende Wolkendecke verbarg die Gipfel. Zwischen Reisfeldern, Bambusgesträuch und Wasserläufen lagen mehrere Ortschaften, und geradeaus, am Fuße der Berge, vermuteten wir ein größeres Militärlager. Erkundigungen, die wir einholten, bestätigten den Verdacht. Zu unserer Rechten zog, in Richtung auf das Lager, eine Wasserbahn, die die stattliche Breite eines Flusses hatte, und linker Hand befand sich Sumpfgelände, so daß wir, ob es uns zusagte oder nicht, geradewegs aufs Lager zumarschieren mußten. In einem der Dörfer, durch welches wir kamen, waren behelfsweise Leute untergebracht, die die Engländer aus dem Kampfgebiete evakuiert hatten, doch konnten wir nichts Brauchbares über den Frontverlauf von ihnen erfahren.

Wir schritten über weite, flache Felder, die sich bis vor die Berge ausdehnten, als die Dämmerung hereinbrach. Ein Wind erhob sich, und es begann zu regnen. Auf einmal blitzte eine Stichflamme vor uns auf, und gleich darauf ertönte ein Krachen. Wenige Sekunden später wiederholte sich der Vorgang und unmittelbar darauf ein drittes Mal ... Nur tausend Meter entfernt, getarnt durch eine Baumgruppe, feuerte eine schwere Batterie.

Rasch wurde es dunkler. Sollten wir weitergehen? Wir versuchten seitwärts auszuweichen, mußten aber feststellen, daß wir uns in einer Flußschleife befanden und ohne Boot nicht entkommen konnten. So schritten wir, zumal im Umkreis kein geeignetes Versteck war, notgedrungen näher an die Artilleriestellung heran. In der Finsternis zeichneten sich die Umrisse einer Hütte ab, die vielleicht noch auf Rufweite von den Geschützen entfernt war; dort hörten wir Stimmen und nahmen an, daß in dem Hause ein Posten untergebracht war. Wir mußten wohl die Aufmerksamkeit der Leute erregt haben, weil jemand heraustrat und auf Hindostani drohend etwas in die Nacht schrie. Lautlos ergriffen wir die Flucht.

Es war unmöglich, einen Unterschlupf zu finden. Das Gelände war kahl und flach wie ein gespanntes Tuch. Wir irrten in dem stürzenden Regen umher, durchnäßt bis auf die Knochen. Endlich kauerten wir uns, hinfällig und trotzdem erregt, am Uferhang des Flusses nieder. Ohne ein Auge zu schließen, durchwachten wir die ganze Nacht, immer wieder aufgestört durch die in regelmäßigen Abständen feuernde Batterie. Wenn man genauer hinhörte, konnte man kurz nach dem Abschuß in der Ferne eine zweite, schwächere Detonation vernehmen.

„Hörst du, das sind die über dem Ziel krepierenden Granaten."

„Ja, das müssen sie wohl sein", sagte Have.

„Wir wollen doch mal aufpassen, wie lang das Zeitintervall zwischen dem ersten und zweiten Krachen ist."

„Willst du etwa mathematische Berechnungen anstellen?"

„Hast du was dagegen? Es kann doch nichts schaden, wenn wir den ungefähren Abstand zur Front ermitteln. Wir müssen nur feststellen, wie lange der Schall braucht, um von dort bis an unser Ohr zu dringen."

„Na, dann man los!"

Das Ergebnis unserer Messungen ergab eine Entfernung von mindestens fünfzehn Kilometern.

Ununterbrochen strömte der Regen herab, und über den Boden strich ein kalter Hauch — oder zumindest empfanden wir ihn so, denn in Wahrheit war es natürlich warm. Have, der arme Kerl, litt wieder am meisten, er schütterte am ganzen Leibe, und seine Lippen flogen. Die Erde, auf der wir saßen, hatte sich in Schlamm verwandelt. Von Zeit zu Zeit zogen wir die Hemden aus, um das Wasser auszuwringen. Zermürbt und ausgelaugt warteten wir auf den Morgen. Als er sich endlich ankündigte, war ich erschrocken über Haves fahles und eingefallenes Gesicht.

Auf die regnerische Nacht folgte ein strahlender Tag. Ushas, die heilige, lebenspendende Sonne, war leuchtend aufgegangen. In kristallklare Luft ragten die Mayuberge; übergossen von Licht glänzte die Ebene. Des Landes morgenfrische Belebung teilte sich auch den Flüchtlingen mit, die wieder beschwingt und guter Dinge schienen.

Zunächst mußten wir danach trachten, bis an die Berge vorzudringen, um aus den offenen Feldern in den Schutz des Dschungels zu kommen, und dann versuchen, uns über das Berggelände zu orientieren. Wir konnten uns doch nicht blindlings in diese Urweltwildnis stürzen! Die Verwirklichung unserer Absichten setzte die Überquerung des Flusses voraus, in dessen Schleife wir ja noch immer saßen. Hier kam uns das Glück zu Hilfe, denn als wir das Ufer entlangschritten, entdeckten wir ein herrenloses Kanu, in dem wir auf die andere Seite ruderten. Aber dann wurden wir durch Wasserdickichte dennoch gezwungen, den Weg zum Lager, das wir zur Seite lassen wollten, einzuschlagen.

Während wir darauf zuhielten, kamen wir an einigen Hütten vorüber und baten dort um Milch. Ein Eingeborener ging, seine Kuh zu melken, indessen wir draußen warteten. Da bog unvermutet eine Gestalt um das Gehöft und schritt auf uns zu. Es war ein Gurkha-Feldwebel, der sich in gebührender Entfernung von uns aufstellte, zunächst ohne etwas zu sagen, doch alles scharf beobachtend. Besorgt fragten wir uns, was sein Erscheinen wohl für Folgen haben werde. Inzwischen kam der andere zurück und brachte die Milch, die wir, mit Seitenblicken auf den schweigsamen Zuschauer, tranken. Plötzlich trat der Gurkha dicht vor uns hin, grüßte militärisch und sagte dann, die Hände an der Hosennaht, daß die Sahibs offensichtlich auf falschem Wege wären, denn die Straße nach Maungdaw führe oben am Dschungel entlang. Wir dankten und entließen ihn.

Im Camp, an dem wir in einem Abstand von weniger als hundert Schritt vorbeigehen mußten, herangedrängt durch einen Ausläufer des Morastes, wurde gerade ein Appell abgehalten; die Soldaten standen in Reih und Glied. Da sie den Worten eines Offiziers, der uns den Rücken zukehrte, aufmerksam lauschten, achteten sie unser nicht weiter.

Hinter dem Lager erreichten wir eine Straße, die zu Füßen der Berge in südlicher Richtung führte. Im Sturmschritt eilten wir über sie hin, um rasch im Dschungel zu verschwinden. Quer über die Straße war in einiger Entfernung ein Schlagbaum niedergelassen, an dem eine Tafel hing. Im Herangehen suchten wir sie zu entziffern, als hinter uns das Geräusch eines Autos vernehmbar wurde, das sich schnell näherte. Wir blickten uns Unheil ahnend um und sahen einen Geländewagen, der, mit Offizieren besetzt, auf uns zujagte. In diesem Augenblick erreichten wir den Schlagbaum, den wir in unserer Bedrängnis überstiegen. Der Wagen hätte eigentlich noch vor uns bei dem Balken eintreffen müssen — eine Komplikation, die überraschenderweise nicht eintrat, weil das Fahrzeug einige Meter vor dem Hindernis auf das Gelände ausbog, ein Stück querfeldein fuhr und weiter oben auf eine andere Straße einschwenkte.

„Mein lieber Mann, das hätte leicht ins Auge gehen können!“

„Mach dich auf mehr gefaßt“, warnte Have.

Und in der Tat mußte man sich jetzt auf Schlimmeres einstellen, denn zu den Gefahren der Wiedergefangennahme, der Spionagebezichtigung und des Verhungerns würde nun, so nahe der Front, auch die unmittelbare Lebensgefahr treten.

Es waren gezackte, wild überwucherte Hügel, in die wir einstiegen. Allenthalben kreuzten sich ausgetretene Pfade. Alte Soldatenstiefel, Konservendosen und Geschoßhülsen lagen herum, und bald stießen wir auf die ersten Gräben und Stellungen. Doch alles war verlassen. Offenbar waren die umliegenden kleinen Kuppen, Anhöhen und Rücken zu einem größeren, wenn auch derzeit unbenützten Stellungssystem zusammengefaßt. An allen wichtigen und vorspringenden Punkten waren Nester und Unterstände gebaut und durch Pfade miteinander verbunden. Es hatte den Anschein, daß die Anlagen als rückwärtige Stellungen instand gehalten und zuzeiten abpatrouilliert wurden, was wir aus den frischen Fußspuren glaubten schließen zu müssen. Wir gingen deshalb bei unserem Vormarsch besonders achtsam zu Werke. Ein Uhr mittags mochte es sein, als wir auf dem höchsten der Hügel anlangten und uns in dem ihn krönenden Gefechtsstand zu einer Rast niedersetzten. Schaute man rückwärts, so sah man die Küstenebene mit ihren Dörfern, dann den Naaf und dahinter Indien. Vor uns fiel der Hügel steil ab, unten verlief eine improvisierte Straße und jenseits des Tals erhob sich wie ein unüberwindliches Bollwerk der erste wuchtige Höhenzug der Mayuberge. Dort, im Gebirge, wurde gekämpft.

„Hier ist der Platz für eine letzte Beratung", sagte ich. „Sieh dir mal drüben den grenzenlosen Bergdschungel an, das gibt den richtigen Vorgeschmack —"

„Es wird eine Sache auf Leben und Tod; wir dürfen uns nichts vormachen."

„Stimmt. Wenn wir uns dort hineinbegeben, brechen wir alle Brücken hinter uns ab."

„Wie viele Bergketten liegen wohl hinter der ersten?"

„Sicher noch viele. Oben auf dem ersten Grat werden wir ja sehen, wie viele es sind."

„Und was tun wir, um unterwegs nicht steckenzubleiben? Ich habe keine Lust, sang- und klanglos im Dschungel zu verenden —"

„Wenn wir uns ganz stur in östlicher Richtung halten, können wir uns eigentlich gar nicht verlaufen und müssen zwangsläufig auf die Japaner stoßen."

Da unser Kompaß nicht mehr funktionierte, war das Richtunghalten aber keine ganz einfache Sache.

„Mit einer Versorgungsmöglichkeit können wir auch nicht mehr rechnen. Du weißt, daß wir nur noch zwei Mangos haben?"

„Und ob ich das weiß! Ich denke ja an nichts anderes mehr als ans Essen."

„Wir können nicht ohne Vorräte abrücken", sagte Have. „Ich schlage deshalb vor, daß wir zunächst in die Ebene zurückgehen und in den Dörfern so viel Proviant zusammenkaufen, wie nur möglich."

„Dann würden wir also erst morgen früh aufbrechen —"

„Ja, es hat den großen Vorteil, daß wir uns vorher ausschlafen können, und zwar hier, in diesem Unterstand, wo uns kein Regen etwas anhaben kann."

„Was ich noch sagen wollte: Hast du eigentlich eine klare Vorstellung von der Feuerkraft eines Tommy-gun?" fragte ich Have, als wir schon im Begriff waren, aufzubrechen.

„Nein. Weshalb?"

„Na, rate mal . . ."

Erst später ist mir aufgefallen, daß wir damals gar keines besonderen Entschlusses bedurften, um den letzten verhängnisvollen Schritt zu tun. Ob es die Umstände selbst waren, die uns vortrieben, ob wir unserem Stern blindlings vertrauten oder ob es schiere Bedenkenlosigkeit war — was immer es sein mochte, eine besondere Überwindung kostete uns der letzte Aufbruch jedenfalls nicht.

Als wir ins Tiefland hinabstiegen, lagen viele Dörfer zwischen uns und Maungdaw. Wir hielten gleich auf das erste von ihnen zu. Während wir uns seinem Rande näherten, mutete es uns schon seltsam an, daß nirgends Vieh oder Eingeborene zu sehen waren. Welchen Grund mochte das wohl haben? Die Ungewißheit währte nicht lange, denn als wir an die ersten Hütten herankamen, wurde augenfällig, daß sie zum Teil oder auch ganz zerstört und sämtlich verlassen waren. Das Dorf schien ausgestorben, keine Seele rührte sich darin. Kopfschüttelnd verließen wir es und begaben uns weiter zum nächsten. Aber auch hier die gleiche gespenstische Stille. Zwischen den Hütten sogar Spuren von Kämpfen. Nun lag nur noch ein einziges Dorf vor uns. Die Ortschaft dahinter war bereits Maungdaw. Wir wollten nichts unversucht lassen und gingen weiter. In dem letzten Dorf sah es noch schlimmer aus als in den anderen; hier war fast alles niedergebrannt. Nun überboten wir uns in Verwünschungen. Halb von Sinnen vor Hunger und nur von dem einen Gedanken an seine Befriedigung besessen, sahen wir unsere letzte Hoffnung auf Nahrung dahinschwinden.

„Und wenn ich jetzt nach Maungdaw vorprellen und aus einem englischen Depot etwas stehlen muß — aber Beute machen werde ich!“ stieß Have wütend hervor. „Wir können doch nicht in diesem Zustand den Marsch in die Berge antreten!“

„Verfügen wir uns also nach Maungdaw . . .“

Ein Glück, daß uns unweit des Ortes ein Sumpfstreifen den Weg verlegte! Wir wären sonst bestimmt bei dem Versuch, Essen zu beschaffen, festgenommen worden, denn Maungdaw war reiner Militärstützpunkt.

Von Ingrimm erfüllt, traten wir den Rückzug an.

„Mensch, da hinten in dem Baum hängen ja noch Mangos!“ riefen wir gleichzeitig. Und in der Tat standen in dem Maungdaw nächstgelegenen Dorfe einige Mangobäume, die noch Früchte trugen. Viele waren es nicht, und die wenigen hingen sehr hoch. Mit Hilfe von Prügeln holten wir, was erreichbar war, herunter, aßen einige davon auf und bestimmten den Rest, etwa zwanzig Stück, als Wegzehrung für die nächsten Tage. Während wir uns mühten, das Erbeutete zusammenzulesen, spürten wir leise den Boden erzittern, und gleich darauf wurde ein sich rasch steigerndes Geräusch wie von Pferdehufen vernehmbar. Wir fanden gerade noch Zeit, uns hinter eine Erdlehne zu ducken, als im Galopp ein britischer Offizier mit seinem Burschen herangesprengt kam. Wie die wilde Jagd donnerten die beiden vorüber, dann verhallten die Hufschläge in der Ferne . . .

Wir schleppten uns in der Dämmerung durch den verödeten Landstrich zu unserem Unterstand zurück, in Gedanken mit den kommenden Tagen beschäftigt: Sie würden uns den Erfolg bringen oder das Ende. – Ping! pfiff es an unseren Ohren vorbei.

„Das gilt uns!" rief Have.

Und kurz darauf fiel wieder ein Schuß.

„Hier hat uns irgend ein Hund aufs Korn genommen!"

Wir blieben auf dem Boden liegen und warteten, bis es dunkelte.

BAKAGONNA

Der Fuchsbau, in dem wir genächtigt hatten, bewährte sich als trefflicher Unterschlupf, der uns endlich zu längerem Schlaf verhalf. Ich erwachte, von Have, der schon auf war, heftig an der Schulter gezerrt. Der Schrecken stand ihm auf dem Gesicht geschrieben. „Du, der Hügel ist umstellt —"

Ich stürzte aus dem Loch und lief in den Beobachtungsgraben, der rund um den Unterstand gezogen war: Wahrhaftig, unten standen, einen Bogen um den Hügel bildend, Soldaten, unter dem Arm das Gewehr.

„Womöglich haben die schon eine Streife losgeschickt, uns hier oben auszuräuchern."

„Jedenfalls müssen wir schleunigst abrücken!"

Als wir kurz darauf klopfenden Herzens unten im Dickicht standen, vor uns die Postenkette, hörten wir, wie von Mann zu Mann ein Befehl durchgegeben wurde. Die Leute sammelten sich und erstiegen dann im Gänsemarsch den Hügel, den wir soeben herabgekommen waren.

Längst schon hatten wir uns abgewöhnt, nach Erklärungen für derartige Vorfälle zu suchen.

In langen Sprüngen setzten wir über die Grasfläche, und als wir die improvisierte Straße überquerten, sahen wir im Vorüberhasten einen Richtungsweiser mit der Aufschrift „Bakagonna Gap". Seltsam exotisch klingender Name — Bakagonna ... dachte ich im Weiterlaufen, denn nun mußten wir auf den Dschungel zuhetzen, weil von rechts ein neuer Soldatentrupp herandrohte. Hier schien allmorgendlich das Gelände durchgekämmt zu werden. Bakagonna, ging es mir durch den Kopf, als wir unseren Schritt wieder verlangsamten, — Bakagonna ... und beim leisen Wiederholen jener Silben stiegen Vorstellungen auf von etwas Abenteuerlichem, Rätselvollem, von etwas gefährlich Verlockendem. Diesen Namen also hatte man dem Durchlaß durch die Berge gegeben — dem entscheidenden Abschnitt! Zwischen uns und dem ersten Höhenzug lag jetzt noch ein verwachsenes Buschtal, hier und dort von Geröllbetten durchschnitten. Eine dieser gewundenen Einbuchtungen benützend, legten wir das letzte flache Wegstück zurück, dann würde der Aufstieg beginnen. Es war eher ein Wanken denn ein Gehen, der Hetzlauf soeben hatte unsere ohnedies matten Kräfte über Gebühr beansprucht. Den Oberkörper leicht vorgeneigt, die Füße über den Boden schleifend, taumelten wir dahin. Die Taschen unter dem Arm wurden immer schwerer.

Doch die übermäßige körperliche Entkräftung war nur die eine Seite des eigenartigen, nahezu exaltierten Zustandes, in dem wir uns befanden; denn mit der Erschöpfung ging eine ungewöhnliche Erregtheit des ganzen Wesens einher. Es war eine nervöse, aggressive Müdigkeit, die mehr anfeuerte als lähmte, mehr wachhielt als betäubte. Kurz, wir waren in jenem vorfinalen Stadium, wo im Körper die reine Herrschaft der Nerven einsetzt, um das Äußerste durch eine letzte Überreizung herauszuholen.

Hinter uns die Verfolger, vor uns das lauernde Verderben wähnend, näherten wir uns in stockender Hast dem Berge. Dort, wo der ebene Grund aufhörte, entledigten wir uns aller überflüssigen Sachen, die wir kurzerhand ins Gestrüpp warfen, banden die erleichterten Taschen nach Art des Sturmgepäcks auf unsere Rücken und drangen dann — es war wie das Überschreiten einer Schwelle — in den Tropenurwald ein. Augenblicklich schlugen hinter uns die Zweige zusammen ...

Lückenlos, Schaft an Schaft, schießt es, einander bedrängend und überholend, aus dem Boden hervor und verbindet sich mit tausend Schlangenarmen zu einem engmaschigen, widerspenstigen Geflecht. Als sei der Verschlingung nicht genug, als müßte sie von obenher verstärkt werden, senken sich Luftwurzeln und Lianenschnüre aus großer Höhe herab. Ungeheure Laubterrassen steigen auf, phantastische Dolden lassen sich kaskadenförmig nieder, und dicke, gewundene Rankensäulen ziehen in grünen Wirbeln empor. Eine entfesselte Vegetation wuchert in der halbdunklen Schwüle: mächtige Wedel, vom eigenen Gewicht geknickt, Stränge, die anfang- und endlos dahinziehen, Pflanzenwerk mit fetten, klebrigen Blättern, solches, das haarige Stiele hat oder schuppige, anderes, das sich fächerförmig auseinanderschlägt, und wieder anderes, das üppige Blüten hervortreibt, Blüten, von denen ein seltsamer Sterbeduft ausgeht ... Kein maßvolles Wachstum bändigt diese gedunsenen Gewächse, Riesenfarne und unzähligen Schmarotzer. Es ist ein krankhaftes, geiles Wuchern, eine sinnlose Vergeudung und selbstzerstörerische Überfülle. In dem Schöpfungsbrodem der Urwaldschlünde sind die Kräfte der Zeugung von denen der Vernichtung ungeschieden am Werke; das soeben Erzeugte verwest, Dünger bildend für die nächste Generation.

Nur indem wir unsere Körper gegen den würgenden Andrang warfen, vermochten wir uns überhaupt Bahn zu brechen. Wir mußten dicht beisammenbleiben; geriet man nur wenige Schritte auseinander, so hatte man sich sofort aus den Augen verloren. Dann packte einen plötzlich die Angst, diesem verführerischen, gefährlichen, diesem infernalischen Dschungel zu erliegen.

Der Hang wurde steiler, und um vorwärtszukommen, zogen wir uns an den Schlingpflanzen wie an Seilen empor. Niemals hätten wir die Strecke bewältigt, wäre das verfilzte Dickicht nicht bald in Bambuswald übergegangen. In den Bambus aber waren überall Gassen geschlagen. Wir fürchteten erst, es seien begangene Pfade, merkten aber an der Losung, die überall hinterlassen war, daß es Elefantenwechsel sein mußten. Die Tiere hatten mit ihren mächtigen Leibern diese Durchgänge gebrochen.

Um die Tagesmitte, nach mehreren Stunden Steigens, erreichten wir den ersten Grat.

Gespannt, welcher Ausblick sich uns bieten würde, bogen wir die Bambuszweige auseinander und spähten hinaus: kochende Wildnis, nichts als gärende, brauende Gebirgswälder. Doch dunstfern, hinter blauen Kammlinien, flimmerte ein Silberband — das mußte der Mayufluß sein! Dort spätestens würden wir auf die Japaner stoßen, denn daß der Fluß in ihren Händen war, wußten wir aus den Frontberichten. Uns dünkte es noch eine Unermeßlichkeit bis dorthin ... Drunten in der Tiefe war eine Fahrstraße, über die winzig kleine Gefährte krochen, und zu unserer Rechten, in einem Kessel, befand sich ein Lager. Unmittelbar hinter der Straße — es war keine andere als die von Maungdaw nach Buthidaung — stieg die nächste dschungelrauhe Bergschräge an.

Wie wir vorzugehen hatten, war klar. Es kam darauf an, die Straße zu überqueren, die zweite Bergkette zu erklimmen, dann die dahinterliegende zu nehmen und so fort, bis irgendwo die Entscheidung fiele. Wo sich allerdings die Kampflinien befanden, blieb nach wie vor ungewiß. Der Dschungel verdeckte alles.

Oben auf dem Kamm, wo wir standen, lief ein Gehpfad, dem wir folgten, um eine günstige Stelle für den Abstieg zu finden.

„Aufgepaßt, hier ist Telephondraht gespannt —", warnte ich Have, der hinter mir ging. Ein Gefühl sagte mir, daß uns die Gefahr bereits unmittelbar drohe. Und gleich darauf, wie ich um die Büsche biegen wollte, ward ich ihrer bebend ansichtig.

Nur einige Schritte vor mir hockte eine Gruppe Gurkhas am Boden — ob sie mich bemerkt hatten oder mir den Rücken zukehrten, ich konnte es nicht sagen; ich sah nur Gestalten vor hellerem Hintergrund und wich sofort zurück. Wir schlugen einen Haken und flüchteten in den Abhang hinein.

Während einer Atempause, zwischen Felsblöcken, auf den Wurzelstreben eines Urwaldbaumes sitzend, beschlossen wir, unsere Khakihemden fortan nicht mehr zu tragen. Die Engländer könnten kurzen Prozeß machen, wenn sie uns an der Front in einer Bekleidung ergriffen, die auch nur entfernte Ähnlichkeit mit ihrer Uniform besaß. Aus diesem Grunde zogen wir blaue Polohemden an, die wir in Kalkutta gekauft hatten.

Der Himmel begann sich zu bewölken. Die Luft war dumpfig. In der Ferne knatterten Maschinengewehre ...

Beim Abstieg wäre uns der hinterhältige Dschungel bald zum Verhängnis geworden. Wo alles so schnell wegfault und modert, kann man vielen Schäften und Ranken nicht ansehen, daß sie morsch oder an den Ansätzen locker sind. Mehrfach hatten sie tückisch nachgegeben und uns Stürze eingetragen. Doch einmal ging es um Haves Hals. Wir mußten oberhalb einer Felswand, die etwa 40 Meter senkrecht abfiel, auf einer schrägen und sehr glatten Fläche vorbei, als unversehens ein starkes Bambusrohr, auf das Have sein volles Gewicht gestützt hatte, über dem Boden wegbrach. Er kam ins Rutschen und hielt sich nur an einigen Ranken noch über dem Abgrund.

Wir hatten es gut getroffen: Das Straßenstück, an das wir herankamen und das wir aus dem Gebüsch beobachteten, war wie geschaffen für unseren Übergang. Von zwei dicht beieinanderliegenden Kehren begrenzt, konnte es nicht von weither eingesehen werden. Wir mußten jedoch warten und lange Maultierkolonnen vorbeiziehen lassen, ehe der günstige Augenblick kam. Dann huschten wir schattengleich hinüber.

Lange Zeit schon hatten wir in den Dschungeln gehaust, und als wäre im dauernden Umgang mit der Wildnis unser Sinnesvermögen gesteigert worden, entwickelten wir fast übernatürliche Wahrnehmungskräfte. Wir sahen, hörten und witterten mit einer Schärfe, die sonst nur Menschen im Urzustande zu Gebote steht. Die Sinne nahmen selbst das Allerunscheinbarste auf. Sie befähigten uns, in verworrenen Labyrinthen die Richtung zu halten und ließen uns drohendes Unheil rechtzeitig erfühlen.

Bereits nach den ersten berganführenden Schritten meldeten unsere Antennen, daß schwere Gefahr im Verzuge sei. Unwillkürlich trieb es uns in das gedrängteste Dickicht, wo wir sprungbereit und aufhorchend dem noch Unerkannten entgegenwarteten. Doch wurden uns solche Pausen, in denen wir uns nicht rührten und in denen nichts geschah, immer unerträglicher. Durch! möglichst schnell durch!, das war der alles beherrschende, zur Besessenheit gewordene Gedanke. Im Vordrängen vernahmen wir auf einmal Stimmen, und wenige Sekunden später sahen wir durch das Gezweig die Köpfe und flachen Stahlhelme indischer Soldaten, die, aus einem waffengespickten Nest, mit Luchsaugen den Hang abtasteten. Wir schnellten zurück, um uns in einer anderen Felsrinne durchzuwinden. Aber auch dort sperrte eine Stellung den Weg. Vergeblich setzten wir unter dem doppelten Zwang hemmender und treibender Drucke zu immer gewagteren Vorstößen an. Davor, daß wir unverhofft in einen der unsichtbar vorlauernden Posten hineinliefen, bewahrten uns die Telephonleitungen, die beizeiten die Lage der Nester verrieten. Doch waren ihrer so viele, in so dichten Abständen, daß schlechterdings nicht durchzukommen war. An sich hätte man in dem deckenden Gestrüpp ungesehen an den Posten vorbeikriechen können, nur würde das unvermeidliche Blättergeraschel alles verdorben haben. In reißender Ungeduld hatten wir uns schon ganz nahe an eine Stellung herangearbeitet, um noch im letzten Moment vor ihr zurückzuschrecken.

Da fing es an zu regnen.

Ein gewaltiger Tropenguß schien niedergehen zu wollen. Die ersten, schweren Tropfen fielen. Im Blätterwald entstand ein

Rauschen, das sich mit zunehmendem Strömen schnell steigerte, und als schließlich die Himmel barsten, da prasselte es mit solchem Getöse auf den Dschungel herab, daß aller Lärm, den wir durch unser Vorgehen hätten verursachen können, völlig darin unterging. So geschah es, daß wir unbemerkt diese dichtbesetzte Zone passierten.

Ohne zu verhalten, ohne uns auch nur umzusehen, jagten wir rastlos weiter den Berg hinauf, jäh zusammenfahrend, wenn uns Geschosse überschwirrten. Oben auf der Höhe fegten Wolkenfetzen durch den triefenden Bambus; es düsterte, und der Tag ging zu Ende. Wir aber stürzten uns, wie von Furien gepeitscht, in den jenseitigen Abhang hinein. Weiter, weiter; noch waren viele Bergzüge zu bezwingen, noch waren wir fern vom Ziel. Zwischen Schroffen und Rissen ging es unaufhaltsam dahin, bis die gefühllosen Beine strauchelten, sich in Ranken und Kriechwurzeln verfingen und schließlich den Dienst versagten. In einer finsterkluftigen Schlucht, unter einem Felsüberhang, lehnten wir uns sterbensmatt ans Gestein ...

Hungerhohl, geplagt und geschunden, verbrachten wir, in knietiefem Wasser stehend, die zählebige Zeit bis zum Morgen. Bei der herniedergehenden Sintflut war es unmöglich, sich niederzulegen; den einzigen Schutz vor dem Strömen bot die Dachung aus vorspringendem Fels. Allein es quoll auch aus den Spalten der Wand und tropfte von den Moosbehängen. Um unsere Beine strudelten die glucksenden Wasser eines Regenbaches, der zwischen den Blöcken hervorschoß; aus dem Dickicht kam ein Ächzen, Klatschen und verdächtiges Knacken; ringsum leuchtete es wie von Irrwischen, und die Schlucht schien von allerlei schrillendem Spukgetier belebt, daß es uns grauste und schreckte. Zwischendrein übergellte Geknatter automatischer Waffen, die vor uns, ganz in der Nähe, Feuerstöße in die Schattennacht entsandten, das unheimliche Tosen des Dschungels.

Wo um alles in der Welt befanden wir uns? War dies englisches Gebiet, japanisches oder Niemandsland? Wahrscheinlich sind wir noch bei den Engländern, wir hätten es andernfalls merken müssen, wenn wir an die japanischen Linien herangekommen wären. Aber sicher waren wir nicht.

Nun hörten wir über uns in den Lüften ein dumpfes Rauschen wie von schweren Fittichen: Das waren die Granaten, die über die Berge hinwegheulten.

„Morgen fällt die Entscheidung“, äußerte Have unvermittelt. Er sagte das sehr bestimmt, wie wenn er eine Eingebung gehabt hätte.

„Ich wage es zu bezweifeln“, erwiderte ich, denn ich fürchtete, daß wir noch mehrere Tage in dem Gelände umhergetrieben würden. Dann verfielen wir wieder in Schweigen.

Der Regen rann unaufhörlich und verhieß einen trüben, nebeligen Tag.

Von zehrender Unrast getrieben, nahmen wir in blasser Vorfrühe unsere Taumelflucht wieder auf. Die umgebenden Höhen waren von tiefhängenden Wolken verschleiert, im Frühnebel betrug die Sicht nur wenige Schritt. Wir mußten trachten, an den nächsten und dritten Höhenzug heranzukommen, und hielten durch das Wolkenmeer auf ihn zu. Um nicht auf eine Stellung aufzulaufen, mieden wir die Schründe und Spaltentäler, die überall den Hang zerfurchten und für Hinterhalte wie geschaffen waren. Hier hätte es wohl geschehen können, daß wir uns beim Zurückbiegen eines Zweiges oder beim Emportauchen hinter einem Felsblock unversehens den Mündungen von Gewehren gegenüberfänden, in welchem Falle wir augenblicklich über den Haufen geschossen würden; denn im Dschungelkrieg, wo die Gegner im Dickicht so urplötzlich aufeinander stoßen, wird blitzschnell abgedrückt, um dem anderen zuvorzukommen: Feuerüberfall auf geringste Entfernung, bei dem die kürzere Schrecksekunde entscheidet.

Indessen war es weniger diese stets gegenwärtige und daher kaum mehr bewußte Gefahr, die uns bekümmerte, als die mit steigender Unruhe erkannte Tatsache, daß wir uns in dem dampferfüllten Talkessel im Kreise zu drehen begannen. An der Sonne, die zuzeiten als rotglühender Dunstfleck über der Wolkenschicht schwamm und die bald vor, bald hinter uns stand, wurden wir unserer Kreiselbewegung inne. Nach bangen Irrgängen tief im Düster des Dschungels, als wir schon nicht mehr wußten, wohin wir uns werfen sollten, zerriß auf einmal das Geschleier und legte den gesuchten Bergzug frei. Eine mächtige Felswand bildend, strebte er senkrecht in schwindelnde Höhe empor. Wir sahen sofort, daß dieses Hindernis unüberwindlich war, obschon an einer einzigen Stelle der Wand ein rampenförmiger, schmaler Steig hinaufführte. Den zu benützen, wäre bare Vermessenheit gewesen, denn daß der einzige Zulaß zu der Höhe von einer der Parteien schärfstens bewacht und verriegelt sein würde, schien uns ausgemacht. So zogen wir vor der Wand hin und her, nach einem anderen, vielleicht noch unbemerkten Aufgang Ausschau haltend. Allein ein solcher fand sich nicht. Da nahmen wir uns ein Herz und beschlossen, die Rampe hinaufzusteigen.

Wir traten den Aufstieg in dem deutlichen Bewußtsein an, ein Himmelfahrtskommando auszuführen, und es war namentlich die hohe Wahrscheinlichkeit, von einer Landmine in die ewigen Wohnungen entsandt zu werden, die uns ein beklemmendes Gefühl verursachte. Die Örtlichkeit war für das Auslegen solcher Vorrichtungen wie geschaffen. Der Steilpfad führte durch Mauern von Dorngebüsch und wurde stellenweise so eng, daß ein Mann eben hindurchschreiten konnte. Mit mißtrauischen Augen suchten wir daher jedes Fleckchen Erde ab, bemühten uns gleichsam, gewichtlos aufzutreten, und waren im übrigen gottergeben darauf gefaßt, jeden Moment durch eine Sprengladung in unsere kleinsten Bestandteile zerlegt zu werden . . .

Nun war es uns während der Flucht bisher immer so ergangen, daß das, was wir erwarteten, nicht eintrat, hingegen das, was wir nicht erwarteten, sich ereignete. Es war dies recht eigentlich die Grundformel, nach der sich alles abspielte. Und so ging es uns jetzt wieder, da wir die vermeintlich minenverseuchte Rampe erklommen: wider bestimmtes Erwarten flogen wir nicht in die Luft. Ja wir fanden den oberen Rand des Steilsturzes, dem wir uns mit aller gebotenen Vorsicht näherten und der nach den Regeln der Kriegführung als dominierender Punkt unbedingt hätte besetzt sein müssen, unbewacht.

Doch als wir uns auf der Höhe genauer umsahen, bemerkten wir in den Seitenwänden einer Mulde mehrere Erdstollen und Ausschachtungen, deren rötlichgelber Grund durch das Laub leuchtete. Wir rückten dichter heran und blieben dann, verblüfft über den Anblick, der sich uns darbot, stehen: Vor uns war eine verlassene Stellung — aber diesmal eine japanische! Wir erkannten es sofort an den Schriftzeichen auf den Munitionskästen, den Beschriftungen der Blechdosen, den abgetragenen Gummischuhen und, wenn es noch eines weiteren Beweises bedurft hätte, an einem weißen Fahnentuch mit der aufgehenden Sonne Nippons. Dann lagen noch große Geschoßhülsen herum, eingedrückte Tropenhelme — von den britischen abweichend geformt —, Körbchen aus Bambusgeflecht, und an verschiedenen Stellen war Reis ausgeschüttet, der in der Nässe in Gärung übergegangen war. Die ersten greifbaren Anzeichen der Gegenwart der Japaner! Wir betrachteten jene an sich belanglosen Geräte und wunderlichen Schriftzeichen mit einer dankbaren Empfindung dafür, daß die Japaner in dieser weltverlorenen Einöde, tausende Kilometer von ihrer Heimat entfernt, ein beredtes Zeugnis ihrer Anwesenheit hinterlassen und uns einen letzten Ansporn gegeben hatten, ihre rettende Nähe zu suchen.

Hätten wir nur gewußt, wo sie waren! Aber immer noch tappten wir im ungewissen umher. Und welche Bewandtnis hatte es wohl mit dem Fahnentuch? Dieser Fund überraschte uns: Wieso hatten die Japaner das Tuch liegen lassen und die Engländer es als Trophäe, da sie in die Stellung einbrachen, nicht mitgenommen? Wo verliefen denn nun eigentlich die Linien? Gab es sie in diesem Sinne vielleicht überhaupt nicht? Wahrscheinlich. Das fast unausgesetzte Schießen sprang hier und dort in der Tiefe des Dschungels auf, ohne daß man es einer bestimmten Linie hätte zuordnen können. Uns erschien das alles so rätselhaft . . .

Trotz der völlig ungeklärten Lage hielten wir an unserem ursprünglichen Vorsatz fest, unbeirrt auf den Mayufluß zuzuhalten, und stießen daher in den nächsten Berghang hinein. Während wir eine Lehne hinunterschlichen, hörten wir Stimmen und sahen in dem Blättergewoge des Abgrunds die Köpfe von Soldaten auftauchen, genauer gesagt, ihre glattrasierten Schädel. Vorsicht, Gurkhas! Dann dürfen wir dort nicht weiter. Um aber seitlich auszuweichen, mußten wir uns in das Gestrüpp förmlich hineinbohren, so dicht war es hier. Im Sinne eines schnellen Vorgehens hätte es gelegen, eine der zahlreichen kleinen Querschluchten zu benützen, doch konnten wir uns die Abkürzung aus Gründen der Sicherheit nicht leisten.

Um unsere versiegenden Kräfte zu schonen, mußten wir in stets kürzer werdenden Abständen Pausen einlegen, denn nach gewöhnlichen Begriffen waren wir am Ende, unsere Reserven vollständig verbraucht. Jede Bewegung kostete eine krampfhafte Willensanstrengung; die vom nächtlichen Stehen im Wasser verquollenen Füße schmerzten bei jedem Schritt; torkelnd hielten wir uns an den Bambusrohren fest; und wo immer ein Abhang war, überließen wir möglichst der Schwerkraft das Geschäft unserer Weiterbeförderung. Ob man wohl, ganz auf sich allein gestellt, ohne die Anwesenheit des Gefährten, die Energie aufgebracht hätte, das wahnsinnige Unternehmen fortzusetzen? Jedenfalls war die Angst, vor den Augen des anderen schlapp zu machen, ein nicht zu unterschätzendes Antriebsmoment. Jetzt besaßen wir noch insgesamt zwei Mangos, die zu essen sich jedoch nicht verlohnte, da sie grün und unreif waren und nach Gurken schmeckten.

Wir wurden indessen weitergehetzt: Der Hang, auf dem wir uns befanden, kam unter Artilleriebeschuß. Über unseren Köpfen zerrissen die Granaten die Luft. Sprengstücke zischten durch das Blattwerk und schlugen meterlange Splitter aus den Stämmen; prasselnd fiel das hochgeschleuderte Gestein wieder zu Boden; und mit verzweifelten Flügelschlägen flatterte aufgeschrecktes Vogelwild davon. Im Tal verhallte weitausrollend der Donner. Beim Abzug aus diesem unwirtlichen Winkel kam es zu folgendem:

Wir mußten wider Willen eine Felsrinne hinab und ihr ein Stück lang folgen; sie führte auf eine andere Schmalschlucht zu, und an der Stelle, wo sich beide vereinigten, versperrte ein ungeheurer Steinblock den Weg. Just als wir ansetzten, ihn zu übersteigen, vernahmen wir das fast gleichzeitige Geräusch von hastigen Schritten, lauten Kommandorufen und das Entsichern von Gewehren. Hinter dem Felsen machten sie sich schußfertig! Wie von einem Hieb gefällt, fuhren wir zu Boden und begannen, während das Herz mit rasenden Hammerschlägen gegen die Rippen pochte, rückwärts robbend von der Gefahrenstelle Abstand zu gewinnen. Vielleicht weil die andere Seite fürchtete, von dem schwerbewaffneten Gegner, für den sie uns halten mußte, sofort unter Feuer genommen zu werden, wenn sie sich nur über dem Felsrand zeigte, verharrte sie in voller Deckung und gab uns die nötige Zeit für den Rückzug.

Der Schock, die ausgestandene tödliche Angst, die für Sekunden gleichsam aussetzende Lebenstätigkeit hatten ein hemmungsloses, wildes Durchgehen zur Folge. Wir stoben, als würde wirklich hinter uns hergeschossen, den ersten besten Hang hinauf. Und weil wir gar nicht recht wußten, was wir taten, verloren wir einander. Erst nach einer bangen halben Stunde, als jeder schon die Hoffnung aufgegeben hatte, den anderen in diesem alles verschlingenden Pflanzenmeer jemals wiederzufinden, ereignete sich das fast Unglaubliche, daß Have plötzlich wieder vor mir stand. Der Spürsinn unseres besonderen Zustandes hatte uns zusammengeführt. Unfähig, noch einen Schritt weiterzugehen, warfen wir uns, wiewohl die Sonne noch hoch am Himmel stand, zu traumlosem Schlaf ins Laub.

Es war wie ein letztes, tiefes Atemholen vor der Entscheidung ...

Eine Stunde mochte auf diese Art vergangen sein, als wir jäh in die Höhe fuhren. Ein Schreien, ein aufgeregtes Kreischen hatte uns geweckt. Hoch oben in einem Baum hing ein Tier, ein großer Affe, die Glieder zwischen den Ästen weit ausgespannt, und stieß, während er uns anfletschte, die markerschütternden Laute hervor. Aber unsere Aufmerksamkeit wurde auf etwas anderes gelenkt: Als ich nämlich Have ansah, bemerkte ich hinter seinen Ohren eine schwarze, gallertartige Masse. Er versuchte gleich, sie abzustreifen, doch es machte Mühe, denn was ihm da im Nacken wie eine dunkle Traube saß, waren — Blutegel. Ekle, dicke, vollgesogene Blutegel! Wir sprangen entsetzt auf, und auch ich fand mich von den widerlichen Saugern befallen. Die meisten saßen gar nicht am Kopf, sondern an den Fußgelenken, wo sie sich durch die Wolle der Strümpfe in die Haut gebohrt und von den Schläfern unbemerkt bis auf Haselnußgröße voll Blut gesogen hatten. Nur wenn man sie vorsichtig lockerte, gelang es, sie aus dem Fleisch zu ziehen. Ihrer waren schon gerade genug, aber bei näherer Untersuchung des Dschungelbodens konnte man sehen, wie von allen Seiten weitere Geschwader blutgieriger und noch nadeldünner Biester durch den feuchten Verfall des Laubes heranmarschierten. Läßt man ihnen genügend Zeit, sagen wir eine Nacht, so saugen sie das Opfer zu Tode. Mancher Soldat war auf diese Weise in den Dschungeln umgekommen.

Jetzt war es endgültig um unsere Fassung geschehen: Die Panik hatte uns gepackt. Keine Sekunde wollten wir mehr in diesem Tal bleiben, wo jede Kleinigkeit zur Gefahr anschwoll, wo wir verrecken würden, wenn wir uns ihm nicht eiligst entzögen. Offen forderten wir das Schicksal heraus, indem wir, jede Vorsicht außer acht lassend, in wahnwitziger Getriebenheit über die

Blöcke setzten und die Hänge hinunterjagten, nur um rasch den Talausgang zu gewinnen. Auf unserer blinden Hetzjagd gerieten wir in eine schmale Schlucht, in deren wannenförmiger Enge das Wasser sich aufgestaut hatte. Bauchtief in den Tümpeln watend, andere durchschwimmend, waren wir gerade einem Wasserbecken entstiegen und um einen Felsvorsprung gebogen, als ich vor mir, auf Duellabstand, eine Gruppe von drei Gestalten gewahrte, Have ein verzweifeltes „Wir sind verloren!“ zurief und sah, wie sich langsam die Gewehre gegen uns erhoben.

BUNDESGENOSSEN

Wie ein Keulenschlag vor die Stirn hatte es mich getroffen, damals in Bombay, als ich gleich bei Kriegsausbruch in Gefangenschaft geriet. Daß ich den Krieg hinter Stacheldraht verbringen müßte, wurde mir zwar schließlich zur beklemmenden Gewißheit, nachdem alle Versuche, Indien noch rechtzeitig zu verlassen, gescheitert waren; aber welch trübseliges Los meiner in Wahrheit wartete, dies auch nur annähernd zu begreifen oder gedanklich vorwegzunehmen, war ich völlig außerstande, und so traf mich, als die Lagertore sich hinter mir schlossen, der Schicksalshieb mit voller Wucht.

Ich fühlte mich beschämt, beleidigt und betrogen, weil mir das Mißgeschick der Gefangenschaft widerfahren war, und ich redete mir ein, es sei meinem persönlichen Versagen zuzuschreiben, daß ich mich gleich von Anbeginn in den Käfig sperren ließ; ich hätte mehr Voraussicht haben müssen, nicht wie ein Tölpel in die Falle zu gehen brauchen. Mein Drang, die Freiheit zurückzugewinnen, war daher in den ersten Tagen der Internierung aus dem brennenden Verlangen zu erklären, eine unsterbliche Blamage wieder gutzumachen. Als dann mit der beginnenden Anpassung an die neue Umwelt die anfängliche Erregung einer ruhigeren Betrachtung wich, trat neben das höchstpersönliche, der Eitelkeit entspringende Fluchtmotiv ein grundsätzliches, das der Verpflichtung. Im Kriege ist der Gefangene gehalten, alles in seiner Kraft Stehende für seine Befreiung zu tun. Da mir jedoch nicht die geringste Wahrscheinlichkeit für einen Erfolg zu sprechen schien und ich einen von vornherein aussichtslosen Pflichtausbruch, nur um später sagen zu können, man hätte es versucht, für reines Theater hielt, vermochte ich mich zu keiner Tat zu entschließen. Später kam ich in „schlechte" Gesellschaft, in die Gesellschaft von Ausreißern, denen die Tatenlosigkeit und Langeweile, das Leben aus zweiter Hand längst schal und unerträglich geworden war. Sie alle litten darunter, daß sie sich hinter dem Draht keine Aufgaben stellen, nichts wagen, sich nicht in Erfolgen selbst bestätigen konnten. Ich versuchte ihnen bei ihren Vorhaben an die Hand zu gehen, verrichtete als Mitverschworener allerlei Dienste, wurde unmerklich angesteckt und schließlich selbst einer der ihren.

Aber Abenteuerlust, Bedürfnis nach Abwechslung oder Tatendrang dürften noch nicht den letzten Beweggrund für eine Flucht abgeben. Er dürfte tiefer liegen; den Weg zu ihm weist der unablässig nagende Kummer, das stets schmerzhafte Ungenügen, in dem der Gefangene sich verzehrt, verursacht durch die Unmöglichkeit der Selbstverwirklichung, durch die Entbehrung dessen, was von außen hinzukommen muß, damit sein Wesen sich voll entfalte.

So ist es denn eine Vielzahl von Beweggründen: bald Ehrgeiz, bald Pflichtgefühl, bald das Bewußtsein zu verkümmern, die zu einem Ausbruch führen, selbst dann, wenn man einigermaßen anständig behandelt wird, wie wir es immerhin wurden. Wir gaben uns im einzelnen nicht Rechenschaft darüber, was uns damals zum Handeln bewegte, doch als unbewußtes Ziel schwebte uns vor, die Fülle des Lebens wiederzuerlangen. Nun, mitten in der Dschungelwildnis der Mayuberge, hatte unsere Flucht ihren dramatischen Höhepunkt erreicht, schien aber vor den Mündungen der Gewehre ihr Ende finden zu sollen ...

Allein es kam anders.

Bei Gewahrwerden der Gestalten waren wir wie angewurzelt stehengeblieben. In ihrer Bewegung hielten auch die anderen inne, so daß einen Herzschlag lang beide Seiten sich reglos gegenüberstanden — wir schreckerstarrt, mit erhobenen Händen, die anderen zielend, den Finger am Abzug ...

Starre Stille, während der unser Leben in der Schwebe hing ...

Da trat auf der Gegenseite einer vor, hielt durch Handbewegung seine beiden Gefährten vom Schießen ab und winkte uns, heranzukommen; doch die Waffen blieben weiter auf uns gerichtet. Langsam durchmaßen wir die letzten Meter unseres langen Fluchtweges. Daß die Soldaten Gurkhas seien, war mein erster Verdacht; nun, da wir auf sie zugingen, merkte ich, daß sie zwar kurz und krumm wie diese waren, aber ganz andere, mir unbekannte Uniformen und Mützen trugen — also könnten es Japaner sein ... Oder etwa nicht? Denn Japaner haben doch keine Sowjetsterne auf ihren Kappen, wie diese hier! Also sind es chinesische Hilfstruppen der Alliierten, und somit ... Aber die Sterne sind von gelber Farbe, also könnten es doch Japaner sein ... Nun muß sich herausstellen, wer sie waren: Wir hatten die Gruppen erreicht.

„Watakuschi tatschi wa doitsu jin desu — wir sind Deutsche!" stieß Have seinen einzigen japanischen Satz hervor, den er sich für eben diesen Fall im Lager eingeprägt hatte.

Verblüfft darüber, in seiner eigenen Sprache angeredet zu werden, und hier in der Wildnis auf alles andere als auf das Erscheinen zweier Vertreter des fernen europäischen Bundesgenossen gefaßt, ließ der Führer der Gruppe ein ungläubiges langgedehntes „Doitsu?!" verlauten und sah uns aus schmalen Augenritzen mißtrauisch an. Der Korporal — wir erfuhren später, daß er diesen Dienstgrad bekleidete — wollte auf jeden Fall sichergehen, untersuchte uns daher, während wir die Hände hochhalten mußten, nach Waffen und wühlte dann die Taschen durch, die außer Hemden und Medizin nichts mehr enthielten. Als ich die gelbhäutigen, kleinwüchsigen Soldaten genauer musterte und ihre zerschlissenen, zusammengeflickten graugrünen Uniformen sah, die Rangabzeichen nicht gleich erkennen konnte und die Gewehrläufe rostig fand, befielen mich die Zweifel von neuem.

„You Nippon soldiers?“ versuchte ich mich zu vergewissern.

„Nippon, Nippon“, bestätigten sie mit einem harten, fast ärgerlichen Unterton.

Japaner mußten es also sein, aber waren es auch reguläre Truppen? Das Mißtrauen wollte nicht weichen, und auch auf der Gegenseite war es fühlbar vorhanden. Um wenigstens das unsrige zu seiner Beseitigung beizutragen, den Soldaten unser Auftauchen und den Sinn des Ganzen begreiflich zu machen, führte ich, indessen Have abgetastet wurde, eine Pantomime vor, die besagen sollte, daß wir in Indien von den Engländern gefangen gehalten worden und ausgebrochen seien, um zu unseren Verbündeten zu stoßen. Aber ich war nicht sicher, ob sie mein Gebärdenspiel verstanden hatten. Have, der sich eine raschere Klärung unseres Falles durch eine höhere Instanz versprach, drängte darauf — sowie seine Untersuchung beendet war —, daß wir vor den nächsten japanischen Kommandeur geführt würden. Als der Korporal begriff, hieß er seine beiden Männer uns zwischen sich nehmen und bedeutete uns zu folgen. Zu unserem Erstaunen gingen wir, wo nicht den gleichen Weg, doch die gleiche Richtung, aus der wir soeben gekommen.

„English over there!“ warnten wir dringend.

„No, no, all Nippon“, beruhigte der Korporal, indem er mit seinem Arm einen weiten Bogen umschrieb. Und da ging uns das Licht auf, daß unser Zusammentreffen mit den Japanern bereits ein beträchtliches Stück hinter ihrer ersten Stellung stattgefunden hatte. Wäre dieselbe Begegnung an ihrer vordersten Kampflinie erfolgt — die wir durch ein Wunder unbemerkt kreuzten —, wir wären unweigerlich über den Haufen geschossen worden.

Ein Zweifel war jetzt nicht mehr möglich: Wir hatten tatsächlich das Ziel erreicht. Um uns her, in dem Dschungelnest, in das die drei uns geführt hatten, standen in Scharen die Japaner, und immer neue traten lautlos aus den Büschen hervor, um uns neugierig, aber mit unverhohlener Zurückhaltung zu betrachten. Viele von ihnen waren nackt, nur mit einem winzigen weißen Lendenschurz bekleidet, aber dabei in voller Wehr, so daß ihre gelbliche Blöße mit dem schwarzen, gefährlich blinkenden Metall der Waffen einen seltsamen Gegensatz bildete. Als Schuhzeug trugen sie Gummischuhe mit abgespaltener großer Zehe, was ihren Füßen ein amphibisches Aussehen verlieh. Sie unterhielten sich über uns in ihrer gutturalen Sprache, deren kurz und hart ausgestoßene Laute wie ebenso viele kleine Schüsse an unser Ohr schlugen. Was sie sagten und was sie dachten, war nicht zu erraten ... Wir warteten auf das Erscheinen eines Offiziers und den feierlichen Augenblick, da die Begrüßungszeremonie stattfinden würde.

Es roch nach Fisch- und Reisabfällen.

Den Weg hierher zum Stützpunkt hatten wir in einem halb entrückten Zustande zurückgelegt; uns bestürmten so heftige Empfindungen, daß wir von den Dingen um uns her nicht viel gewahrten. Eben noch den Untergang vor Augen, fanden wir uns auf wundersame Weise gerettet. Wir hätten wahrhaftig allen Anlaß gehabt, schon im Augenblick des ersten Zusammentreffens mit den Japanern in ein freudenwildes Geschrei auszubrechen — es war unmöglich. Unser Aufnahme- und Erlebnisvermögen war durch die gejagten Vorgänge der voraufgegangenen Tage so überbeansprucht, das Innere so verkrampft, die Erschöpfung so vollkommen, daß ein plötzliches Umschlagen unserer Gefühle ausgeschlossen war. Es mußte erst eine gewisse Zeitspanne vergehen, bis der Druck, der auf uns gelastet hatte, nachließe, und bis wir unseres Erfolges als einer unumstößlichen Tatsache gewiß wären. Als wir die Bergstellung erreicht hatten, war es endlich so weit, und da auf einmal überkam uns die Freude wie eine Sturzwelle.

Es war geschafft, wir waren durch! Die Luft, die wir atmeten, war wieder frei ... Entgegen unserer kühnsten Erwartung, entgegen jeder Wahrscheinlichkeit hatten wir uns zu den Verbündeten durchgeschlagen und es an uns selbst erfahren, wie das schier Unmögliche Wirklichkeit werden kann. Daß die Vorsehung uns geholfen hatte, erfüllte uns mit Dankbarkeit, daß unser Schicksal ein gewolltes, kein erlittenes war, mit Genugtuung.

Unbekümmert um die fremdäugigen Zuschauer, die wie in einem Amphitheater um uns gruppiert waren, stürzten wir mit strahlenden Gesichtern aufeinander zu, und indem wir lachten und wirres Zeug redeten, schlugen wir uns gegenseitig auf den Rücken. Dann rissen wir wie auf geheime Verabredung die Etiketten mit den angenommenen englischen Namen aus der Innenseite der Taschen und warfen sie in den Busch.

„John E. Harding und Harry F. Lloyd sind tot!" rief Have.

„Und 55826 und 1775 sind endgültig in der Gefangenenrolle gelöscht!"

Es war der erste schwerelose Augenblick —

„Oi you!" fuhr uns ein japanischer Unteroffizier an. Er hielt in seiner Hand die beiden Etiketten, die er hatte aufheben lassen, und fragte in barschem Verhörston, welche Bewandtnis es damit habe. Dann verlangte er Einzelheiten über unsere Person — auf eine Vorbereitung zu einem Festakt deutete das nicht eben hin. Der Ausfrager gab das Gehörte weiter, und zwar in einen Erdschacht hinein, aus dessen Tiefe eine Stimme zurücktönte. Dort also saß der Offizier, nach dem wir vergeblich Ausschau hielten. Da das Wechselgespräch zwischen Adjutanten und unterirdischem Chef andauerte, hockten wir uns auf die Erde nieder.

„Den wievielten haben wir heute?" fragte Have.

„Den ersten Juni."

„Also, am ersten Juni 1944, zwei Uhr mittags, am 34. Tage unserer Flucht, nachdem wir über zweitausend Kilometer zurückgelegt hatten, erreichten wir die Japaner und sind somit die ersten, denen es gelungen ist, aus Indien herauszukommen."

„So richtig fassen kann ich es noch immer nicht —“ sagte ich.

„Du wirst dich daran gewöhnen müssen.“

In der Aufregung der letzten Tage hatten wir einander gar nicht mehr richtig betrachtet. Erst jetzt, nachdem wir wieder ein wenig zu uns gekommen waren, musterten wir unser Äußeres mit kritischem Blick. Haves Haare, die ihm in wirren Strähnen in die Stirn fielen und pelzförmig seinen Nacken bedeckten, waren voll Rinde, Blätter und kleiner Holzstückchen; lange, blonde Haarstoppeln verunzierten seine hohlen Wangen, hinter den Ohren hatte er noch die Blutgerinnsel von den Egeln; sein Körper unter der Kleidung war furchtbar abgemagert, die Kluft infolgedessen zu weit; und an den Schienbeinen sah das rohe Fleisch hervor.

„Ein Zimmerschmuck bist du gerade nicht.“

„Glaube bloß nicht, daß du schöner bist —“

Er hatte recht, ich bildete das würdige Gegenstück zu ihm.

Wir waren just zur rechten Zeit angekommen — einen weiteren Tag hätten wir uns nicht mehr auf den Beinen halten können.

Man merkte es den Japanern, die uns umstanden, an, daß sie uns nicht recht unterbringen konnten. Wir paßten in keine bekannte Kategorie; denn aus ihren Gesprächen fingen wir ebenso oft das Wort „amerikanu“ und „englisch“ auf wie „doitsu“. Daß wir so abgezehrt und struppig aussahen, blaue Hemden statt Uniform trugen und uns kindisch freuten, brachte sie vollends in Verwirrung. Auf einmal sprach uns einer an. Er war schmächtiger als die anderen, die alle untersetzt und auffallend kräftig waren, hatte wie sie den Schädel kahlgeschoren und trug eine dunkel eingefaßte Rundbrille, mit Gläsern, so groß wie Untertassen. Ein Studierter, mit anderen Worten. Mediziner wahrscheinlich. Wir verstanden nicht gleich, was er wollte, und versuchten, auf englisch ins Gespräch zu kommen. Erst nach einer Weile merkten wir, daß es Deutsch war, was er radebrechte. Es sollte uns noch lange anhängen, daß wir auf die erste deutsche Anrede englisch geantwortet hatten.

Der Besuch bei dem unsichtbaren Kommandeur näherte sich rasch seinem Ende. Sein Adjutant gab unserem Korporal einen Befehl durch, die drei schnallten um und führten uns ab. In diesem Augenblick tauchte über dem Erdboden ein mondförmiges, kreisrundes Gesicht aus dem Schacht auf, blickte uns nach und versank wieder ins Innere der Erde ...

Unser kleiner Trupp bewegte sich aus den Bergen hinaus, dem Flachlande zu: Wir wurden aus der Front genommen. Die Pfade standen lange Strecken unter Wasser, durch das wir mühsam waten mußten. Hin und wieder begegneten uns einzelne Soldaten, die bei unserem Anblick jedesmal stutzten und dann einen Laut ausstießen, einen Urlaut, tief und ein wenig drohend. Sie waren alle jung und voll verhaltener Wildheit. Sicher Elitetruppen. Einer sah aus wie der andere. Unser ungeübtes Auge vermochte die Unterschiede im Gesichtsschnitt nicht auseinanderzuhalten. Infolge ihrer Kurzgliedrigkeit und ihrer nach innen gestellten Füße, die sie mit der Ferse aufsetzen, bewegen sich die Japaner in einem Wackelgang, der bei den Soldaten durch die Überbürdung mit Gepäck noch verstärkt wurde. Wie ein schwerer Balken lastete ihnen das Gewehr auf der Schulter. Eine möglichst geflickte Uniform schien hier an der Front zum guten Ton zu gehören.

Es war nur zu natürlich, daß wir uns in unserer Einbildungskraft den ersten Empfang durch die Verbündeten in glühenden Farben ausgemalt hatten; je schlechter es uns unterwegs erging, desto großartiger schmückten wir die Szene aus, da uns die japanische Armee im Triumphzuge einholen würde. Wir kamen daher mit der anspruchsvollen „Champagner- und Ehrenjungfrauen"-Einstellung zu ihr und glaubten, daß mit dem Augenblick des Übertritts unsere Sorgen mit einem Schlage zu Ende wären. So war es verständlich, wenn auch nicht ganz gerechtfertigt, wenn uns der bisherige Gang der Ereignisse enttäuschte. Wir sahen zwar ein, daß Soldaten, die durch Monate und Jahre tagaus, tagein in Lebensgefahr schwebten, nichts Ungewöhnliches dabei fanden, wenn jemand anderer auch einmal seine Haut für kurze Zeit zu Markte trug, aber daß man nicht wenigstens eine kleine Geste gemacht hatte, verdroß uns doch. Wir hatten nicht einmal ein menschliches Interesse, nicht die geringste Resonanz verspürt, sondern nur Neugierde und namentlich Mißtrauen, tiefwurzelndes Mißtrauen, das uns verstimmte und bereits mit wachsender Besorgnis erfüllte.

Aber auch in diesem Punkte war die japanische Haltung begreiflich: Es war ein Gebot der militärischen Vorsicht, daß wir so lange mit aller Zurückhaltung behandelt würden, bis einwandfrei feststand, wer wir seien. Ja die Japaner waren sogar berechtigt, bis wir das Gegenteil bewiesen hatten, uns für Spione zu halten. Und daß sie dies tun, daß sie die Gelegenheit ergreifen würden, ihrer nationalen Leidenschaft, der Spionitis, zu frönen, durften wir mit Sicherheit annehmen. Hier war es für uns ein besonderer Nachteil, daß ein Japaner unser Äußeres beim besten Willen von dem eines Angelsachsen nicht zu unterscheiden gewußt hätte. So wurde uns, während wir mit unserem Geleit durch die einsamen, überschwemmten Täler wateten, immer deutlicher, daß wir uns in einer recht heiklen Lage befanden, denn wie sollten wir den Japanern den Beweis erbringen, daß wir deutsche Flüchtlinge waren? Wir hatten also durch das Überschreiten der Linien bloß die Ungewißheit, ob unsere Flucht gelingen, gegen die ebenso beklemmende, vielleicht noch verhängnisvollere Ungewißheit eingetauscht, ob sie auch als solche anerkannt werden würde. Nun fiel mir auch noch ein, daß der englische Lagerkommandant, um die Internierten von einem Fluchtversuch zu den Japanern abzuhalten, stets behauptete, man fände selbst dann, wenn man bis zu ihnen gelänge, ein böses Ende, so oder so: entweder als Feind vor ihren Linien oder als Spion dahinter. Ich suchte die Gedanken unserer Eskorte zu erforschen — ihre ausdruckslosen Gesichter blieben undurchdringlich. An einer besonders gottverlassenen Wegstelle in der Tiefe des Dschungels sagte Have:

„Wer weiß, was die für Befehle haben?"

„Du meinst, die machen uns kalt? Glaube ich nicht, dazu sind sie viel zu neugierig; erst wollen sie 'rauskriegen, was mit uns los ist."

Mit dieser Antwort wollte ich mehr mich selbst als Have beruhigen.

Uns wurde erst wieder leichter, als wir auf offene Grasflur hinaustraten — dafür befiel uns erneut die tödliche Müdigkeit, die nur durch die überstürzten Ereignisse um einige Stunden hintangehalten worden war ... In einem verlassenen Gehöft wurde Rast gemacht, unsere Begleiter begannen in ihren Geschirren Reis zu kochen. Wir lagen unterdessen jappend auf dem Boden und kämpften gegen einen aufkommenden Brechreiz an, wie er sich nach einem scharfen Rennen, nach einem Langstreckenlauf einzustellen pflegt; es war uns daher unmöglich, auch nur einen Bissen aus der Schüssel zu nehmen, die uns vorgesetzt wurde. Als aufgebrochen werden sollte, kam Have, der wachsbleich geworden war, nicht gleich auf die Beine, — sein Herz jagte so wahnsinnig, daß er noch etwas verschnaufen wollte. Aber die Japaner bestanden auf Abmarsch; wir hätten noch weit zu gehen. Wohin? Zum nächsten Stabsquartier. Wie weit? War nicht herauszukriegen.

Wir stützten uns gegenseitig, so gut es ging, und schwankten unter den antreibenden Rufen der Soldaten unsicher dahin ... Als es dunkelte, ließ der Korporal halten und gab seinen Leuten Befehl, uns zu fesseln. Als wir sahen, daß ein Seil herausgeholt wurde, versuchten wir mit Hinweis auf unseren Zustand — Have hatte ganz offensichtlich Herzkrämpfe — zu protestieren. Es half nichts, wir wurden, die Hände auf dem Rücken, eng aneinandergebunden. Doch nach einer Weile hatten die Leute ein Einsehen und lockerten den Strick, so daß wir wenigstens nicht mehr über einander stolperten. Inzwischen kam Leben in den uns umgebenden Wald. Aus dem Dschungel, wo sie den Tag in Deckung verbracht hatten, wurden Saumtiere hervorgetrieben, die sich mit schweren Lasten zur Front bewegten; aus einem Seitenpfad kam eine Trägerkolonne mit Munitionskästen herab; Soldatentrupps hasteten vorüber, und an einer Stelle standen Bahren mit Verwundeten. Wir hatten uns wieder einem Kampfabschnitt genähert; man hörte außer schwerem Artilleriefeuer auch das Schießen von Maschinengewehren.

Zu später Stunde langten wir endlich in einer leerstehenden Hütte an, in der übernachtet werden sollte. Nachdem uns die Japaner die Fesseln abgenommen hatten, mußten wir uns so zwischen sie legen, daß jeder auf beiden Seiten von Wachen eingeschlossen war. Vor Übermüdung, nachbebender Erregung und unzähligen Moskitoangriffen konnten wir nicht schlafen.

„... Und dann, was machten Sie dann? ..." Diese Frage tönte unzählige Male während des Verhörs, das sich über den ganzen nächsten Tag hinzog, an unser Ohr. Die beiden japanischen Vernehmungsoffiziere saßen mit untergezogenen Beinen auf dem Boden uns gegenüber und gaben sich mit sichtlichem Ergötzen einer wahren Neugierorgie hin. Sie hatten eine Papierrolle vor sich, die sie hurtig mit langen Schriftsäulen ihrer geheimnisvollen Zeichen bedeckten; umständlich wurde eine mehrfarbige Skizze unseres Fluchtweges angefertigt, jede Tagesstrecke darauf eingetragen, jeder Rastplatz eingezeichnet und mit dem jeweiligen Datum versehen. Damit ihr Genuß nur ja nicht für eine Sekunde unterbrochen würde, ertönte, noch während sie mit einer Eintragung beschäftigt waren, prompt schon wieder ihr „Na und dann?"

Die Bambushütte, in der die langwierige Befragung stattfand, lag im Stabsquartier, wohin wir von unserem Begleiter frühmorgens geführt worden waren. Bis zum letzten Augenblick blieb uns die Nähe des Lagers verborgen, so völlig versteckt lag es im Dschungel. Unmöglich hätte ein Luftaufklärer auch nur die geringste Spur von den Hütten entdecken können.

Nachdem sie uns hier abgeliefert hatten, waren die drei Begleiter plötzlich verschwunden, fast ebenso plötzlich, wie sie damals vor uns aufgetaucht waren. Obwohl sie uns erzfremd und auch unheimlich waren, standen sie uns doch auf rätselhafte Weise nahe — sie waren es ja, denen wir unser Leben zu verdanken hatten. In dem entscheidenden Augenblick, da das Zünglein unserer Lebenswaage unsicher schwankte, gab ihr Verhalten den günstigen Ausschlag. Wir hätten ihnen gern etwas Freundliches gesagt — aber sie waren schon fort, und das Unterbleiben einer menschlichen Annäherung unterstrich nur die Unpersönlichkeit des ganzen Vorganges.

Sogleich begann die Einvernahme. Nachdem wir unsere Personalien angegeben hatten, mußten wir den eigentlichen Ausbruch schildern. Nun hatten wir uns unterwegs für den Fall, daß wir von den Engländern gegriffen würden, eine Geschichte zurechtgelegt, in der wir unseren Bluff zu sieben Mann am Tor verschweigen und statt dessen behaupten wollten, nur zu zweit des Nachts über den Zaun gestiegen zu sein. Jetzt, da wir zum erstenmal danach gefragt wurden, hielten wir uns unwillkürlich an die verabredete Darstellung. Es stimmte mit der Wahrheit nicht überein, aber nachdem es nun einmal geschehen war, beschlossen wir, bei dem einmal Gesagten zu bleiben — den wirklichen Hergang hätten die Japaner uns ja doch nicht geglaubt. Mit Ausnahme dieser einen Abweichung gaben wir den tatsächlichen Fluchtverlauf getreulich wieder, nur von dem Geld im Schuhabsatz sagten wir nichts; es wurde auch nie gefunden.

Unsere Ausfrager, die ein leidliches Englisch sprachen, verkörperten die für ihren Beruf ideale Verbindung von grenzenloser Wißbegierde und mimischer Beherrschtheit. Auf ihren starren Gesichtsmasken war nicht die geringste Spur einer Regung zu entdecken, so daß man überhaupt nicht wußte, woran man mit ihnen war und das Gefühl hatte, mit seinen Antworten lauter Stöße ins Leere zu führen. Beim Verhör wurden wir zum erstenmal der Schwierigkeit inne, den Sachverhalt der

Flucht anderen wirklich glaubhaft zu machen. Man kam immer wieder an Berichtstellen, die so unwahrscheinlich und phantastisch, ja — vom Standpunkt der Japaner — so verdächtig klangen, daß wir fürchteten, unsere Vernehmungsoffiziere, die schon von Amts wegen mißtrauisch zu sein hatten, würden uns kein Wort von unserer Erzählung glauben. Nicht, daß sie ihre Skepsis offen zum Ausdruck gebracht hätten — das wäre mit ihrer Vernehmungstechnik nicht zu vereinbaren gewesen —, aber aus den Rückfragen, die sie stellten, insbesondere wenn wir unsere Begegnungen mit englischen MPs schilderten, aus solchen Rückfragen meinten wir schließen zu müssen, daß sie den Wahrheitsgehalt unseres Berichtes anzweifelten. Hier wirkte der Umstand besonders erschwerend, daß die Japaner ihre eigenen Verhältnisse und Maßstäbe an die geschilderten Vorgänge legten, die ihnen infolgedessen unmöglich erscheinen mußten, während sie natürlich im Rahmen der indischen Zustände beurteilt werden wollten. Wenn man sich nur an die nackten Tatsachen hielt, hingegen die Stellung der Weißen in Indien, die Psychologie der Engländer, ihre etwas laxen Auffassungen in Gruß- und Uniformfragen, kurz, wenn man den allgemeinen Hintergrund, vor dem sich unsere Flucht abgespielt hatte, außer acht ließ, dann allerdings konnte man nicht anders, als zu einem Verwerfungsurteil gelangen. Wir legten daher den größten Nachdruck auf diese Punkte, — nur um zu erkennen, daß selbst nach ihrer Erwähnung noch ein unaufklärbarer Rest verblieb. Mangels besserer Auslegung identifizierten wir diesen Rest mit dem Glücksfaktor, mit jenem Übermaß an Glück, das ja tatsächlich unsere Unternehmung auf Schritt und Tritt begleitet hatte. Schließlich fragten uns die Japaner, welches unsere weiteren Absichten seien und nahmen die Antwort, daß wir auf schnellstem Wege nach Deutschland gelangen wollten, wie alles andere zu Protokoll.

Als Unterkunft wurde uns die Nachbarhütte zugewiesen, in der wir bald den Besuch eines Majors erhielten, der kurz durch die Tür sah und wieder fortging.

So blieb es denn ungewiß, wie unsere Sache stand. Ja, wir hatten den Eindruck, daß die Japaner selber zu unserem Fall noch nicht endgültig Stellung genommen hatten. Und sogar uns war es nicht leicht, eine richtige Beurteilung des Selbsterlebten zu finden. Bald hatte sich alles so selbstverständlich zugetragen, daß sich eins aus dem anderen auf ganz natürliche Weise erklärte, bald war man versucht, die Einwirkung einer höheren Macht anzunehmen, glaubte durch das Labyrinth der Gefahren nur mit Hilfe eines Zauberfadens gekommen zu sein. Auch war die Versuchung groß, jetzt, da der Wurf gelungen war, den Erfolg dem Umstand zuzuschreiben, daß wir stets das unfehlbar Richtige getan hatten. Oberflächlich betrachtet, stimmte das auch, denn hätten wir nur den kleinsten Fehler begangen, wären wir gescheitert. Aber lag die Wahrheit nicht vielmehr darin, daß erst nach errungenem Erfolg rückwirkend alles die Sanktion der Richtigkeit erhielt, das „Falsche" und das „Richtige" gleichermaßen?

Bisher hatten wir nur Reis und Zwieback von den Japanern bekommen, und da uns nach einer kräftigen Mahlzeit verlangte, machte ich einen entsprechenden Vorstoß bei unseren Nachbarn. Wir sollten uns gedulden, lautete die Antwort, sobald wir ins nächste Hauptquartier kämen, würde unserem Wunsche stattgegeben werden. Mit dieser vielversprechenden Auskunft legten wir uns schlafen.

Es war eine monsunschwüle Nacht; unruhig wälzten wir uns auf dem Lager. Auf einmal vernahmen wir Stimmen und erblickten vor unserer Hütte mehrere Gestalten im Flackerschein einer Lampe.

„Wir haben Ihnen eine dringende Mitteilung zu machen!" Es war der Major, dem einer der Vernehmungsoffiziere dolmetschte. Im Hintergrund standen Soldaten mit aufgepflanztem Seitengewehr. Entsetzt fuhren wir auf —

„Soeben haben wir einen telephonischen Befehl vom Hauptquartier erhalten —"

Um Gottes Willen, das ist sicher . . . Das ist der Befehl, uns an die Wand zu stellen! Wir starrten in die gelben Gesichter, deren asiatische Züge durch das unruhige Licht der Lampe sich zu Henkersfratzen verzerrten ... Der Major war im Untertrikot erschienen — also hatte man ihn wegen der Dringlichkeit des Falles aus dem Bett geholt —: „Wir sind angewiesen worden, Ihnen für die Nacht Wachen in die Hütte zu legen."

Mit kaum verhohlener Erleichterung nahmen wir diese Mitteilung zur Kenntnis. Wenn's weiter nichts war! Sie hätten uns so viele Wachen beigeben können, wie sie wollten, es hätte uns nicht im geringsten gestört.

Als der Major gegangen war, sagte Have: „Wir werden noch manchen Strauß bestehen müssen —."

„Tja, wir sind durch und doch nicht durch."

Es ging immer weiter aus der Front hinaus. Am Tage nach dem Verhör war ein Leutnant mit drei Mann erschienen, um uns zum nächsthöheren Befehlshaber zu geleiten. In längerer Nachtfahrt brachte uns ein Motorboot den mondbeschienenen Mayufluß hinab, der breit zwischen Palmenwildnissen dahinfloß. Den nächsten Tag mußten wir marschieren. Wir folgten Pfaden, die dicht am Dschungel entlangführten, in den wir uns eilig flüchteten, sowie sich feindliche Flugzeuge am Himmel zeigten. Die Japaner waren tüchtige Marschierer, nur setzten sie regelmäßig jede halbe Stunde für fünf Minuten aus, — gerade wenn man sich ein wenig eingelaufen hatte. Merkwürdigerweise fragten sie nie jemanden nach dem Weg, liefen lieber eine Weile in die Irre, als daß sie sich erkundigten. Das Erbitten einer Auskunft scheint unter Japanern als grobe Ungehörigkeit verpönt zu sein. Der Leutnant behandelte uns korrekt, und da er etwas Englisch verstand, konnten wir mit seiner Hilfe einige japanische Sprachbrocken aufgreifen. Seine Leute waren schlichte Söhne des Inselvolkes, Fischer und Reisbauern, mit großem Geschick im Aufspüren von Essen und guten Rastplätzen.

Wir kamen nirgends an eine Straße, sahen, im krassen Gegensatz zur englischen Seite, keine motorisierten Transporte, wiewohl uns dauernd kleine Gruppen von Fußsoldaten begegneten, und als wir wieder einmal haltmachten, um das unvermeidliche Reismahl einzunehmen, bemerkte ich zu Have, der mir sofort zustimmte, daß wir aus dem Bereich der Beefsteak- und Stahl- in den der Reis- und Bambuszivilisation hinübergewechselt seien. Reis war überall: in jedem Napf, in jedem Tornister, in jedem Depot. Mit Reis fing der Tag an; schon zum Frühstück wurde er gereicht und dann wieder mittags und abends vorgesetzt. In jedem burmesischen Dorf saßen Japaner, die darüber wachten, daß die Anlieferung von Reis durch die Bauern nicht versiege. Sofern der Soldat nur seinen Reis hatte, war er zu den schwersten Strapazen befähigt, und da er ihn stets bei sich trug, ihn leicht im Lande auftreiben konnte, war die japanische Truppe beweglicher und vom Nachschub unabhängiger als jede andere der Welt. Soldaten erzählten uns, daß sie einmal, fernab von allen Verbindungslinien, drei Monate ausschließlich von Reis, der in Brackwasser zubereitet war, gelebt hätten. Wir persönlich zählten nicht zu den Verehrern der weißen Körnerfrucht. Ihre erdrückende Vorherrschaft auf der Speisekarte bedeutete eine völlige Umstellung in unserer Ernährungsweise, mit allen ihren unangenehmen Begleiterscheinungen, sowie die Unmöglichkeit, uns von den Entbehrungen der Flucht zu erholen, denn soviel man auch davon aß, das Hungergefühl stellte sich sofort wieder ein, und von Kräftigung war nicht die Rede. Wir fanden bald einen Spitznamen für den Reis, und nannten ihn „das langsame Hinrichtungsmittel".

Auf unserem Wege durch Indien war uns der große technische Aufwand der alliierten Kriegsführung aufgefallen; bei den Japanern fiel uns sofort die Knappheit, ja das fast völlige Fehlen moderner Kriegsmittel auf. Wir haben in Frontnähe keinen einzigen Geländewagen, keinen Tank, nicht ein einziges japanisches Flugzeug gesehen. Es konnte sich auch die Ausrüstung des einzelnen Mannes nicht mit derjenigen der Gegenseite messen, weshalb wir viel erbeutetes Material bei den Soldaten in bevorzugter Verwendung fanden: englische Maschinenpistolen, Tornister, Schuhe, Socken. Besonders willkommen war es daher, wenn eine feindliche Versorgungsbombe irrtümlich über japanischen Stellungen niederging, was sich nicht selten ereignet haben soll. Weil es ihnen allenthalben an Metall fehlte, halfen sich die Japaner, wo immer es anging, mit Bambus. Trageinrichtungen, Geräte, Rohrleitungen, Behälter — alles wurde aus Bambus hergestellt. Mit wenigen Messerschnitten schnitzte unsere Eskorte Eßstäbchen und Löffel für uns zurecht. So erschien uns denn die neue Welt, die wir betreten hatten, im Zeichen des Reises und des Bambus.

Der bloße Umstand, daß wir uns unter Bewachung befanden, führte unwillkürlich zu neuen Fluchtgedanken. Wir hatten natürlich nicht die geringste Absicht, wieder auszubrechen, aber da jede unserer Bewegungen schärfstens beobachtet wurde, stellten sich die Fluchtanwandlungen ganz von selber ein. So konnten wir es nicht lassen, die Aussichten eines solchen Schrittes rasch und heimlich abzuwägen. Ausgeschlossen, sagten wir uns, hier könnte ein Europäer unmöglich durchkommen; sofort würde er auffallen, namentlich würde er nirgends Essen erhalten.

Wir waren gerade mit diesen bündniswidrigen Überlegungen beschäftigt, als unsere Aufmerksamkeit auf mehrere Soldaten gelenkt wurde, die uns entgegenkamen und denen man von ferne ansah, daß es keine Japaner waren. „Da kommen Inder!" rief Have. „Es müssen Angehörige der indischen Freiheitsarmee sein!" So war es auch. Als sie an uns vorbeigingen — einige baumlange Sikhs und Pandschabis —, sahen wir auf den Achselstücken ihrer alten englischen Uniformen die Buchstaben INA — die Abkürzung für Indian National Army. Sie sprachen uns nicht an, da sie uns für englische Gefangene halten mußten. Es tat uns wohl, indische Soldaten, die wir oft genug zu Wachen gehabt hatten und die wir, solange sie in englischen Diensten standen, als Feinde betrachten mußten, nun auf unserer Seite zu wissen, wenn auch um eigener Ziele willen. Wir nahmen uns vor, bei nächster Gelegenheit mit ihnen zu sprechen.

In den Abendstunden begann die Jagd nach dem Quartier. Die Dörfer waren mit Soldaten überfüllt, so daß wir von einem Dorf zum anderen ziehen mußten, bis endlich unsere Begleiter bei einem Burmesen eine Unterkunft fanden. Beim Anblick unseres Wirtes wurde uns klar, warum seine Hütte noch unbesetzt geblieben war: Der alte Mann lag in dem dunklen Raum, seinen Rücken, an dem sich eine große, schwärende, wohl unheilbare Wunde zeigte, dem verlöschenden Feuer zugekehrt und stöhnte wie ein Sterbender. Da sein Körper vollständig mit Tätowierungen bedeckt war, sah er aus, als wäre er blau angelaufen. Wir richteten uns draußen, auf dem Umgang der auf kurzen Pfählen stehenden Hütte ein und krochen, als es dunkel wurde, mit den Soldaten unter ein großes Moskitonetz. Vor dem Einschlafen überreichte der Leutnant jedem von uns eine Pille Chinin, als Vorbeugungsmittel gegen die Malaria, die hier im Frontgebiet besonders heftig wütete. Die Droge stammte aus dem eroberten Java, dessen Chininmonopol die Japaner übernommen hatten. Sie waren mächtig stolz darauf, das sonst so knappe Mittel in großen Mengen zu besitzen, und wenn sie es darreichten, geschah es jedesmal in der Erwartung, daß man die Gabe mit grenzenloser Bewunderung für die Spender entgegennähme. Trotz der Überfülle an Chinin mußte die Verbreitung der Malaria bei der Truppe erschreckend sein, denn dauernd begegneten wir malariakranken Soldaten, die mit fieberglühenden Augen hinter den Marschkolonnen herschwankten.

Am anderen Morgen suchten unsere Leute in den Wucherwildnissen stundenlang nach dem nächsten Stabsquartier, das ganz in der Nähe sein mußte — anstatt jemanden danach zu fragen. Schließlich fanden wir es: unvermutet standen wir vor einer Wache, die den Zugang hütete.

Bisher waren wir nur einem mehr oder weniger verdeckten Mißtrauen von Seiten der Japaner begegnet — hier, beim Regimentsstab, wurden wir mit unverhohlener Feindseligkeit behandelt.

Der Leutnant führte uns ins Lager hinein, um uns bei einem Offizier abzuliefern, aber noch ehe wir dessen Behausung erreicht hatten, wurden Have und ich von den Posten kurzerhand zurückgeholt und in der Wachthütte auf einer Bank abgesetzt. Nach einer Weile erschien ein Hauptmann, an klirrender Kette sein Samuraischwert nachziehend, und hielt folgende Ansprache, die wir stehend anhörten:

„Please (Pause) wait (längere Pause) five (wieder Pause, bei der er die Augen schloß) minutes." Kurzes Anziehen des Kinns, dann machte er kehrt und ging mit langsamer Wucht davon.

Wir setzten uns wieder auf die Bank und überlegten rasch, in welcher Reihenfolge wir bei der bevorstehenden Unterhaltung unsere Wünsche vorbringen wollten. Erst Brathuhn, Kaffee, Zigaretten, dann Friseur, dann Neueinkleidung und anschließend Abreise nach Rangun per Flugzeug. Als eine halbe Stunde vergangen war und noch niemand kam, legten wir die Verzögerung so aus, daß der Offizier die Minutenankündigung nicht wörtlich gemeint, vielmehr uns nur um ein wenig Geduld habe bitten wollen. Wir warteten daher vertrauensvoll weiter und sahen uns unterdessen von unserem Platz aus die Örtlichkeit etwas genauer an. Die Wachthütte stand am oberen Ende eines Hanges, der steil zu einem Flüßchen abfiel, auf dessen anderer Seite ein dichtbewachsener Hügel anstieg; dort war das eigentliche Lager verborgen. Ein Baumstamm diente als Brücke über das Gewässer; wegen der Tarnung hatte man es unterlassen, einen Steg zu bauen. Der Wache gegenüber lag eine verfallene Bambushütte, und unweit von ihr befand sich ein zweites Häuschen, das verschlossen war und in dem jemand eingesperrt sein mußte, denn in Abständen klang ein Stöhnen daraus hervor . . .

Nun war schon über eine Stunde vergangen, aber es ereignete sich noch immer nichts, obwohl mehrfach Offiziere vorbeikamen, wobei jedesmal die Wache hochspritzte und unter markerschütterndem Gebrüll das Gewehr präsentierte. Doch keiner der Vorübergehenden würdigte uns eines Blickes. — Warum kam niemand uns holen? Hatten wir vielleicht falsch verstanden? Sollten wir den Wachthabenden, der vor uns saß, bitten, bei dem Hauptmann nachfragen zu lassen? Besser nicht. Die Wachen waren ruppige Kerle, abweisend und grob; wir würden uns nur einen Korb holen. So faßten wir uns denn wieder in Geduld und warteten, — warteten eine weitere Stunde, warteten eine zweite. Der Mittag kam, und ein Soldat brachte uns eine Schüssel mit wäßriger Reissuppe. Bei dieser Gelegenheit erfuhren wir, wer in der benachbarten Hütte eingeschlossen war. Der Essensbringer sperrte sie nämlich auf und reichte einen Topf mit Reis hinein. Zu unserem Erstaunen befanden sich in dem fensterlosen Raum zwei indische Soldaten, Gefangene, die man mit einem um den Leib geschlungenen Strick aneinandergebunden hatte. Auf fauligem Stroh liegend, schmutzig, unrasiert, völlig verängstigt und der eine von ihnen von Fieberschauern geschüttelt, boten sie einen jammervollen, bemitleidenswerten Anblick. Ihre Entdeckung wirkte nicht eben ermutigend. Wer weiß, was uns noch blühen würde ...

Wir hatten noch nicht den Reis ausgelöffelt, als schon einer der Soldaten uns barsch aufforderte, die Schüssel unten am Wasser auszuspülen. Er folgte mit aufgepflanztem Bajonett und bezeichnete genau eine Stelle, wo wir den Topf zu waschen hätten. Nirgendwo anders, nur hier! Durch Anschlagen eines scharfen Tones wollte man uns wohl gleich die rechte Gottesfurcht einjagen. Dann kehrten wir wieder zu unserer Armsünderbank zurück und warteten in den Nachmittag hinein. Die Lust, großartige Wunschlisten aufzustellen, war uns inzwischen gründlich vergangen ... Auf einmal streckte der Wachhabende seinen Arm nach hinten und bot uns gnädig den stummeligen Rest seiner Zigarette zum Weiterrauchen an, und zwar ohne sich dabei umzusehen oder ein Wort zu sagen. Wir rührten uns nicht. Da drehte er sich um und ließ den Stummel mit einem Fluch vor unsere Füße fallen. Wo der Offizier bleibe, fragten wir ihn. Er grinste nur verächtlich und wandte sich wieder ab.

Aus den fünf Minuten, die wir hätten warten sollen, wurden fünf Tage. In dieser Zeit kümmerte sich kein Mensch um uns; nur die Wachen gaben sich redlich Mühe, uns das Leben so sauer wie möglich zu machen. Als Unterkunft wurde uns die verfallene, wandlose Bambushütte, die der Wache gegenüberstand, angewiesen. Hier lagen wir Tag und Nacht auf dem unbequemen, aus Ästen gebildeten Stabboden, durften uns nicht rühren, und wenn wir einen kurzen Gang zu machen hatten, ging immer ein Soldat mit blanker Waffe mit. Den Wachen bereitete es kindliche Freude, Befehle zu erteilen. Der eine kam und ordnete an, daß die Decken übereinander zu legen seien, der nächste wollte sie ausgebreitet, der dritte aufgehängt wissen. Allmählich staute sich der Groll in uns auf gegen diese Rüpel; am liebsten hätten wir sie kräftig durchgeprügelt. Nachts kamen sie jede Stunde, hoben das Moskitonetz hoch und sahen nach, ob wir noch da wären. In ähnlicher Weise wurden die beiden indischen Gefangenen überwacht; nachdem der Soldat bei uns die Stichproben gemacht hatte, zog er vor die andere Hütte und rief: „Indian! — Number?" — „One", antwortete durch die Türe der eine mit zitternder, „two" der andere mit weinerlicher Stimme. So ging es die ganze Nacht.

Was hatte diese schnöde Behandlung, das bewußte Linksliegenlassen, zu bedeuten? Wir zerbrachen uns den Kopf darüber. Daß die Japaner, die sich selbst nicht ergeben, einen Gefangenen verachten, infolgedessen in uns ehemaligen Gefangenen unwürdige Kreaturen sahen, die nicht wert waren, daß sie lebten, mochte wohl einer der Gründe für ihr Verhalten sein. Da sie aber bei Zivilgefangenen eine Ausnahme von der strengen Regel machen und wir ja Internierte gewesen waren, hielt diese Ansicht einer Überlegung nicht stand. Das Benehmen der Japaner ließ vielmehr eindeutig darauf schließen, daß sie uns als Spione betrachteten. Wir hatten schon beim ersten Verhör den Eindruck gewonnen, daß man an der Richtigkeit unserer Angaben zweifelte; ein entsprechender Bericht mußte der hiesigen Stelle vorliegen, — warum sollte man uns also, solange wir einen bündigen Beweis für unsere Behauptungen schuldig blieben, anders denn als feindliche Agenten behandeln? Aber weshalb gab man uns keine Gelegenheit, einen Entlastungsbeweis anzutreten? Wir könnten zwar nicht gleich eine Klarstellung unseres Falles herbeiführen; wenn wir jedoch hartnäckig darauf bestünden, unsere Identität von einer deutschen Behörde, der nächsten Gesandtschaft beispielsweise, prüfen zu lassen, so müßte dieses Drängen den Japanern mindestens ein Beweis für unser gutes Gewissen sein. Um jede Verdächtigung abwehren zu können, gingen wir in Gedanken sämtliche Fälle von möglichen Unterstellungen durch und stießen dabei auf eine Kombination, die uns Sorge bereitete, weil sie nicht leicht zu entkräften war.

„Nimm einmal an", sagte Have, „daß die Japaner folgenden Zusammenhang hinter unserer Flucht vermuten: Aus dem Lager Dehra Dun entweichen zwei Deutsche, die wieder ergriffen, aber nicht ins selbe Lager zurückgebracht, sondern für den Rest des Krieges in Einzelhaft gehalten werden. Gleichzeitig schicken die Engländer zwei deutschsprechende Agenten hinüber nach Burma — mit Personalien, Lebenslauf und so fort der wiedergefangenen Ausreißer —, die den Japanern eine Fluchtgeschichte aufbinden, um sich in ihr Vertrauen einzuschleichen."

„Wenn die Japaner diesen Argwohn haben sollten, dann nützt aller Nachdruck auf eine Gegenüberstellung mit deutschen Behörden nichts. Selbst eine Bestätigung der Flucht durch die Schutzmacht wäre wertlos."

„So ist es. Aber wie helfen wir uns 'raus?"

„Dann müssen wir eben Leute im Fernen Osten namhaft machen, die uns persönlich kennen."

„Vielleicht ist das ein Weg. Hast du derartige Adressen?"

„Muß mal überlegen."

Mit solchen Erwägungen plagten wir uns tagelang. Es schien fast schwerer, durch das von den deutschen Verbündeten besetzte Burma als durch das feindliche Indien zu kommen ...

Von dem Treiben im Stabsquartier gewahrten wir wenig; wie alles in der japanischen Armee, war es in ein undurchdringliches Geheimnis gehüllt. Wir konnten nicht sehen, nur einiges von dem hören, was geschah. Morgens ertönte der Weckruf, die Tageszeiten wurden angesagt, und wenn sich Flieger zeigten, schrie jemand von einem unsichtbaren Beobachtungsstand: „Schikoki! Schikoki!" — das japanische Wort für Flugzeuge —, worauf jede Bewegung im Lager unterblieb. Auf diese einfache Art entging es der Entdeckung. Am späten Nachmittag erschallte regelmäßig vom Bach her ein wildes Kampfgeschrei; es stammte aus den Kehlen hochgemuter Fechter, die auf altjapanische Weise mit Schwertern aufeinander einhieben — eine sehr beliebte Übung, bei der das Brüllen eine wichtige Rolle spielt. Es ist ein unnachahmliches Röhren aus der Tiefe der Eingeweide, das im Nahkampf dem Feinde die Glieder lähmen und die eigenen Urinstinkte entfesseln soll. Der Tag wurde dann mit einer Hymne beschlossen, deren wehmütiges Moll im dämmerdunklen Dschungel verschwebte.

Am Abend des fünften Tages, als wir schon im Begriffe waren einzuschlafen, schreckte uns eine laute, drohende Stimme auf: „You Germans better get out!" (Heraus mit euch Deutschen!)

Vor dem Moskitonetz stand ein Dolmetscher, der uns eröffnete, wir würden sogleich dem Kommandeur des Stabsquartiers vorgeführt werden. Wir sollten uns rasch anziehen und ihm folgen.

Die große Verhörszene fand unten am Flüßchen statt, wo die erforderlichen Vorbereitungen bereits getroffen waren. Auf einem Geröllfeld hatte man eine große Kiste umgestürzt, die den Tisch abgab; Munitionskästen dienten als Sitze, mehrere Offiziere hatten darauf schon Platz genommen; an der einen Längsseite des Tisches befanden sich zwei unbesetzte Hocker — offensichtlich für die beiden Angeklagten bestimmt —; diesen gegenüber stand ein Stuhl mit hoher Rückenlehne — der war noch frei. Wachtposten mit aufgepflanztem Bajonett bildeten um die Stätte ein Viereck.

Fühlbare Unermeßlichkeit des Dschungels ringsum ... In düsterer Glut ging der Mond über der Schlucht auf ... Nächtliches Kriegsgericht, dachten wir, als wir uns benommen auf die Hokker niederließen. Zu meiner Rechten saß der Dolmetscher, der uns nun Verhaltungsmaßregeln gab. Wenn der Kommandeur käme, sollten wir uns erheben und eine tiefe Verbeugung machen, bis er sich gesetzt habe. Mein Gott, es wird doch nicht gleich der Kaiser in Person erscheinen! Have erkundigte sich, welchen Rang der Betreffende hätte, damit wir ihn auch gebührend anreden könnten. Der Dolmetscher zögerte einen Augenblick und sagte dann, daß er Oberstleutnant sei. — Was mögen die bloß mit diesem schaurigen Pomp im Sinne haben? fragten wir uns besorgt, indessen die Runde im tiefsten Stillschweigen verharrte. Die Offiziere saßen reglos wie Steinsäulen — dennoch hatte man das Gefühl, daß sie auf einen Wink plötzlich aufspringen und einen blitzschnell niederstoßen könnten, um dann, als wäre nichts geschehen, ebenso reglos weiterzusitzen ... Aber recht eindrucksvoll sahen sie aus in ihren olivfarbigen Uniformen und hohen Schaftstiefeln, verdammt hart und männlich.

Ein Kommando ertönte und alles sprang auf. Über dem Baumstamm am Wasser zeichneten sich die Umrisse einer Gestalt ab. Die Wachen präsentierten. Wir machten eine viel zu kurze Verbeugung und musterten dann eilig die Erscheinung des Angekommenen. Mittelgroß, schmächtig, enge Sehschlitze, dünnes Schnurrbärtchen, Ohren wie aufgestellte Fallen. Der verheißt nichts Gutes. Als Uniform trug er eine Tropenbluse, von der die Rangabzeichen entfernt waren.

Die Verhandlung begann mit harmlosen Fragen über unseren persönlichen Hintergrund, wie Familie, Bildungsgang, Beruf. Anschließend interessierte man sich für unseren Auslandsaufenthalt. Unser Gegenüber begleitete die erteilten Antworten mit einem langgezogenen Winsellaut, der zugleich Unglauben, Langeweile und Verachtung ausdrückte. Dann ließ er uns fragen, ob wir Französisch sprächen. Have sagte nein, obwohl er es verstand, ich wollte mit Ja antworten, indem ich wörtlich dem Dolmetscher erklärte: „Bitte sagen Sie dem Herrn Oberstleutnant" — es war dies das erstemal, daß einer von uns seinen Rang anbrachte — „übersetzen Sie —" Ich kam nicht weiter. Der Oberstleutnant schnellte wie eine Natter empor, stieß mit schneidender Stimme Verwünschungen gegen den Dolmetscher hervor und jagte ihn in die Nacht davon. Sofort rückte einer der Offiziere auf seinen Platz nach. Wir hatten zwar den Wortlaut des Wutausbruches nicht verstanden, doch sein Sinn war klar: Der unselige Dolmetscher hatte sich des Landesverrats schuldig gemacht, indem er uns — zwei möglichen Spionen — die Rangbezeichnung eines japanischen Kommandeurs angab. Und nun fuhr der Wetterstrahl auch auf unsere Häupter nieder. Ob wir uns denn einbildeten, daß er, der Oberstleutnant, töricht genug sei, unsere lächerliche Fluchtgeschichte zu glauben? Erfunden und erlogen wäre sie! Das gäbe es doch gar nicht, daß wir ohne Hilfe, ohne genaueste Ortskenntnis, erst durch die englischen, dann durch die japanischen Stellungen hätten gelangen können! Letzteres sagte er mir auf französisch. Da unterbrach ihn Have, um aufzutrotzen.

„Was?" zischte der Japaner, „Sie haben doch vorhin erklärt, Sie verstünden kein Französisch, und nun auf einmal sprechen Sie es fließend! Und überhaupt: Sie beide sehen ganz wie Engländer aus, hatten englische Namensaufschriften auf Ihren Etiketten, und als Sie das erste Mal auf deutsch angeredet wurden, haben Sie englisch geantwortet — und dann soll ich glauben, daß Sie Deutsche sind?"

Es entstand eine Pause, in deren Stille uns bewußt wurde, wie vollständig die anderen uns in ihrer Gewalt hatten. Ein Gefühl der Verlorenheit, des Abgeschnittenseins fiel uns an. Wenn uns hier etwas zustoßen sollte — nie würde es jemand erfahren ...

Der Chef gab seinen Offizieren einen Wink. Sie rückten ganz dicht an uns heran. Jetzt wurde es ernst. Einer fragte:

„Wer hat Ihnen den Auftrag erteilt?"

„Welchen Auftrag?"

„Den Auftrag, zu uns herüberzukommen."

„Kein Mensch hat uns den gegeben, wir sind aus eigenem Entschluß geflohen."

„Sagen Sie uns jetzt sofort, wer Ihre Hintermänner sind! Durch ein Geständnis können Sie Ihre Lage verbessern —"

„Wir wiederholen, daß wir deutsche Flüchtlinge sind, die mit keiner anderen Absicht nach Burma kamen, als möglichst schnell nach Deutschland zu gelangen."

Wieder entstand eine Pause. Entgeistert sahen wir uns an. Die Japaner schienen entschlossen, uns zu verderben —

„Der Kommandeur läßt Ihnen sagen, daß Sie nach Indien zurückkehren sollen —"

„Wieder nach Indien? Aber wir sind doch gerade erst von dort gekommen!" Have tat, als wäre die Bemerkung ein Scherz gewesen.

Mir schoß es durchs Hirn, daß die Japaner mit dieser Aufforderung den Stab über uns gebrochen hatten, denn in demselben Augenblick, wo wir ihre Linien wieder überschritten, würden sie uns seelenruhig umlegen —

„Wir müssen mit aller Schärfe dagegen angehen!" sagte ich zu Have, und mit dem Mute der Verzweiflung gingen wir an unsere Verteidigung. Wodurch wir eigentlich diese Behandlung verdient hätten? Etwa nur, weil wir nicht imstande seien, uns auszuweisen? Halte man uns schon deswegen für Spione? Wir könnten uns nicht vorstellen, daß im umgekehrten Falle japanische Flüchtlinge von deutscher Seite solchen Verdächtigungen ausgesetzt worden wären. Wir seien zur japanischen Armee in dem Vertrauen gekommen, freundschaftlich aufgenommen zu werden, statt dessen behandle man uns ärger als den schlimmsten Feind. — Ob diese Äußerungen auf die Japaner Eindruck machten, war nicht zu erkennen, sie brummten lediglich in baßtiefen Tönen, ohne daß ihre Gesichter das geringste verrieten.

„Wenn Sie uns zu einer deutschen Stelle bringen, werden wir Ihnen sofort beweisen, daß wir Deutsche sind!"

„Kennen Sie denn jemanden bei der Deutschen Botschaft in Tokio?"

„... Nein ..."

„Na, sehen Sie!"

Jetzt befahl der Oberstleutnant einem Soldaten, unsere Taschen zu holen. Inzwischen kam eine Ordonnanz und brachte Kaffee. Wir fühlten uns beim besten Willen nicht zum Kaffeetrinken aufgelegt und ließen die Tassen unberührt.

„Prenez votre café!" fuhr uns der Kommandeur wütend an.

Der Soldat kehrte mit den Taschen zurück, deren Inhalt auf die Kiste ausgeleert wurde. Als erste kamen die blauen Polohemden zum Vorschein. Sie wurden genau abgeleuchtet. Zum Unglück trugen sie eine Etikette mit dem Vermerk „burmesisches Erzeugnis". Das war ein neuer Verdachtsgrund. Wieso Burma? Also waren wir schon einmal hier gewesen!

Weiter. Was ist noch darin? Nun wurde ein Hemd untersucht, das wies eine deutsche Handelsmarke auf, von irgend einem Sportshaus in Hamburg. An sich war das gegen die Verabredung, denn wir hatten ausdrücklich vereinbart, daß wir nur solche Sachen mit auf die Flucht nehmen wollten, die keinerlei Rückschlüsse auf unsere deutsche Herkunft zuließen. Nun kam uns Haves Versehen zugute. Entlastend wirkten auch die deutschen Atebrintabletten, die wir bei uns führten. Für einen Augenblick fühlte man eine Entspannung — aber schon nahmen die Japaner die Burmaspur auf, quälten uns mit neuen Fragen und redeten burmesisch auf uns ein. Wir unsererseits setzten uns weiter zur Wehr, an allen verfügbaren Registern ziehend. Wenn unsere Vernichtung schon beschlossene Sache war, dann sollten die Japaner jedenfalls vorher hören, was wir von ihnen dachten.

Plötzlich sagte der Oberstleutnant: „Je comprends", gab auf japanisch einem seiner Offiziere einige kurze Befehle, stand auf und wandte sich zum Gehen.

Unter schwerer Bedeckung wurden wir abgeführt.

DURCH BURMA

Indien lag nun entschieden hinter uns. Wir waren seinem Glutboden, seinen Staubwüsten, seiner verhärmten Menschheit und seinen Abermillionen Überzähliger entronnen; wir hatten der Not der Wiedergeburten, dem Karma, den Rücken gekehrt. Das Land, durch das jetzt unser Weg führte, war voller Farbe und Heiterkeit. Denn Burma leidet nicht mehr an der indischen Unerlöstheit, es hat nichts Weltflüchtiges, düster Unirdisches; heiter leben seine Menschen in zeitloser Tropenseligkeit dahin. Dafür besitzt aber auch das Land der Pagoden, Rubine und Orchideen Indiens große Seele nicht.

Nach schwerem Wolkenbruch brannte wieder die Sonne. Die Wasserlachen auf dem Pfade verdunsteten rasch. Schwül wie im Dampfbad war die Luft; ein feuchter Film bedeckte die schlaffe Haut. Durch dichtes Gehölz, aus dem einzelne Riesenbäume emporstiegen, einen Wald über dem Walde bildend, schlängelte sich unser Weg. Zuweilen tauchten lautlos Eingeborene auf, um ebenso lautlos und katzengleich zu entschwinden. Es waren Arakanesen — wohlgestaltet wie antike Statuen, mit sehr dunkler, weicher Haut, sanften, begierdelosen Augen, hätten sie in ihrer tierhaften Schönheit von einer pazifischen Insel stammen können.

Wir wußten immer noch nicht, was über uns beschlossen

worden war. Der Oberstleutnant schien angeordnet zu haben, daß wir unter scharfer Bewachung südwärts abzuschieben wären, aber sonst hielt man uns absichtlich im ungewissen. Vorläufig ging es zu Fuß weiter, und mit uns zogen „One" und „Two", die beiden indischen Gefangenen. Unsere Karawane mußte fürwahr ein ungewöhnliches Bild bieten: Vorweg stapfte ein kurzbeiniger japanischer Soldat, hinter ihm wankten mit schwarzem Blick die verängstigten Inder, nach langer Dunkelhaft Modergeruch verbreitend, dann kam wieder ein Japaner, der, wie die meisten seiner Landsleute, beim Gehen die Füße nicht hob, es folgten, klapprig und den wallenden Mähnen zufolge zwei verwahrlosten Kapellmeistern zum Verwechseln ähnlich, Have und ich; wir trugen auf den Schultern eine Bambusstange, an der ein schwerer Sack voll Reis hing; die Nachhut bildete wiederum ein japanischer Bewaffneter. Den Proviantsack sollten eigentlich die Inder tragen, da aber der eine hochgradig fieberte, mußten wir ihnen wohl oder übel die Bürde abnehmen. Wir, zwei Weiße, zwei Sahibs, die durch Burma einen Sack schleppten! Unter schwerer Bedeckung, wie Verbrecher! Vor kurzem noch eine Unvorstellbarkeit, nun eine unbestreitbare Tatsache, ja mehr noch: ein Symbol. Der weiße Mann, seiner Herrschaft entkleidet, gedemütigt, zum Kuli degradiert . . .

Die Herrschaft der Weißen war gebrochen, doch ihre Vertreibung brachte Burma keineswegs die Freiheit, sie bescherte ihm nur einen neuen Herrn, denn an die Stelle der Engländer waren die Japaner getreten. Und damit kein Zweifel darüber bestehe, ließen sie sich von den Burmesen mit „Master" anreden. Anscheinend genügte den Soldaten die häufige Verwendung des Wortes durch die Bevölkerung nicht, weshalb sie es selbst unablässig an Stelle der ersten Person benützten, so daß man sie häufig von sich selber sagen hörte: „Master will dies" oder „Master kommt gleich". Daß die Japaner, die doch als Befreier gelten wollten, ausgerechnet eine englische Vokabel — und obendrein mit diesem imperialistischen Beigeschmack — gebrauchten, belustigte uns nicht wenig; auf jeden Fall begingen sie damit einen schweren psychologischen Fehler, zumal die Engländer auf eine solche Anredeform nie Wert gelegt hatten.

Es war überhaupt naheliegend, daß wir beobachteten, welche Figur die Japaner in ihrer Rolle als Herren Burmas abgaben. So viel hatten wir schon begriffen, daß sie den Burmesen, die faul und lässig sind, weit überlegen waren, aber daß sie den Vergleich mit den Engländern nicht aushielten, schien ebenso offenkundig. Obwohl die Japaner den Burmesen verwandt, obwohl sie gleich ihnen Asiaten waren und in der Parole: „Tod dem westlichen Imperalismus!" eine ungeheuer wirkungsvolle Waffe besaßen, so würden doch die Burmesen (diese Überzeugung hatten wir gewonnen), vor die Wahl gestellt, sich zwischen Japanern und Engländern zu entscheiden, den letzteren den Vorzug geben — trotz ihrer antibritischen Einstellung. Es kommt anscheinend bei solchen Beurteilungen seitens Unterdrückter nicht darauf an, wer der Näherverwandte ist, wer die besseren Absichten, die höheren, die zeitgemäßeren Ziele vertritt, sondern offenbar darauf, wer von beiden der Bequemere ist. Zweifellos waren das die Engländer und vorzüglich deshalb, weil sie sich, anders als die Japaner, der übermäßigen Einmischung enthielten. In dieser Hinsicht sündigten die Japaner besonders schwer, die sich um alles kümmerten, in jedem Dorf herumschnüffelten, keinem trauten, sich selbst — auch in den nebensächlichsten Angelegenheiten — die Entscheidung vorbehielten und so niemandem Bewegungsfreiheit ließen. Wenn die Burmesen früher mit Engländern in Berührung kamen, so meist mit Menschen, die auf weiten, herrschaftlichen Abstand hielten; die abgerissenen Japaner dagegen sahen sie in einer Nähe, die alle Illusionen zerstören mußte. Hinzu kam, daß die Japaner, nachdem sie Burma erobert, den Krieg gegen die Alliierten fortsetzen mußten und daher außerstande waren, den Burmesen etwaige Vorteile aus dem Anschluß an die sogenannte großostasiatische Wohlstandssphäre zu verschaffen. Im Gegenteil, die Verhältnisse zwangen sie dazu, aus dem Lande zu leben, das dadurch verarmte, so daß Wirklichkeit und Luftideal in krassem Widerspruch zueinander standen. Als Befreier waren sie gekommen, hatten sich als „masters" eingerichtet, konnten nichts bieten, mußten nur nehmen — und das Ergebnis war allgemeine Enttäuschung. —

Indes, ob nun die Japaner ihre Sache im einzelnen richtig oder falsch anpacken mochten, ob sie in Burma bleiben oder wieder vertrieben würden — so wie es früher hier gewesen ist, wird es nie wieder sein, sagten wir uns, während wir den Sack Reis weiterschleppten. Mit dem unbekümmerten Herrenleben der Weißen war es hier endgültig vorbei ...

„Bist du dir dessen bewußt, daß wir den Anbruch einer neuen Zeit symbolisieren?"

„Halt's Maul und laß uns lieber die Tragstange auf die andere Schulter legen."

Der Pfad führte wieder ins Freie. Einige buddhistische Mönche kamen uns entgegen. In gelbe Gewänder gehüllt, die Köpfe kurzgeschoren, trug jeder eine kleine kupferne Bettelschale. Ihre Gesichter waren erloschen, leer und ohne den geringsten persönlichen Ausdruck, so, als hätten sie bereits die letzte Stufe der Selbstverneinung erreicht, das Fesselband gelöst, das ihr Unsterbliches ans Sterbliche, ihr Sein ans Nichtsein bindet.

In den Reisfeldern zogen Ochsen, bis zum Bauch im Wasser watend, den Pflug; weißgefiederte Stelzvögel schritten mit eingezogenen Hälsen die schmalen Felddeiche ab. Wir näherten uns einem Dorf. Unter großen Bäumen standen helle Hütten, etliche davon hoch auf Standpfähle aufgesetzt. In der Mitte des Fleckens, auf einem Platz, in warmen Schattenton getaucht durch das Blätterdach der Baumkronen, machten wir halt. Die Wachen richteten, nachdem sie uns und die Inder weit auseinander gesetzt, eine Kochstelle her. Langsam und schläfrig kamen Burmesen herbei, hockten sich im Kreis um unsere Gruppe und sahen schweigend zu. Ihre braunen Gesichter waren knochig, die Münder breit, die schrägen Augen leblos. Es befanden sich athletische Gestalten mit kräftig ausgearbeiteter Muskulatur darunter. Um die Hüften hatten sie den rockähnlichen, rosafarbigen Lunghi geschlungen, mit Ausnahme eines lederhäutigen Alten, der nur einen Lendenschurz trug, doch waren seine Oberschenkel in solcher Weise tätowiert, daß es aussah, als habe er altmodische, spitzenbesäumte Knieunterhosen an. Um den Kopf trugen die Männer ein seidenes Tuch, gleichfalls in Rosa, der burmesischen Lieblingsfarbe. Es kamen einige Frauen herzu, die Gesichter kalkweiß gepudert, zwischen den Lippen eine große, schwarze Zigarre. Und dann erschien ein Mädchen, scheu und schlank wie ein Schmaltier, duftzartes, weißes Jäckchen über den jungen Brüsten, himbeerrosiger Lunghi ... Im feinen schwarzen Seidenhaar eine Orchidee ...

Es schien eine Flußfahrt bevorzustehen, denn unsere Japaner verhandelten mit einem der Bootsleute des Dorfes, und zwar auf burmesisch: Die Parteien sangen sich eine Weile in tiefen U- und O-Lauten wechselseitig an. Als man einig geworden, brachen wir auf und gingen durch das Dorf zur Anlegestelle. Vor ihren Hütten lagen die Burmesen, rauchten oder schliefen. Schlafende soll man nicht plötzlich oder rauh wecken, sagt man in Burma, denn den schlafenden Körper verläßt die Seele in Gestalt eines wunderschönen Schmetterlings, — wehe, wenn der Schläfer aufgeschreckt wird, bevor seine Seele zurückfinden konnte!

Das Wasser war tief und strömte träge. Unser Sampan pflügte durch die öligen Fluten, ohne eine Kräuselung oder ein Geräusch zu verursachen. Rundum waren Moräste, aus denen Hunderttausende hoher Palmenwedel hervorschossen. Nach allen Seiten zweigten Wasserbahnen ab, die alsbald in dem grünen Gewirr abhanden kamen. Schon wurden die Schatten länger. Wohin ging die Fahrt? Nach Akyab, auf dessen Höhe wir uns befinden mußten, oder wieder in ein Stabsquartier? Ich bemühte mich, einen unserer Wachleute über diesen Punkt auszuholen. Er dachte lange angestrengt nach, brachte aber nichts heraus. Dann führte er überraschenderweise die Unterhaltung auf deutsch fort, jedoch nicht, um das Reiseziel zu verraten, sondern um mir zu erklären, daß er Student an der philosophischen Fakultät der Kaiserlichen Universität zu Tokio sei. Ob ich Martin Heidegger gelesen hätte? Er habe dessen Werk „Sein und Zeit" in Arbeit gehabt. Wenn es seine Absicht war, mich zu beeindrucken, so hatte er sein Ziel erreicht: Ich war vollkommen sprachlos. Es sei selbst für einen Deutschen schwerverdauliche Kost, antwortete ich, nachdem ich mich wieder gefaßt hatte, mir ausmalend, was sich ein Japaner, der nicht einmal die einfache deutsche Umgangssprache einwandfrei beherrscht, wohl bei einem Satz wie: „Das Worin des sichverweisenden Verstehens als Woraufhin des Begegnenlassens von Seiendem . . ." vorstellen sollte. Schwer sei es gewesen, gab er zu, aber er hätte sich dennoch bis zur letzten Seite des Buches durchgebissen. Ein sehr bezeichnendes, aufschlußreiches Gespräch.

In der Dunkelheit legten wir an, marschierten noch eine Stunde und kamen dann zu mehreren Hütten, wo wir einem japanischen Feldwebel übergeben wurden. Auch einige Inder waren anwesend, die „One" und „Two" entgegennahmen. Unsere Wachen, einschließlich des Existentialphilosophen im Uniformrock, machten kehrt und entschwanden in die Nacht.

Der Platz, an dem wir abgesetzt worden waren, lag verlassen inmitten brauender Sümpfe, abgeschnitten von aller Welt. Wie er hieß, wußten wir nicht zu sagen; vielleicht hatte er gar keinen Namen. Unter riesigen Bäumen waren mehrere Bambushütten versteckt, in denen ein paar Japaner hausten, und nahebei befand sich ein gleichfalls unter Baumkronen verborgenes kleines Barackenlager, dessen Insassen Inder waren. Hier wurden die frischeingelieferten indischen Gefangenen zu Freiheitskämpfern bekehrt. Wir konnten uns den Konvertiten nur mit größter Vorsicht nähern, weil die Japaner einen derartigen Verkehr nicht wünschten. Da wir uns so gut wie auf einer Verbannungsinsel befanden — rings umschlossen uns breite Wasserhindernisse —, ließ man uns ohne Bewachung. Es wurde lediglich ein Bezirk abgegrenzt, den wir nicht überschreiten durften. Als Unterkunft wurde uns die Hütte des indischen Kochs zugewiesen, der für die Japaner arbeitete. Dort lagen wir herum, ohne daß sich irgend etwas ereignete, und erst nach einigem Drängen erfuhren wir von dem Feldwebel, daß er Befehl habe, uns so lange zu verwahren, bis er weitere Weisungen erhielte. Wann diese eintreffen könnten, wußte er nicht zu sagen und ersuchte uns, die wir auf genaueren Angaben bestanden, weniger Ungeduld an den Tag zu legen. Auf diesen unbestimmten Bescheid hin zogen wir sofort Erkundigungen bei den Indern ein, wobei wir eine Weiterbeförderung nach dem etwa 600 Kilometer entfernten Rangun im Auge hatten. Die Aussichten seien schlecht, wurde uns bedeutet; wir sollten vorsichtshalber mit einer Wartezeit von mehreren Wochen, besser Monaten rechnen; einer der INA-Offiziere, beispielsweise, warte schon sechs Wochen auf Anschluß nach Rangun und beurteile seine Aussichten noch immer so schlecht wie am ersten Tag. Überdies sei die Strecke besonders schwierig: erst sechs bis acht Tage Bootsfahrt auf binnenländischen Wasserläufen, dann Durchquerung des Arakangebirges, eines letzten Ausläufers des Himalaja, dann Übersetzen über den Irawadi-Fluß und schließlich Bahnfahrt. Wir könnten froh sein, meinte einer, wenn wir hier überhaupt wegkämen ...

Diese vagen und zweideutigen Auskünfte waren ganz danach angetan, uns heimliche Beängstigung einzuflößen. Unser Los war ja noch immer ungeklärt. Wir hatten uns keineswegs vom Spionageverdacht reinigen können, nur erreicht, daß man uns nicht nach Indien zurückschickte. Vielleicht wollte man uns wirklich hier verrotten lassen. Vom Standpunkt der Japaner war das zweifellos die bequemste Lösung. „Ihren Entbehrungen erlegen ...“ oder so ähnlich, würde es dann heißen. Falls das die Absicht sein sollte, dann war der Platz nicht schlecht gewählt. Das versumpfte, wasserreiche Gelände war eine ideale

Brutstätte für die Anopheles, den malariaübertragenden Moskito, und gleichzeitig war es der Verbreitungsherd unzähliger Ratten. Der Ratten namentlich wußten wir uns kaum zu erwehren. Sie rissen allnächtlich die Herrschaft in der Hütte an sich, wo sie mit ihren vom Kadaverfraß vergifteten Zähnen alles benagten, durcheinanderwarfen, was nicht feststand, und schrill pfeifend über unsere Leiber jagten. Auch andere Agenten der Zersetzung waren tausendfach vorhanden: langleibige Wespen, Skorpione, Vipern, weiße, gelbe und rote Spinnen . . .

Doch schlimmer als alles Geschmeiß war der Hunger, dem wir ausgesetzt waren. Hier beschränkte sich nämlich die Verpflegung auf täglich zwei Mahlzeiten: Es gab morgens um zehn und nachmittags um fünf je einen Teller vom „langsamen Hinrichtungsmittel", — sonst aber gab es nichts. Die Japaner erhielten zwar auch nicht mehr, schienen jedoch mit der Ration auszukommen. Für uns war es natürlich viel zu wenig, so wenig, daß wir fürchten mußten, unsere letzten Kräfte langsam dahinschwinden zu sehen.

Am dritten Tage unseres Aufenthaltes wurde Have von der Malaria heimgesucht, und den Tag darauf gesellte sich die Ruhr dazu.

Ich bemühte mich, zusätzliche Nahrung aufzuspüren und beschwor die Inder, die selber darbten, uns von ihrem Chowpatty, einem fladenförmigen Brot, etwas abzugeben, wurde aber bei meinen Verhandlungen von einem Japaner überrascht und wieder vertrieben. Nachts brachte uns dann ein Pandschabi zwei Fladen herüber, und indem er leise Verwünschungen gegen die Japaner ausstieß, verschwand er so plötzlich, wie er gekommen war. Was er gebracht hatte, war nicht der Rede wert; ich mußte mich daher nach anderweitigen Quellen umsehen.

Der Hunger hatte bereits so scharfe Formen angenommen, daß mir, um ihn nur irgendwie zu stillen, so ziemlich jedes Mittel recht erschien. Hätte es sich lediglich um das rein körperliche Mangelgefühl gehandelt, wäre es noch angegangen;

aber das Empörende war, daß der Hunger mit der ganzen primordialen Gewalt eines Urtriebes auch das Denken dazu zwang, es dazu erniedrigte, sich ausschließlich mit dem Essen zu befassen. Man nahm an nichts anderem mehr Anteil, träumte selbst nachts davon und durfte sich, ein bloßer Sklave seines Verdauungstraktes, nicht mehr als Mensch fühlen. Wenn wir morgens erwachten, galt sogleich unsere ganze Aufmerksamkeit dem Koch und seinem Treiben an der Feuerstelle, die vom Schlafraum nur durch eine Bastwand getrennt war. Wir durchschnupperten die Luft nach Essensgerüchen, jedes Küchengeräusch erweckte Halluzinationen; und kam dann die Stunde der Abfütterung, so war man in Gedanken schon wieder bei der nächsten Mahlzeit, denn die jetzige reichte zur Sättigung sowieso nicht aus. Kurz, ich verlegte mich aufs Stehlen. Unter den mageren Vorräten des Kochraums entdeckte ich eine Büchse mit braunem Rohrzucker, und indem ich mich auf den Standpunkt stellte, daß uns der Koch um unsere Rationen betrüge — eine Annahme, die im Osten nie völlig fehlgehen dürfte —, entnahm ich dem Gefäß so viel, wie ich glaubte, daß uns von Rechts wegen zustünde. Der Koch schien etwas bemerkt zu haben, denn nach weiteren Plünderungszügen war die Büchse plötzlich verschwunden.

Have sah aus wie der Tod von Basel. Er wurde auch wirklich vom Pech verfolgt, denn kaum war der Malariaanfall überstanden, zog er sich — indessen die Ruhr anhielt — eine Blutvergiftung zu. Nun brauchte er dringend ärztliche Hilfe, denn das Bein schwoll bedrohlich an. Die Japaner erlaubten uns, zum nächsten Dorf zu gehen, wo sich eine Sanitätsstelle befand, und eines Tages schleppten wir uns dorthin, zu einer von Papayabäumen und Flamboyants ganz verdeckten Hütte, in der zwei japanische Ärzte und ein Gehilfe praktizierten. Sie hatten meist Burmesen zu Patienten, die bei alliierten Fliegerangriffen zu Schaden gekommen waren. Stumm wie Tiere, die Augen voller Angst, ließen die Eingeborenen die Behandlung über sich ergehen. Die Japaner schnitten Haves Bein auf, der alsbald eine große Erleichterung verspürte, und nahmen sich unser mit wohltuender Freundlichkeit an. Sie gaben uns Milch zu trinken und überreichten uns etwas Kaffee und Zucker zum Mitnehmen. Da die Ärzte, wie die meisten ihres Faches, etwas Deutsch sprachen, baten wir sie um kurze Unterweisung im Japanischen, eine Bitte, der sie gern nachkamen, während wir unsererseits ihre deutschen Lieder abhören mußten, die sie mit großer Unbefangenheit und schülerhafter Begeisterung vortrugen. Es handelte sich um das Heidenröslein, den Lindenbaum und die Lorelei — die drei deutschen Lieder, die jeder gebildete Japaner von Kindheit auf kennt. Mit der Aufforderung, ihnen sämtliche Strophen herzusagen, brachten sie uns in nicht geringe Verlegenheit, aus der wir uns durch kühne Stegreifdichtung zu retten suchten, nur um beim nächsten Besuch des Schwindels überführt zu werden, weil den Ärzten inzwischen der richtige Text eingefallen war. Sooft wir konnten, suchten wir die Sanitätsstelle auf; sie war in unserer damals so mißlichen Lage unser einziger Lichtblick.

Die Burmesen haben bei aller Trägheit ein hitziges Temperament und können unversehens in tobsuchtähnliche Raserei verfallen. Wir sollten bald eine Probe davon erhalten. Als wir nämlich wieder einmal auf unserem Lager in der Kochhütte dahindösten, verzweifelt darüber, daß man uns hier ausgesetzt hatte, ratlos, weil weit und breit kein verantwortlicher Offizier zu erreichen war, und auch besorgt, die Engländer könnten bei einem möglichen Angriff gegen Akyab oder durch eine Luftlandung in der Nähe unser wieder habhaft werden — als diese Gedanken uns wie üblich bedrückten, hörten wir plötzlich ein wildes Gebrüll. Wir blickten hinaus und sahen zwei Soldaten, die sich gegenseitig mit dicken Bambusknüppeln wie Tollhäusler verprügelten. Schnell verschwanden wir ins Innere der Hütte, aus Furcht, die Japaner könnten bei unserem Anblick voneinander ablassen und sich statt dessen auf die beiden Weißen stürzen. „Es sind burmesische Soldaten“, sagte der Koch, „sie geraten oft so plötzlich in Wut. Man läßt sie am besten gewähren, dann beruhigen sie sich von selbst." Auf diese Weise erfuhren wir zum erstenmal von der Existenz einer burmesischen Armee, die allerdings zum Frontdienst nicht herangezogen wurde, wie der Koch uns auseinandersetzte. Wir hatten die Raufbolde deswegen mit Japanern verwechselt, weil ihre Uniformen den japanischen glichen, allerdings mit dem nicht gleich bemerkten Unterschied, daß um die Kappen der Burmesen zwei schwarze Litzen liefen.

Es war Monsunzeit, die Niederschläge nahmen an Heftigkeit und Dauer zu, steigerten sich bis zum Unmaß, ja muteten wie Ausschreitungen der Natur an. Zuweilen wähnte man sich auf dem Meeresgrund. Die Landschaft, in phantastisches Tiefenlicht getaucht, hatte etwas Unterseeisches, Dämmriges, Versunkenes, und die Gewächse wogten kraftlos und quallenartig in den Wassermassen umher. Alle Umrisse lösten sich auf, blieben verschwommen wie hinter nassen Scheiben. Dann aber brach die Sintflut plötzlich ab, mit einem Schlage war das Bild verwandelt, die Sonne stach, es herrschte Treibhausluft, das Pflanzenwerk richtete sich auf, wie wahnsinnig arbeiteten seine Milliarden von Zellen, und gierig durchwühlten die Wurzeln das feuchte Erdreich.

Die zweite Woche quälender Ungewißheit auf verlorenem Dschungelposten näherte sich ihrem Ende, aber noch immer war nichts geschehen. Wir fühlten uns stetig hinfälliger und hungriger werden, zumal Have, von seinen Gebrechen genesen, die Eßlust des Rekonvaleszenten entwickelte. Nachdem es nichts mehr zu stehlen gab, hatte ich mich an einen Burmesen aus dem Nachbardorf gewandt, um etwas polierten Reis gegen unsere letzten indischen Rupien einzuhandeln. Wenn ich ihn in Gold bezahlen würde, könnte er uns etwas ganz Gutes und Besonderes beschaffen, meinte der Mann, und ich bat ihn, am Abend zu bringen, was er hatte, denn tatsächlich besaßen wir außer dem Sovereign — den wir nicht antasten wollten — noch etwas Gold in Gestalt einer ausgefallenen Zahnplombe, die in Haves Hosennaht eingenäht war.

Der Burmese erschien wie verabredet und brachte den Reis, der sofort verzehrt wurde. Dann fragten wir, was er sonst noch anzubieten vermöge. Er rief leise einen Namen, und aus der Finsternis trat eine weibliche Gestalt an die Hütte.

„Nun, was hat sie mitgebracht?"

„Sich selbst —" sagte der Burmese im Flüsterton.

Ohne aufzublicken, kniete das Mädchen lautlos vor der Schwelle unserer Hütte nieder und wartete, die schmalen Hände flach auf den Schenkeln, mit der Ergebenheit des Opfertieres auf unsere Entscheidung. Sie war ein blutjunges, fast kindliches Geschöpf.

Es entstand eine verlegene Stille, in der wir betreten an unserer verfallenen und ohnmächtigen Leiblichkeit herabsahen. Dann sagte ich:

„Ein Kotelett wäre mir jetzt lieber —"

„Der alte Kuppler weiß wohl nicht, wie einem Hungernden zumute ist", fügte Have hinzu.

Jedenfalls wechselte die Zahnplombe nicht ihren Besitzer.

Am nächsten Morgen kam unerwartet eine Eskorte und führte uns ab.

Nun befanden wir uns endlich wieder in Bewegung, es ging vorwärts, wenn auch langsam, mit mancher Unterbrechung und auf abenteuerliche Weise. Die Beförderung vollzog sich auf japanischen Sturmbooten, kleinen, breiten Fahrzeugen mit einem Fassungsvermögen von 50 Tonnen, die auf den verschlungenen Wasserläufen des nordwestburmesischen Dschungels den Verkehr unterhielten. In Anbetracht der alliierten Luftangriffe fanden die Transporte nur nachts statt. Wenn die Dunkelheit einbrach, kam aus seinem Uferversteck, wo es den ganzen Tag verborgen gelegen war, das Boot hervorgeglitten, nahm die Soldaten an Bord und fuhr stampfend durch eine geisterhafte, unwahrscheinliche Landschaft, urweltlich wie die der Steinkohlenformation, um kurz vor Sonnenaufgang seine Ladung mitten im Urwald, doch meist in der Nähe einer Ansiedlung abzusetzen. Die Soldaten quartierten sich dann bei den Burmesen ein und warteten in den Dörfern bis zum Abend auf die Weiterfahrt. So fuhren wir nächtelang in Booten, überfüllten, unbequemen Fahrzeugen, in denen wir, arg bedrängt von schrägäugigem, nach Fisch riechendem Kriegsvolk, weder richtig stehen noch sitzen oder liegen konnten, und verbrachten die Tage bei immer neuen Gastgebern in den Hütten der Burmesen.

Unsere Begleitung, die bis zum Endpunkt der Bootsstrecke nicht wechselte und zehn Tage mit uns beisammen blieb, bestand aus vier Mann, einem Leutnant und drei Soldaten. Sie waren uns wohlgesinnt, frei von Mißtrauen und faßten ihre Aufgabe als Schutzgeleit auf und nicht als Überwachung eines Schwerverbrechertransportes. Die Vier bildeten einen kleinen, festgefügten Verband, wie die Brüder einer Familie, und der Leutnant nahm darin eher die Stellung des Familienältesten ein als die eines Vorgesetzten. Sie aßen gemeinsam, schliefen unter dem gleichen Moskitonetz und beratschlagten wohl auch miteinander, doch immer unter Wahrung eines ehrerbietigen Abstandes vom Offizier. Dieses patriarchalische Verhältnis stellte die Grundlage dar, auf der die japanische Armee sich aufbaute, und insofern war es das getreue Abbild des japanischen Familienstaates.

Der Leutnant, Fujita mit Namen, hatte kürzlich die Kriegsakademie in Tokio absolviert und war über Java nach Burma gekommen. Er mochte Anfang Zwanzig sein, war zierlich von Gestalt, aber dennoch kräftig, hatte einen schmalen, aristokratischen Kopf, Augenbrauen wie zwei weiche Kohlenstriche und einen Ausdruck, der zugleich sanft und diamanthart war. Seine Art, mit uns umzugehen, war die eines älteren Bruders, fürsorglich-streng, und er erwies uns einen großen Dienst damit, daß er uns bei seinen Landsleuten sofort als Deutsche einführte, was allenthalben eine freundschaftliche Atmosphäre schuf, namentlich auf den Booten, wo unser Erscheinen natürlich großes Aufsehen erregte. Die Soldaten bestaunten uns wie Fabeltiere, wunderten sich über unsere Körperlänge, baten um Erlaubnis, uns an den Bein- oder Armhaaren — sie selber sind bekanntlich haarlos glatt — ziehen zu dürfen, machten ihre Witze über uns, lachten treuherzig und schenkten uns Zigaretten.

Von dem Feldwebel der Eskorte, der still und wortkarg war, läßt sich nur so viel berichten, daß er sich als geschickter Quartiermacher bewährte, der stets die beste Hütte, meist die des Dorfältesten, ausfindig machte, daß er ein guter Schütze war, der auf unsere Bitte hin Dschungelhühner schoß, und im übrigen aus dem Staunen über unseren Appetit, besonders den meinigen, nicht herauskam. Und in der Tat stellte ich für die Japaner ein förmliches Versorgungsproblem dar, das zu lösen sie völlig außerstande waren. Doch muß zu ihrer Ehrenrettung vorgebracht werden, daß sie beim besten Willen nichts hätten auftreiben können. Im Verlauf der Reise konnten wir uns, gottlob, eine zusätzliche Bezugsquelle erschließen, indem wir der häufigen Aufforderung unserer burmesischen Quartiergeber, deutsche Lieder zu singen, nur gegen Zusicherung einer Gegenleistung in Form von Früchten nachkamen. Hier tat sich Have besonders hervor. „Wenn der weiße Flieder wieder blüht ...“ ertönte es ungezählte Male in Burmas Dörfern aus seiner Kehle. Während er sang, kassierte ich ein.

Unsere anfängliche Schwierigkeit, die japanischen Gesichter auseinanderzuhalten, bestand in abgeschwächter Form noch immer. Das asiatische Antlitz ist ja auch einförmiger als das weiße. Die Leute haben durchwegs blauschwarzes, glattes Haar, schwarze Augen, und infolge des weiten Jochabstandes ist die Gesichtshaut so fest gespannt, daß die physiognomische Ausdrucksfähigkeit dadurch herabgesetzt wird. Den Dritten im Bunde der Eskorte hielten wir daher anfangs vermöge seiner Gestalt, nicht seines Gesichtes, von den übrigen auseinander. Er besaß die ideale Schwimmerfigur — der ganze Mann eine Stromlinie. Bei seinem Anblick wurde uns klar, daß die japanische Körperanlage, die entschieden nicht die eines Läufers ist, ihre Vollendung in der Gestalt des Schwimmers findet. „Very-good-ka“ — wir hatten ihn so getauft, weil er an das einzige englische Wort, das er kannte, den japanischen Fragepartikel „ka“ anhängte — hatte wirklich etwas elegant Amphibisches, Ozeanisches an sich, wenn er so dem Wasser eines Tümpels mit den fließend-weichen Bewegungen eines Perlfischers entstieg. Neben anderen Vorzügen besaß er auch eine gute Stimme, die er bei jeder Gelegenheit erschallen ließ. Während unserer nächtlichen Fahrten standen wir oft neben ihm am Bugspriet und lauschten seinem Gesang. Er wollte uns einige alte japanische Lieder beibringen — ein vergebliches Bemühen, weil es uns nicht gelingen wollte, die schwer zu treffenden Zwischen- und Vierteltöne richtig wiederzugeben.

Leutnant Fujita, der Feldwebel und Verygoodka bildeten die eigentliche Kerngruppe, der vierte war ein Außenseiter, von einem fremden Regiment, den anderen für die Dauer der Bootsreise zugeteilt. Und dieser vierte war ein vollendetes Unikum. Er war auffallend klein, so klein, daß er uns nicht bis zur Brust reichte, dabei kugelrund und außergewöhnlich stark; an seinen kurzen Puppenarmen quollen Muskelwülste hervor. Seine Beine verdienten eigentlich gar nicht diese Bezeichnung, denn das, womit er sich fortbewegte, waren keine Beine, sondern Laufwarzen. Er besaß ein Gesicht, breit wie ein Pfannkuchen, auf dessen weiter Fläche die kleinen Augen, die winzigen Ohren, die sattellose Stupsnase und die rüsselförmig aufgeworfenen Lippen völlig verlorengingen. Seine Kappe fand auf dem geschorenen Ballonschädel nirgends richtig Halt. Er war gutmütig und teilte mit uns alles, was er hatte, doch war er auch roh und gefährlich.

Fujita erzählte uns, daß er ein ausgezeichneter Dschungelkämpfer wäre, der sich mehrfach bei Überfällen mit seinem Tommygun (Schießprügel) hervorgetan hätte. Nun fuhr er, nachdem er fünf Jahre ununterbrochen im Krieg gewesen, zu längerem Urlaub in die Heimat zurück, in sein Dorf bei Osaka, wo seine Eltern Reisbauern waren. Er schwärmte uns so viel von dem Freudenviertel in Tokio vor, das er als erstes aufsuchen wollte, daß er von uns den Namen „Yoshiwara Master“ erhielt, eine Bezeichnung, die er jedesmal mit einem Aufglänzen seines Mondgesichtes quittierte. Als alter Soldat war er in allen Nebentricks des Gewerbes bewandert, vermied jede überflüssige Bewegung, schlief in den unglaublichsten Stellungen, war aber, wenn plötzlich geweckt, sofort auf dem Posten, fand zu jedem Essen eine besondere Zutat, meist seinen geliebten rohen Fisch, wußte genau, wann es vorteilhaft war, sich vorzudrängen, wann, im Hintergrund zu bleiben, und hatte eine besondere Art, mit der Bevölkerung Geschäfte zu tätigen. Wenn wir nämlich irgendwo in einem Dorf Quartier machten, fanden sich sofort die Burmesinnen ein, um Früchte, kleine Reiskuchen, Cheroots (Zigarren) und andere Waren, die sie auf flachen Bastkörben auf dem Kopfe trugen, den Soldaten anzubieten. Yoshiwara Master ließ sich in einen umständlichen Handel ein, feilschte und fluchte, bis die Verkäuferinnen in Verwirrung gerieten, nicht mehr aufpaßten, und wenn die Frauen weggingen, hatte er gewöhnlich die doppelte Menge dessen „eingekauft“, was er bezahlt hatte.

In dieser Hinsicht bildete er eine Ausnahme, denn sonst gingen die Japaner mit den Burmesen in auffallend korrekter Weise um. Sie bezahlten für alles und ließen die Mädchen in Ruhe, warteten bei nächtlichen Einquartierungen geduldig, bis die verschlafenen Burmesen sich hinausbequemten und räumten sorgfältig auf, wenn sie die Hütte verließen. Es wäre auch bei ihren ausgedehnten und gefährdeten Verbindungen eine namenlose Torheit gewesen, die Burmesen durch übles Betragen zu tätigem Widerstand herauszufordern.

Yoshiwara Master hatte Malaria. Er bekam sie nicht mehr los und wurde von ihr schon so lange geplagt, daß er sich nicht mehr genau erinnern konnte, wann sie ihn zum erstenmal befallen hatte — wahrscheinlich vor Jahren in Kanton. Jetzt litt er wieder stärker darunter; täglich schüttelten ihn kurze Fieberanfälle, dann war er ganz still und sein Kopf glühte wie ein Feuerball. Vor dem Schlafengehen stülpte er sich eine Moskitonetzhaube über, die am Hals zugeschnürt wurde, und um den Schnaken auch sonst keine Angriffsfläche zu bieten, zog er Fäustlinge an. In dieser grenzenlos komischen Tauchervermummung tappte er eine Weile umher, um sich dann zu lautem Schnarchen niederzulegen.

Mehrmals mußten wir uns gerade zum Boot begeben, wenn er Hitze hatte und sich sterbenselend fühlte, aber daß ihm dann einer seiner Gefährten geholfen hätte — der Anmarschweg war oft beschwerlich —, kam überhaupt nicht in Betracht. Anfänglich verdächtigten wir die anderen einer bewußten Unkameradschaftlichkeit, merkten aber an dem Befremden, das sowohl Yoshiwara Master als auch die übrigen zur Schau trugen, als wir ihm den Tornister abnahmen, daß unsere Handlungsweise ihnen völlig unverständlich war. Sie werteten den Beistandsversuch als Zeichen knechtischer Unterwürfigkeit oder weibischen Erbarmens, wahrscheinlich aber, und das hielten wir für den eigentlichen Grund ihrer stummen Zurechtweisung, als eine Art Tabuverletzung. Schmerz, Krankheit, Tod — wir lernten es bald einsehen — sind nach japanischer Vorstellung Dinge, mit denen der einzelne allein fertig zu werden hat. Der Japaner erwartet nicht, daß man an seinen Leiden Anteil nimmt, und ist selber entsprechend gefühllos fremdem Leid gegenüber. Möglicherweise wirkt hier noch die alte Auffassung von der Bresthaftigkeit als etwas rituell Unreinem nach. Wir haben auf unserem Weg durch Burma Schwerkranke gesehen, mit hochgradigem Beriberi, die, allein gelassen, sich langsam durch den Dschungel schleppten, irgend einem fernen Lazarett zu — grauenerregende, danteske Gestalten, und wir haben Sterbende gesehen, die am Wegrand lagen, ohne daß jemand auch nur einen gleichgültigen Blick auf sie geworfen hätte.

Wir sollten nach Rangun gebracht werden, das war nun gewiß; unsere Eskorte hatte das Geheimnis endlich preisgegeben. Was aber dort mit uns geschehen würde, wußten sie selber nicht. Eine Woche waren wir bereits mit den Booten unterwegs und befanden uns an der letzten Zwischenstation. Die nächste Nachtfahrt sollte uns nach Taungup bringen, von wo die Weiterreise auf dem Landwege erfolgen würde. Wir lagen in einer hohen Pfahlhütte, in nachbarlicher Nähe der Palmwipfel, am Rande eines Dorfes. Der Mittag war vergangen. Wir setzten unseren Morgenschlaf fort, den wir nur für die Dauer der Mahlzeit unterbrochen hatten. In einer Welt, wo Schlaftrunkenheit ganzer Bevölkerungen die Regel, wo die Luft voll einlullender, betäubender Stoffe ist, mußten auch wir schließlich der Schlafsucht verfallen. Wozu auch sollten wir wachen, was hätte uns Bewußtseinshelligkeit gefrommt? Was hatten wir schon zu versäumen?

Aus ohnmachttiefem Schlummer weckte uns ein Geräusch, geschwind sich steigernd, zu lautem Dröhnen anschwellend, — und schon flogen windschnell, eben über Baumhöhe, zwei englische Jagdmaschinen heran. Wir fanden gerade Zeit, den Kerbbalken hinabzuhuschen und uns unter den Boden der Hütte zu werfen. Die Luftschutzgräben waren alle voll Wasser und deshalb nicht benützbar. Sprengende Donnerschläge erfüllten die Luft: Aus ihren Maschinenkanonen beschossen die Flieger bereits das Dorf und jagten auch einen Feuerstoß in unsere Richtung. Klatschend schlugen die Geschosse in den Lehm. Die blattdünnen Wände der Hütte boten nicht den bescheidensten Schutz. Ich kam mir ganz hilflos vor und konnte nur mit Mühe meine Unruhe verbergen. Die Japaner verrieten keinerlei Erregung, aber der lebhaften Nachbesprechung, die das Ereignis bei ihnen fand, war zu entnehmen, daß der Angriff sie nicht weniger erschreckt hatte als uns.

In unserer Nähe zerriß es einen Burmesen in seinem Boot, einen armen, harmlosen Teufel —

Der Überfall hatte nur wenige Sekunden gedauert, und gleich darauf mutete es völlig unwahrscheinlich an, daß dieses stille, traumschwere Dorf soeben noch der Schauplatz einer plötzlichen Heimsuchung gewesen war.

Nachts warteten wir, obgleich viele Boote kamen und das Klopfen der Dieselmotoren, bald sich nähernd, bald sich entfernend, in der Finsternis zu hören war, vergeblich an der Anlegestelle auf Weiterfahrt. Ich lag unter einem Kasuarinenbaum, um mich her die fremden, schlafenden Soldaten. Der Dschungel, nachglühend von der Tageshitze, dunstete aus ... Um Mitternacht stieß ein neuer Trupp zu uns, und sowie Verygoodka, der gleichfalls wachte, seiner ansichtig wurde, sprang er auf und weckte durch Ruf die anderen. Man erhob sich eilig und führte die Hand an die Mütze zu feierlichem Gruß. Ich fragte leise den Leutnant, welche Bewandtnis es mit der Ehrenbezeigung habe, worauf er auf einen der Angekommenen deutete, der vor sich auf der Brust einen kleinen Kasten trug, eingeschlagen in ein weißseidenes Tuch, das hinter dem Nacken des Trägers, ähnlich einer Armbinde, zusammengeknüpft war. „Ein guter Kamerad —", sagte Fujita mit gedämpfter Stimme auf deutsch. Es war eine Urne, die die Asche eines Gefallenen enthielt. Sie würde nach Tokio gebracht, um dort in großer nächtlicher Zeremonie, unter Anwesenheit des obersten Shintopriesters im Yasukuni-Tempel, der Aufbewahrungsstätte sämtlicher Kriegsurnen — Hunderttausender bereits — eingeschreint zu werden. Mit der Einschreinung, so erklärte man uns, erlange die Seele des toten Helden Unsterblichkeit und gehe in das große Geisterheer der Kriegsgötter ein, weshalb es der brennende Wunsch jedes japanischen Soldaten sei, durch Hingabe seines Lebens in der Schlacht die Gottwerdung ohne Aufschub herbeizuführen. Die Seele des toten Kriegers sei göttlicher Verehrung durch die Lebenden gewiß, ja selbst Tenno Heika, der Himmelskaiser, würde den Schrein aufsuchen, um dort seine Gebete zu verrichten — das Äußerste an Ehrung, was einem Japaner zuteil werden kann.

Wir mußten noch einen Tag warten, ehe ein Boot kam, uns abzuholen. Überraschenderweise fuhr es schon früh am Nachmittag los, — eine Vorverlegung der Abfahrtzeit, die wir im Hinblick auf die englischen Luftüberfälle nicht gerade begrüßten, doch war es andererseits eine willkommene Gelegenheit, die bisher nächtlich durchfahrene und als so abenteuerlich empfundene Landschaft nun auch einmal bei Tageslicht in Augenschein zu nehmen.

Es war in der Tat eine märchenhafte Welt, in die uns die Wasserläufe hineinzogen. So weit das Auge reichte, Ursümpfe, unermeßliche, verwunschene Mangrovenwildnisse. Nur hie und da hoben sich niedrige, wollig überwucherte Bergzüge empor. Die Kanäle bildeten in dem Pflanzengewühl ein Labyrinth von Wassergassen, viele so eng, daß die Stelzwurzeln und vom Ufer überhängenden Astarme die Bootswand streiften und man durch Laubgrotten hindurchzugleiten vermeinte. Über weite Strecken war nirgends fester Grund; die Sumpfvegetation wuchs bei entblößtem Wurzelwerk unmittelbar aus dem Wasser hervor, so daß sich die Stämme erst in einiger Höhe über dem Flutspiegel bildeten. Das tote, stockende Gewässer, aus dem die schwarzen Wasserwurzeln wie lauter Schlangenleiber hervorsahen, die Baumleichen am Uferrand, die unruhig glänzenden Blätter — das alles ergab ein Bild, das zugleich trostlos und aufwühlend war. Kein Lebewesen könnte hier bestehen, es würde langsam ersäuft, erwürgt, zugrunde gerichtet. Wir fuhren Stunden durch diese ungebärdige Pflanzenwelt und mußten schon ganze Nächte durch sie gefahren sein. Zuweilen glitten in lautloser Flucht Kanus an uns vorüber, in denen scheue, bronzehäutige Eingeborene hockten; man fragte sich, woher sie wohl kämen, wohin sie wollten, in dieser Verlorenheit ...

Vor Einbruch der Dämmerung erreichten wir das offene Meer. Viele Buchten schwangen sich hinaus, und in der schaumigen Weite lagen, dunklen Scherben gleich, kleine Inselgruppen eingestreut; doch zeigte sich nichts Lebendiges. Küsten und Eilande waren unzugänglich — die Mangroven verwehrten jede Besiedlung. Unser Sturmboot war weit und breit das einzige Fahrzeug — und das einzige Ziel. Wir lauschten daher voller Bangen in die Ödnis hinein, ob nicht ein Motorengeräusch vernehmbar würde, und suchten heimlich den Horizont nach Flugzeugen ab; aber bald begann es zu dunkeln, die Gefahr eines Angriffs war vorbei.

Im Laufe der Nacht verließen wir wieder den Ozean und bogen landeinwärts in einen Wasserlauf. An einem Halteplatz kam eine Schar splitternackter Soldaten an Bord, die durch den Uferschlick hatten waten müssen, da gerade Ebbe war. Sie trugen ihre Uniformen gebündelt über der Schulter und waren bis an die Oberschenkel mit grauglänzendem Schlamm bedeckt. Als sie des Urnenträgers gewahr wurden, der den Ehrenplatz zu Seiten des Steuermanns einnahm, bezeigten sie, trotz ihrer anstößigen Nacktheit, der Asche des gefallenen Kameraden ihre volle Reverenz.

In Taungup nahmen wir Abschied von Fujita und seinen Mannen, nachdem wir zwei Tage in einem Offizierslogis der Fortsetzung unserer Reise über den Arakan geharrt hatten. Am Vorabend der Trennung veranstaltete Fujita ein kleines Essen, zu dem Sake, japanischer Reiswein, aus winzigen Schälchen getrunken wurde — eine rührende Geste, da er die Kosten aus eigenen, sicher äußerst beschränkten Mitteln bestreiten mußte. Der Krieg hatte nämlich in den eroberten Gebieten die Preise sehr in die Höhe getrieben, zum Teil um das Hundertfache. Das Umtauschverhältnis aber von Yen in burmesische Rupien war nach wie vor eins zu eins geblieben, so daß die Soldaten bei unveränderter Yen-Löhnung so gut wie nichts mehr kaufen konnten.

Fujita geleitete uns zwecks Weiterschleusung zu einem nahegelegenen Divisionsstab, wo wir, ehe man uns auf den Weg brachte, von einem zufällig vorbeikommenden Obersten Besuch erhielten, einem würdigen, aber gebrechlichen Greis, der sich kaum auf den Beinen halten konnte und mehr tot als lebendig war, weshalb ihm sein Gefolge einen Stuhl nachtrug, der ihm untergeschoben wurde, sowie er irgendwo haltmachte. Da er den Kopf eines Dalai-Lama hatte und dessen erloschenen Blick, wirkte seine Vorweisung wie die Zurschaustellung einer Reliquie, — es wurde einem ganz feierlich und fromm dabei zumute. Wie waren wir daher erstaunt, als er an uns, nach voraufgegangener kurzer Befragung durch einen seiner Unterlinge, die profane Frage richtete, ob wir auch eine Geliebte hätten. Mit der Antwort, daß wir früher in jeder Stadt eine Freundin gehabt hätten, erzielte Have bei den Anwesenden einen unbändigen Heiterkeitserfolg. Der alte Herr lachte stimmlos, aber mannhaft mit und zeigte dabei seine großen Zähne, die alle von Gold waren. Dann erhob er sich zitternd aus seinem Stuhl, nickte uns väterlich zu und trippelte, auf zwei seiner Begleiter gestützt, zu weiterer kultischer Verwendung davon.

Unsere nächste Eskorte — wir gingen ähnlich einem Stafettenstab von Hand zu Hand — bestand diesmal aus einem einzigen Offizier, einem Hauptmann, der bei der Eroberung von Singapur dabei gewesen war. Er übernahm uns in abweisendem Schweigen und ging auch schweigend vor uns her, bis an eine Wegkreuzung, um dort auf einen Lastwagen zu warten. Während der nächsten halben Stunde stand er uns reglos gegenüber, die Beine weit gespreizt, beide Arme vor sich auf seinen Säbel gestützt, und sah mit dem Ausdruck äußerster Geringschätzung die beiden verabscheuungswürdigen Weißen stieren Blickes an. Sein Kopf hatte die Form eines Dumdum-Geschosses, sein Mund war ein schmaler, strenger Strich, den ein hartes, eckiges Kinn umrahmte. Er öffnete die Lippen während dieses anhaltenden Blickmordes nur einmal, doch nicht um etwas zu sagen, sondern nur um kurz aufzustoßen. Warum bloß glotzte er uns so lange an? Denn auch als wir den Wagen bestiegen hatten, fuhr er fort uns zu fixieren. Wollte er uns etwa durch Hypnose das Geständnis entreißen, daß wir Spione seien oder uns bei irgend einer Bewegung erwischen, die uns als Engländer entlarvte? Unter anderen Verhältnissen jedenfalls hätte ein auch nur sekundenlanger Blick dieser Güte den Anlaß zu einer schweren Auseinandersetzung abgegeben. Wir kehrten ihm daher ostentativ den Rücken. In dem Augenblick, da wir uns abwandten, sprach er uns an und fragte grob, ob wir wirklich Deutsche seien, um uns hiernach nicht mehr anzustarren, aber auch keines weiteren Wortes mehr zu würdigen.

Das japanische Militär hatte für uns vom ersten Augenblick an etwas Geheimnisvolles, ja in mancher Beziehung Unheimliches gehabt — es trug viele Züge, die wir nicht zu deuten vermochten und manche, die wir fürchteten, so daß zwischen uns Bemerkungen fielen, wie: „Gegen die möchte ich nicht kämpfen —“, oder: „Die sind zu allem fähig —“, oder auch: „Hier haben wir es mit dem abgründigsten Asien zu tun —“, alles Bemerkungen, die dem Gefühl entsprangen, einer beunruhigenden Unfaßlichkeit gegenüberzustehen. Man erlag diesem Gefühl schon bei flüchtiger Berührung mit dem einzelnen, bei dem man oft nicht wußte, mit wem man es zu tun hatte, in wessen Auftrage er sich uns näherte und wem er berichten würde; oder es redete uns plötzlich jemand fließend in einer europäischen Sprache an, nachdem er sich vorher umständlich eines Dolmetschers bedient hatte. Es war fast ausgeschlossen, das voraussichtliche Verhalten eines Japaners auf gegebenen Anlaß hin auch nur annähernd zu bestimmen, was uns zur größten Vorsicht anhielt, denn meist erfolgte gerade diejenige Reaktion, die man am wenigsten erwartete und bei der nicht selten zu besorgen war, daß die rohen Urinstinkte, die fühlbar sprungbereit unter dünner, aber maskenhaft undurchsichtiger Oberfläche lagen, durchbrechen könnten. Wir hatten ursprünglich gedacht, daß Japaner, die uns nicht anschauten, auch tatsächlich keine Notiz von uns nahmen, um später festzustellen, daß sie nur scheinbar an dem Gegenstand ihres Interesses vorbeisahen, ihn in Wirklichkeit aber vermöge einer indirekten, seitlichen Blickweise genau ins Auge faßten. Insofern stellte der Hauptmann aus Singapur mit dem geschoßförmigen Schädel eine Ausnahme dar, denn die Vorliebe für die indirekte Methode war allgemein, so daß man hinter Andeutungen Befehle, hinter übertriebener Höflichkeit Verärgerung, hinter einem vorgeschobenen Strohmann den Drahtzieher zu suchen hatte. Zuständigkeiten, Instanzenzüge, Verantwortungen wurden auf diese Weise bis zur Unkenntlichkeit verwischt. Wo die Hebelpunkte lagen, welches die bewegenden Prinzipien waren, nach welchem Gesetz die Organisation arbeitete, dies alles blieb unbegreiflich; man sah lediglich einzelne Soldaten, kleine Rotten — nie größere Verbände — das weglose Gelände durchziehen, und doch hing alles, wirkte alles auf rätselhafte Weise zusammen, so wie in einem Ameisenhaufen, wo das Einzelwesen scheinbar planlos umherrennt, in Wahrheit aber seine Aufgabe am unbekannten Gesamtplane erfüllt.

Es war später Nachmittag gewesen, als das Lastauto abfuhr; wir richteten uns daher auf eine Nachtfahrt ein. Sogleich hinter Taungup ging es auf lehmiger Straße in scharfen Kehren zum Gebirge hinauf, in die Abgeschiedenheit des Arakan. Doch fuhren wir kaum länger als eine Stunde; noch vor Dunkelwerden machte der Wagen inmitten der Waldöde vor einigen Blockhütten der japanischen Sicherungstruppe halt. Wortlos, ohne uns anzusehen, verschwand der Hauptmann in einer von ihnen, indes wir von dem Fahrer in eine tiefgefurchte Schlucht, die seitlich der Straße ihren Anfang nahm, geführt wurden, wo, im verstrickten Unterholz verborgen, ein von Soldaten belegtes Bambushäuschen war. Es stand am steilen Hang auf Pfählen wie ein Pilz im tiefsten Waldesgrund. Während im Inneren der Hütte das Reismahl bereitet wurde, kauerten wir auf der äußeren Plattform und beobachteten gebannt, wie die Finsternis in den Dschungel einfiel. Es war der Augenblick des Übergangs, da das Halbdunkel noch ein letztes Mal alle Formen, ehe sie verschwinden, plastisch hervortreten läßt. Doch dieser Zwischenzustand währte nicht lange. Nach kurzer Zeit verschleierte sich das Gesichtsfeld, unter den Blättern begann sich die Dunkelheit zu sammeln, das letzte Licht wich und siechte heimlich zwischen dem Bambus dahin. Schon füllten sich die Lücken im Gebüsch mit Schatten, die sich schnell vertieften und uns entgegengähnten wie Schlünde, wie schwarze

Rachen ... Die Wälder schienen für nichts mehr gut zu stehen; man witterte beklommen die Gefahr, die lastende Allgegenwart einer tödlich-gleichgültigen Natur ... Nun war es bereits stockdunkle Nacht, — unter den Wendekreisen vollzieht sich das Eindämmern rasch: In wenigen Minuten waren die Bergdschungel von der Finsternis verschlungen.

Vor dem Schlafengehen saßen wir mit den nackten Japanern auf dem Boden im Kreise um ein Öllicht. Sie trugen nur ihren Schurz und hatten ihr kleines Schweißtuch, das jeder Soldat immer bei sich führt, um den Kahlschädel geschlungen. In dieser Runde erzählten sie uns, daß der Arakan voller Raubtiere sei, voll Tiger und wilder Elefanten. Kein besseres Thema hätten sie aufgreifen können; unsere Einbildungskraft bedurfte just dieser Anregung, und so kam es, daß wir, statt zu schlafen, lange Zeit die Geräusche des Dschungels belauschten ... Das Rascheln im Laub, das ferne Geschrei von Affen, die tiefen Bässe der Frösche, das dumpfe Krachen eines stürzenden Waldriesen ... das Girren, Schlagen, Schluchzen ... das Geraschel einer Verfolgung ... die Liebesschreie ... die Todesschreie ...

Am nächsten Morgen setzten wir in aller Frühe unsere Reise fort, auf einer Straße, die buchstäblich nur aus Windungen und Kehren bestand und die bis zum Mittag durch immer neu sich auftuende Waldeinsamkeiten ununterbrochen in die Höhe führte. Außer den japanischen Hütten am Wegrand entdeckten wir nirgends eine Siedlung. Man sah nur Urwald, nur die zu einer dichten, wogenden Decke zusammengedrängten Baumkronen, sah nur grünes Chaos, ein wildes Unwesen, unwirtlich und wüst. Mit dem Bau der schwierigen Strecke war kurz vor dem Krieg begonnen worden; die Japaner hatten die Arbeiten eilig fortgeführt, weil sie einer Landverbindung zum linken Flügel ihrer Burmafront dringend bedurften, und hielten nun die Lehmstraße, die von Erdrutschen und Wolkenbrüchen dauernd bedroht war, mit vielem Aufwand instand. Wir kamen wiederholt an größeren Kolonnen burmesischer

Kulis vorbei, die unter Aufsicht eines Japaners mit Ausbesserungsarbeiten beschäftigt waren. Die Paßhöhe, auf der sich ein japanisches Lager befand, war ganz in wasserschwere Wolken gehüllt; hier schien es immerfort zu regnen; der Platz war feucht wie eine Badestube. Nach kurzem Aufenthalt und Auswechseln des Wagens ging die Rumpelfahrt wieder weiter, bergabwärts, doch unter Verlust des Hauptmannes, der, ohne Verabschiedung natürlich, zurückgeblieben war. Als Aufpasser wurde uns ein Feldwebel beigegeben. Wir wanden uns durch tiefeinsame Schluchtenwälder langsam zu Tal, fuhren den ganzen Tag hindurch und auch noch die Nacht, um endlich vor Morgengrauen am Irawadi, in der Nähe einer Fährstation, anzulangen. Hier warteten wir, im Wagen liegend, todmüde und abgeschlagen, bis die Sonne aufging.

Nach einer Weile kam von der Anlegebrücke her ein Japaner zu uns heran und teilte dem Feldwebel mit, daß hier gleich zwei deutsche Generale erwartet würden, die auf einer Besichtigungsreise begriffen seien; sie müßten wohl bald erscheinen. Was!? Zwei Deutsche würden hier gleich eintreffen, zwei Generale? Dann wäre ja die Zeit unserer Prüfungen vorüber, sie würden uns natürlich sofort weiterhelfen, eine Klarstellung unseres Falles herbeiführen. Welch überraschende Wendung, aber auch welch erstaunlicher Zufall, mitten in Burma zwei hohen deutschen Militärs in die Arme zu laufen! Wir fühlten uns plötzlich wieder ganz lebendig, drangen in den Japaner, uns weitere Einzelheiten über den bevorstehenden Besuch mitzuteilen und vermochten ihn schließlich dazu zu bewegen, zur Station zurückzugehen, um zusätzliche Nachrichten einzuholen. Er kam bald wieder, und was er zu vermelden hatte, war niederschmetternd: Es handelte sich um einen Irrtum, die beiden angeblichen Generale waren wir und niemand sonst . . .

Nun mußte uns bald wieder ein Hieb treffen, zu lange schon war es gut gegangen . . . Wir brauchten auch nicht weiter darauf zu warten, noch selbigen Tags sollten sich die Widerwärtigkeiten einstellen. Sie kündigten sich bereits an, als wir auf der Fähre von der neuen Eskorte übernommen wurden. Mit den finsteren Mienen von Schergen, die Kappen tief in die Stirn gezogen, standen die vier Mann an Bord, und unser geübtes Auge entdeckte sofort etwas Verdächtiges an ihnen: von ihren Tornisterschlaufen baumelte der Fesselstrick. Doch sie banden uns nicht, drängten uns nur gegen die Reling, wo wir im Halbkreis umzingelt wurden. Mögen sie uns belagern, wir betrachten indessen die Gegend: den Irawadi, der hier zwischen bewaldeten Hügelketten, aus denen hie und da Pagoden hervorsahen, in einer Breite von mehreren hundert Metern vorüberfloß. Seine Wasser strömten auf dem langen Wege von der chinesischen Grenze zum Golf von Martaban durch viele seltsame Landstriche, sie schießen durch die Wildnisse Nordburmas, grenzen an die Schanstaaten, in denen primitive Bergstämme hausen, deren Frauen mit Hilfe von übereinander gelegten Metallringen ihre Hälse in die Länge strecken, sie strudeln an Bhamo und Mandalay, der alten Königsresidenz, vorüber, fließen durch die kahle Landschaft der Ölfelder von Yenangyaung, kommen an der Stadt Prome, die uns gegenüber lag, vorbei und wälzen sich dann durch die Tiefebene von Pegu-Tenasserim, eines der reichsten Reisgebiete der Welt, zum Meer. So viel hat Burma dem Irawadi zu verdanken, daß es ihm den Namen „Strom des Wohlwollens“ beigelegt hat.

Auf der anderen Seite des Flusses wartete ein Lastauto, das uns in rasender Fahrt zu einer japanischen Kommandostelle brachte, wo wir abgesetzt und nach einigen Minuten in ein neues Gefährt umgeladen wurden, eine Art geschlossenen Lieferwagens, mit Sitzbänken an der Wand.

„Paß auf“, sagte Have gutgelaunt, „wir werden in diesem Rennschlitten nach Rangun geschafft. Dann kommen wir um die elende Bahnfahrt herum und sind in ein paar Stunden am Ziel!“

„Der Schlitten sieht mir verdammt einer ‚grünen Minna‘

ähnlich, aber schon möglich, daß sie uns damit nach Rangun befördern."

Die kleinen Wagenfenster waren nämlich vergittert, genau so wie an einem Polizeiauto; wir benützten sie als Ausguck, um zu beobachten, wohin die Reise ging. Lange dauerte sie nicht, denn nachdem wir einige Straßenzüge der Stadt durchfahren hatten, lenkte der Wagen auf eine lange, graue Mauer zu, in die, einige Fuß über dem Boden, ein viereckiges Türloch gebrochen war. Vor diesem ominösen Eingang stiegen wir aus. Wir befanden uns an der Pforte eines Gefängnisses, des Stadtgefängnisses von Prome, einer burmesischen Strafanstalt!

Man denke sich unsere Bestürzung –

Wer nämlich, wie wir, schon einmal erlebt hat, wie sich Gefängnistore hinter einem schließen können, um sich für Jahre nicht wieder zu öffnen, der übertritt die verhängnisvolle Schwelle nur mit allerdüstersten Vorahnungen. Wenn wir hier erst einmal drin sind, kommen wir so schnell nicht wieder 'raus, war daher unser erster Gedanke, als man uns durch das Mauerloch schob und die Stahltür hinter uns ins Schloß fiel. In der Mitte des Gefängnishofes stand ein Gebäude, zu dessen erstem Stock von außen eine Holztreppe emporführte; dort mußten wir hinauf und betraten einen großen Raum, an dessen einem Ende ein Tisch, an dessen anderem ein mit Wachstuch bezogenes, speckiges Sofa stand, das uns als Sitzplatz angewiesen wurde. Von hier aus verfolgten wir gespannt, indessen uns die Sofawanzen überfielen, wie die Eskorte am Tisch mit dem Gefängnisdirektor, einem schwammigen, vor den Japanern hündelnden, verkommenen Individuum, über uns verhandelte. Von allem Unheil, das uns zustoßen konnte, fürchteten wir nichts so sehr wie die Auslieferung an die Burmesen. Bei den Japanern hatte man es wenigstens mit einer militärischen Organisation zu tun, die doch irgendwie mit deutschen Stellen in Verbindung stand, da brauchte man die Hoffnung nicht aufzugeben, sich schließlich einmal Gehör zu verschaffen, aber bei den Burmesen –

Die Verhandlung drüben war abgeschlossen, der Burmese kam schlurfenden Schrittes auf uns zu und erklärte uns mit heiserer Flüsterstimme, während sein unreiner, alkoholischer Atem uns entgegenschlug, daß er Auftrag habe, die beiden Herren in seiner Anstalt zu verwahren. Wir wären ja alle die besten Freunde, Sorgen brauchten wir uns daher nicht zu machen.

Und damit geleiteten uns die Japaner wieder auf den Hof hinaus, um uns, an einer langen Reihe von Käfigen vorüber, in denen Burmesen hockten, zu einer Zelle zu bringen.

Das ging denn doch zu weit —

„Hier gehen wir nicht hinein!" protestierten wir, entschlossen, keinen Schritt weiter zu tun. „Wie kommen Sie eigentlich dazu, uns wie Verbrecher zu behandeln?! Wir bestehen darauf, daß Sie den deutschen Konsul in Rangun sofort von unserer Einkerkerung unterrichten!" Der japanische Leutnant — er hatte an sich ein ganz freundliches Wesen — schien etwas verlegen und wußte nicht recht, ob er uns weiter Gehör schenken oder seinen Leuten Befehl geben sollte, uns mit Gewalt in die Zelle zu treiben. Da keiner der Anwesenden aus dem Englischen direkt ins Japanische übersetzen konnte, waren an dem Auftritt noch zwei Dolmetscher beteiligt: der Gehilfe des Direktors, ein schlüpfriges Reptil, der an seiner Hand verdächtigerweise einen riesigen, diamantenbesetzten Damenring trug und nur aus dem Englischen ins Burmesische dolmetschte, sowie ein kleiner Junge, der dann die Übertragung ins Japanische vornahm.

Der Leutnant ließ uns auf diesem Umwege sagen, daß wir an der Unterbringung keinen Anstoß nehmen möchten, denn die englischen Gefangenen hätten auch hier sitzen müssen. — Wir wären aber keine Engländer, sondern Deutsche, und ob er nicht wüßte, daß Japan in diesem Krieg mit Deutschland verbündet sei? — Ja, aber wir kämen doch von der englischen Seite. — Natürlich, wie sollten wir auch anders, wenn wir von dort geflohen wären? — Ach, geflohen wären wir? Wie hätten wir denn das gemacht? — Und nun verlangten sie, daß wir ihnen die ganze Geschichte erzählten. Als der Bericht zu Ende war, meinten sie, daß wir trotz allem hier bleiben müßten, denn so laute nun eben der Befehl. – Gut, gaben wir zurück, wir fügen uns, doch nur unter der Bedingung, daß die Eskorte nicht von unserer Seite weiche. – Wenn es denn sein muß, meinte der Leutnant und zog gemeinsam mit uns in die Zelle ein. Die Japaner fingen darin zu fegen an, holten Matten, kochten Reis in großen Mengen, benützten die Gelegenheit, sich gehörig auszuschlafen, und als ihnen am Abend das Ganze zu dumm wurde, sandten sie einen Boten zu ihrem Vorgesetzten, der mit dem Bescheid zurückkehrte, daß beide, Deutsche und Japaner, ihre Kameradschaftsveranstaltung im Strafzwinger für beendet betrachten möchten.

Wir schliefen in dieser Nacht auf der Kommandostelle, von wo die Expedition am Morgen ihren Ausgang genommen hatte, und wurden am nächsten Tage vor einen Offizier gerufen, der auf unsere Vorstellungen hin den Vorfall mit dem Bemerken abtat, die Befehle seien mißdeutet worden, und uns die Versicherung gab, wir würden nicht wieder in ein burmesisches Gefängnis eingeliefert. Er entließ uns mit der Mitteilung, daß Anweisung vorläge, uns folgenden Tags per Bahn nach Rangun zu befördern.

Sei es, daß die Bahn an Kohlenmangel litt und sich mit Holzfeuerung begnügen mußte, sei es, daß die wichtige Strecke unter dauernder Luftbedrohung stand, jedenfalls brauchten wir bis Rangun achtzehn Stunden – mehr als das Doppelte der gewöhnlichen Fahrzeit. Der Zug blieb immer wieder auf freier Strecke stehen, und wenn er rollte, so mit der Gemächlichkeit eines Ochsenkarrens. Die Wagen waren mit japanischem Militär überfüllt, aber man sah auch viele burmesische Soldaten darunter. Wir fuhren durch feuchtes Schwemmland, Reisfelder zu beiden Seiten, vorüber an zahlreichen Ortschaften, aus denen die spitzkegeligen, weißen Pagoden hervorragten, zuweilen ganze Kolonien dieser zierlichen Bauten, die wie Phantasieerzeugnisse einer Drehbank anmuten und von den Burmesen ebensooft der Gottheit gestiftet werden, wie anderwärts Altarkerzen. Als wir dann am Horizont eine goldene Nadel auffunkeln sahen, wußten wir, daß Rangun nicht mehr fern war, denn was dort so blitzte, war die Spitze der Schwe-Dagon Pagode, des Wahrzeichens der burmesischen Hauptstadt.

Wir stiegen auf einem Vorortbahnhof aus und zogen mit unseren Begleitern durch die belebten, glühheißen Straßen, wo wir lange in die Irre liefen, weil man sich wieder einmal nicht erkundigen mochte. Wir nährten zwar im stillen die Hoffnung, ungesäumt beim deutschen Konsul abgeliefert zu werden, fürchteten aber irgend einen Aufschub von seiten der verzögerungssüchtigen Japaner. Übrigens mußten sie inzwischen den rechten Weg gefunden haben, denn sie schritten jetzt aus mit der Bestimmtheit von Leuten, die genau wissen, wohin sie wollen. Plötzlich stieß ich einen Warnungsschrei aus:

„Die bringen uns doch wieder in ein Gefängnis!" Denn zweifellos war die Zielsicherheit unserer Eskorte nur darauf zurückzuführen, daß sie eine lange, graue und sehr hohe Mauer gesichtet hatte, auf die sie nun schnurstracks zuhielt.

„Unmöglich", erwiderte Have, der es nicht glauben wollte, „wir haben doch die förmliche Zusicherung erhalten, daß man uns nicht wieder hinter Gitter stecken wird. Es ist reiner Zufall, daß wir hier vorbeigehen."

„Du wirst es ja gleich erleben."

Und tatsächlich schlossen sich wenige Minuten später die schweren Torflügel des Zentralgefängnisses von Rangun hinter uns.

BEI DER KEMPETAI

Rangun machte einen verwahrlosten Eindruck. Es war kaum zu fassen, daß dies derselbe Ort sein sollte, der noch vor wenigen Jahren in einer so kraftvollen Entwicklung stand, der als größter Hafen Hinterindiens einen lebhaften Verkehr mit der Welt unterhielt, wo vor kurzem noch ein frischer Unternehmungsgeist geweht hatte, ein Selbstbehauptungswille zu verspüren gewesen war, — kurz, es war nicht zu fassen, daß dies Rangun sei, Burmas einst blühende Metropole.

Man kann freilich nicht verlangen, daß eine Stadt, die das Ziel kriegerischer Aktionen war und die unter Luftangriffen zu leiden hatte, sich eines normalen Aussehens erfreue, aber Bombenschäden und Zerstörungen — sie fielen zu unserer Zeit nur stellenweise auf — waren es auch gar nicht, die das Bild wesentlich verändert hatten. Was uns vielmehr so beeindruckte, war, daß der Dschungel wieder aufkam! Der Dschungel gewann die Oberhand über die Zivilisation. Es wurde ihm kein Widerstand mehr entgegengesetzt, der Wille, ihn zurückzudrängen, war abhanden gekommen, und so geschah es, daß die Wildnis die Stadt zurückzuerobern begann. Noch wenige Jahre dieses Gewährenlassens, sagte man sich, und das Menschenwerk wird vollständig unter der Pflanzendecke begraben sein. Schon hatte der Monsun viele Hausfassaden abgewaschen, in den Ritzen des geborstenen Asphalts wucherte Gras, und zwischen den Trümmern schoß üppig der Bambus hervor.

Der zivilisatorische Wille, der das Vorrücken der Natur hätte aufhalten können, war mit dem Augenblick verschwunden, da die Engländer im Frühjahr 1942 Burma verließen, fluchtartig, wie man sich erinnert, zusammen mit dreihunderttausend Indern, in einem beispiellosen Flüchtlingsstrom, beispiellos, weil er sich durch unwegsamen, menschenleeren Dschungel unter grauenhaften Verlusten zur indischen Grenze wälzte. Diesem überstürzten Exodus der Engländer hatten sich zahlreiche Inder aus Rangun angeschlossen, vor allem die wohlhabenden der dortigen Gemeinde, so daß sich die Stadt mit einem Schlage ihres führenden Elementes beraubt fand. Die nachrückenden Japaner verfügten gar nicht über die Mittel, Rangun mit neuem Leben zu erfüllen, und da die Burmesen von Haus aus Dörfler sind, darf es nicht wundernehmen, wenn die Stadt so gründlich verkam.

So brachten wir denn, ob zu Recht oder Unrecht, die Verwahrlosung Ranguns mit der Abwesenheit des weißen Mannes in Verbindung, und in den Straßen waren tatsächlich, als hätte man sie bis auf den letzten Mann ausgerottet, keine Europäer mehr anzutreffen. Das Fehlen der Weißen mußte den, der Rangun aus der Vorkriegszeit kannte, seltsam berühren, ja wehmütig stimmen, und uns, die es danach verlangte, wieder einmal ein weißes Gesicht zu sehen, und wäre es auch ein feindliches, uns mußte das enttäuschen. Unwillkürlich blickten wir in jede große Limousine, die vorbeiglitt, ob darin nicht, wie ehedem, lässig ein Barrah Sahib — ein großer weißer Herr — säße. Doch in den prunkvollen Automobilen fuhren nur hohe japanische Offiziere einher — steif, steinern und streng.

Daß es in Rangun keine Weißen mehr gab, ist nicht wörtlich zu nehmen; es gab ihrer sogar noch eine ganze Anzahl, nur befanden sie sich nicht in Freiheit, und mehrere von ihnen sollten wir mit eigenen Augen sehen. Als wir nämlich ins Zentralgefängnis eingeliefert worden waren und, nachdem uns die Eskorte kurzerhand verlassen hatte, in dem überdachten Vorhof wutschnaubend vor den japanischen Wachen auf und ab gingen, erblickten wir durch das zweite, das Innentor, einige abgehärmte Gestalten, die an einer Tragstange Gefäße schleppten; es waren zu unserem Erstaunen Weiße, alliierte Gefangene, wahrscheinlich Engländer.

Hier, vor diesem Gatter, ist wieder ein kritischer Punkt! Es wird sich gleich entscheiden, ob wir das Los der Engländer teilen müssen. Mit einem Bein befinden wir uns schon in ihrem Gefängnis, noch ein leichter Stoß — und die Falle schließt sich ganz. Welch groteske, peinliche, unmögliche Situation würde das ergeben!

Sollte es wirklich die Absicht der Japaner sein, uns zu den alliierten Gefangenen zu sperren, für die Dauer des Krieges uns wie die Feinde Japans zu behandeln? Es wäre eine Gemeinheit ohnegleichen gewesen. Wir wollten schleunigst über diesen Punkt Gewißheit erlangen:

„Führen Sie uns zum Kommandanten!" forderte ich einen vorübergehenden Japaner auf, der zur Gefängnisverwaltung zu gehören schien.

„You wait!" gab der Angesprochene schroff zurück und ließ uns stehen.

„In bewährter Weise", sagte Have zu mir, der ich eine gekränkte Miene aufsetzte, „werden wir uns nichts gefallen lassen."

„Ja, es ist eigenartig, wie die Japaner bisher immer eingelenkt haben, wenn wir nur gehörig vom Leder zogen."

„Es wird auch wieder wirken."

Das Auffahren von schwerem, pathetischem Geschütz war diesmal gar nicht vonnöten, denn als wir bald darauf zum Kommandanten gerufen wurden, gab er uns auf unsere Vorstellungen hin sofort zu verstehen, daß es nicht beabsichtigt sei, uns zu den Engländern zu stecken; für uns lägen besondere Anweisungen vor, denen zufolge wir ins „Hauptquartier" überstellt werden sollten. Da wir erst am nächsten Morgen dorthin gebracht würden, müsse er uns bis dahin in Gewahrsam halten und hätte Anweisung gegeben, uns in dem Hause, das dem Gefängnis gegenüberlag, für die Nacht unterzubringen.

Was war das wieder für ein „Hauptquartier", das uns aufnehmen sollte?

In unmittelbarer Nähe des Hafens, am Rangunfluß, steht das stattliche Gebäude des obersten burmesischen Gerichtshofes, ein moderner, hochstöckiger Bau, mit vielen Sälen, Sitzungszimmern und Büroräumen. Hier befand sich während der japanischen Besetzungszeit das Hauptquartier der Kempetai, der allgewaltigen japanischen Gendarmerie. Es war dies die Organisation, die uns in den ersten Tagen des Juli 1944 in ihre Obhut nahm. Selbstverständlich wußten wir damals nicht, als wir an den Wachtposten vorbei die prächtige Treppe emporstiegen und von einem Feldwebel in Empfang genommen wurden, mit wem wir es eigentlich zu tun hatten; daß dies die Kempetai wäre, erfuhren wir erst im Laufe der Zeit.

Wir wurden sofort in ein Zimmer geführt, wo sich jemand auf unsere Taschen stürzte, um sie zu untersuchen, sehr genau, aber unseres Erachtens überflüssigerweise, denn wenn wir je etwas Verdächtiges bei uns geführt hätten, so wäre unterwegs reichlich Gelegenheit gewesen, es verschwinden zu lassen. Alsdann ward uns verkündet, daß wir zunächst hier verbleiben würden, um tiefschürfenden Verhören unterzogen zu werden. Auf unseren Hinweis, daß wir anderen Armeestellen bereits mehrfach alles haarklein dargelegt hätten und der vielen Befragungen nachgerade etwas müde seien, gab man uns zur Antwort, daß alle bisherigen Verhöre völlig bedeutungslos wären, denn erst die hiesige Stelle sei für derartige Ermittlungen zuständig. Die Berichte über uns müßten doch in vollem Umfange vorliegen, wandten wir ein. — Ja, das schon, aber trotzdem sei es erforderlich, nochmals alle Erhebungen von Grund auf vorzunehmen. —

Auf den Befund der vorangehenden Instanz schien man also keinen sonderlichen Wert zu legen und somit auch nicht auf einen durchgehenden Geschäftsgang, der natürlich immer wieder unterbrochen wurde, wenn jeder von vorn anfing. Wir wollten dieser uferlosen, anstrengenden und nie ganz ungefährlichen Inquisition möglichst rasch ein Ende bereiten und ersuchten den Dolmetscher, uns mit dem deutschen Konsul in Verbindung zu setzen, von dessen Eingreifen wir uns eine Abkürzung des Verfahrens erhofften.

„Den Konsul in Rangun wollen Sie sprechen?"

„Ebendenselben."

„Den gibt es nicht, die nächste deutsche Behörde befindet sich erst in Siam, in Bangkok."

Das klang alles eher als ermutigend, denn nun würden wir uns noch endlos mit den Japanern herumschlagen müssen . . .

Der Dolmetsch, ein junger Mensch, der ein Glasauge trug und vormals Student in Cambridge gewesen war, führte uns in einen großen, mit kostbaren Hölzern getäfelten und luxuriös möblierten Büroraum, in dem mehrere Japaner an Schreibpulten saßen, etliche in Uniform, andere in Zivilkleidung. An einem alleinstehenden, schweren Schreibtisch thronte der Abteilungsleiter, ein junger Offizier. Ohne viel Aufhebens, als gehörten wir zum Personal, wurden wir an zwei Tischen, die Konzernprokuristen zur Zierde gereicht hätten, untergebracht. Der Geschäftsbetrieb nahm seinen Verlauf; es kamen Besucher, darunter viele Burmesen, auch Frauen, meist Spitzel, wie wir später erfuhren. Es wurde telephoniert und verhandelt, und dann und wann schnallte einer der Uniformierten seine Pistole um und verschwand für einige Stunden in Ausführung irgend eines geheimnisvollen Auftrages.

So, da saßen wir — und keiner kümmerte sich um uns. Wenigstens schien es so, doch selbstverständlich war einer auf uns angesetzt; denn kaum hatten wir Platz genommen, ließ sich an dem freien Tisch neben mir ein bebrillter Japaner nieder, der vorgab, ein riesiges Aktenstück zu wälzen, in Wirklichkeit aber mit dem uns schon bekannten indirekten Blick, unmerklich fast, zu uns herüberschielte. Es liegt in der Natur der Sache, daß man sich über seinen Beschatter ärgert, weshalb wir unseren Unwillen durch gehässige Flüsterbemerkungen über die äußere Erscheinung des unsrigen, die nicht eben die vorteilhafteste war, Luft machten. Ein richtiger Lurch: nackthäutig, Wasserkopf, blöde Augen, geistig völlig unbedroht.

Den ganzen Tag ließ man uns einfach durchsitzen. Kein Mensch hatte für uns Zeit, obwohl der Abteilungsleiter den ganzen Nachmittag unbeschäftigt blieb. Man kommt der Sache nicht ganz auf den Grund, wenn man eine derartige Behandlungsweise als bewußte Demütigung oder als das übliche Mittel, sein Opfer mürbe zu machen, auslegt. Denn hinter diesem Verhalten stand nicht das Gefühl des Überlegenseins, sondern im Gegenteil das Bewußtsein der Unsicherheit. Wir hatten schon mehrfach beobachtet, daß der gewöhnliche Japaner dem Novum, dem Fall, für den er keinen Vorgänger kennt, daß er einer solchen Erscheinung gegenüber besonders hilflos ist. Etwas Erstmaliges in diesem Sinne stellten wir nun unstreitig dar, und die Gegenseite brauchte ganz einfach vierundzwanzig oder mehr Stunden Zeit, um sich auf die Konfrontierung vorzubereiten. Vielleicht erhellt dieser Sachverhalt, zum Teil wenigstens, das krankhafte japanische Mißtrauen dem Ausländer gegenüber, der in seiner unberechenbaren Spontaneität für den Japaner etwas Beunruhigendes, ja Beängstigendes haben muß. Um sich vor Überraschungen und Geniestreichen zu schützen, um selber des gefürchteten Improvisierens überhoben zu sein, sammelt er unter der Hand möglichst viel Material über den Fremden, um sich schon im vorhinein einigermaßen mit ihm auszukennen und richtig auf ihn eingestellt zu sein. Auch ist die Kenntnis der Polizeiakten zweifellos ein Mittel, um sich einen Stellungsvorteil gegenüber seinem Widerpart zu verschaffen.

Wir sahen dem Abend mit Spannung entgegen, weil sich erst dann, bei der Unterbringung, herausstellen würde, welchen Status das Hauptquartier uns zuzuerkennen gedachte. Da wir inzwischen in dem Innenhof des Gebäudes eine Anzahl vergitterter Zellen gesichtet hatten, in denen Engländer verwahrt wurden, flackerte unser altes Mißtrauen wieder auf. Als schließlich der Abend gekommen war, wies man uns im obersten Stock des Hauses, dort, wo die Mannschaft ihre Unterkünfte hatte, eine Stube an und gab uns einen Soldaten als Wache bei. Das läßt auf Untersuchungshaft schließen, meinten wir. Wann das Verfahren eröffnet und wie es ausgehen würde, blieb völlig ungewiß.

Der kleine Raum war auf japanische Art hergerichtet, das heißt, er war mit Tatamis, den japanischen Bodenmatten, ausgelegt und besaß keine Betten. Ein Drittel des verfügbaren Platzes nahm der Soldat ein, der seine Sachen mitbrachte und sich für die Dauer einzurichten schien. Er wurde auch nicht abgelöst und blieb unser ständiger Begleiter. Nachts sperrte er mit seinem Körper den Türausgang. Man muß an ihm loben, daß er schmalgeschnittene, weit auseinanderstehende Mandelaugen und ein längliches, melonenförmiges Gesicht besaß. Niemand konnte sich wie er mit soviel steifem Anstand aus der Hüfte heraus verneigen — vor seinen Vorgesetzten natürlich, nicht vor uns —, niemand einen so reinen Zischlaut hervorbringen, wenn er zum Zeichen der Höflichkeit die Luft durch die Zähne sog. Der Mann war gewissenhaft und pflichteifrig, doch an den dienstfreien Tagen trank er sich regelmäßig einen Rausch an und stattete dem Freudenhaus einen Besuch ab. Aber seine routinemäßigen Ausschweifungen brachten uns keine Unterbrechung der Aufsicht, weil er stets für Stellvertretung sorgte, was immer ein schlechter Tausch war, da keiner von der Mannschaft so umgänglich wie unser Zimmergenosse gewesen ist.

Am nächsten Morgen setzten die Verhöre ein, die sich über fünf Tage erstreckten, systematischer, ausgreifender als die bisherigen geführt wurden, und bei denen wir schließlich nicht mehr wußten, wo die Japaner eigentlich hinauswollten. Unter den Fragen fanden sich solche, die man nur an Spione richtet, und dann wieder andere, die davon ausgingen, daß wir tatsächlich deutsche Flüchtlinge wären. Manche ihrer Fragen waren naiv oder sinnlos und viele gar nicht auf die Besonderheit unseres Falles abgestellt. Sie interessierten sich für Einzelheiten wie den Titel meiner Doktorarbeit, den ich wenigstens anzugeben vermochte, aber als sie die Namen der Mitpassagiere auf dem Schiff, das mich auf meiner letzten Ausreise nach Bombay brachte, wissen wollten, fühlte ich mich überfragt. Eine ihrer Vernehmungsmethoden bestand beispielsweise darin, daß sie irgend einen Punkt aus der Lebensgeschichte aufgriffen und dann blitzschnell die aufeinandeıfolgenden Ereignisse einer Zeitspanne durchfragten. Der geschickteste Lügner hätte bei dieser Fragegeschwindigkeit keine Zeit zum Erfinden von glaubwürdigen Antworten gehabt. Schließlich wurden wir aufgefordert, Referenzen anzugeben, Namen von Persönlichkeiten, die uns im Fernen Osten gut bekannt wären.

Nachdem wir so lange ausgepreßt wurden, bis wir nichts mehr herzugeben hatten, beschied uns der stellvertretende Chef der Kempetai, ein Oberstleutnant, dessen Zähne unter wulstigen Lippen stark vorstanden und der eines Ekzems wegen seinen Hals einpuderte, zu sich auf sein Zimmer. Er empfing uns höflich, aber mit eisiger Zurückhaltung, die auf seltsame Art zu seiner quittengelben Gesichtsfarbe paßte, sprach wenig und stieß das Gesprochene ruckweise hervor. Was er im Schilde führte, verschwieg er geflissentlich, sagte nur, daß Beratungen stattfänden, Berichte weitergegeben würden, Entscheidungen abzuwarten wären, und daß bis dahin Zeit, vielleicht sehr viel Zeit verstreichen würde. Möglicherweise ginge es aber auch sehr schnell, in Fällen wie dem unsrigen könnte man dies nie genau wissen. Bei diesen letzten Worten schob er die Oberlippe, auf der vereinzelte Bartstacheln wuchsen, von den schrägen Zähnen zurück und gab sie zu einem starren Lächeln frei.

So blieb denn alles so unbestimmt wie je zuvor, und klar schien nur dies: daß uns die gefährlichste aller japanischen Organisationen fest in ihren Klauen hielt, eine Organisation, die über

Tod und Leben willkürlich entscheiden und unserem Fall jede beliebige Wendung geben konnte. Wir mußten uns daher, in dem Bewußtsein, daß das Samuraischwert noch immer über uns hing, in Lammsgeduld fassen — wir, die in Wahrheit keinen Funken Geduld mehr besaßen, vielmehr endlich die Früchte der Flucht genießen, uns bewegen, Leute sehen, Deutsche sprechen, kurz, wieder Menschen sein wollten!

Als ob man unser für Befragungen noch dringend bedürfe, mußten wir weiterhin jeden Morgen, pünktlich um neun, in dem getäfelten Raum des ersten Stocks erscheinen, den wir erst nachmittags um fünf, bei Geschäftsschluß, verlassen durften. Da wir aber in Wirklichkeit gar nicht benötigt wurden, stellte der Büroaufenthalt nur eine andere Form der Haft dar, die des Schreibtisch-Arrestes nämlich — von allen erprobten Spielarten der Freiheitsbeschränkung wohl die sonderbarste. Uns war selbstverständlich untersagt, das Haus zu verlassen; kaum war der Dienst beendet, wurden wir sofort aufs Zimmer geführt. Als Verpflegung erhielten wir die gleichen Rationen, die den Japanern zustanden — klägliche Hungerbissen. Wenn sich unter den dargereichten Fingerhutportionen ein gesüßtes Fleischgericht befand, so war selbst das Wenige ungenießbar. Und die penetrant riechende Bohnensuppe, die es morgens als Frühstück gab, bildete für den europäischen Gaumen dann noch eine Zumutung besonderer Art. Daß die Japaner spartanisch lebten, fand ich anfangs bewundernswert, nun, da ich selber Askese üben mußte, rechnete ich sie zu den unaussprechlichen Übeln, beziehungsweise zu denjenigen Tugenden, zu welchen man Leute überreden soll, die man nicht leiden kann.

Von dem eigentlichen Treiben um uns her sahen wir nur ebensoviel, wie man auf einem japanischen Landschaftsbild von der dargestellten Gegend sieht: nur hie und da einige Umrisse, einige angedeutete Formen in einem Meer von Nebel und Dunst. Aber das Wenige, das wir gewahrten, genügte, um uns einen Gesamteindruck zu vermitteln, und zwar einen höchst unbehaglichen Eindruck, der uns die ganze Bedrohtheit unserer Lage vor Augen führte. Die Zentrale der mächtigen japanischen Militärpolizei, das merkten wir bald, war keine Durchgangsstelle, von ihr aus führte der Weg nicht in die Freiheit, sie war vielmehr eine Endstation, nahm die Leute auf, um sie zu behalten oder um sie allmählich zugrunde zu richten, zu beseitigen. Wir sahen die Rationen, mit denen man Gefangene aushungerte, erfuhren, daß japanische Armeeangehörige, die wegen schwerer Vergehen gegen die Disziplin eingeliefert wurden — infolge der Dienstfrömmigkeit des japanischen Soldaten ein höchst seltener Fall —, es vorzögen, sich selber das Leben zu nehmen, anstatt ihre Aburteilung abzuwarten, und zweimal sahen wir, wie ein mit Spaten ausgerüstetes Kommando der Kempetai auf Lastwagen abrollte, um die sterblichen Überreste von Gefangenen zu verscharren ...

Nun hatten wir zwar noch keinen unmittelbaren Anlaß, diese Beobachtungen auf uns selbst zu beziehen, es war ja noch nicht ausgemacht, daß auch wir Opfer der Kempetai würden, aber die Möglichkeit einer solchen Entwicklung war kaum von der Hand zu weisen. Wer gab uns denn die Gewähr dafür, daß unsere Angelegenheit eine befriedigende Lösung fände? Etwa die engstirnigen, aber mächtigen Sachbearbeiter, die unser Aktenstück in streberhafter Emsigkeit mit immer neuen Stellungnahmen anfüllten? Denn es gehörte ebenfalls zu den überraschenden Entdeckungen, die wir machten, daß in japanischen Organisationen die endgültige Entscheidung bei dem kleinen Referenten lag und nicht bei dem großen Mann an der Spitze. Und wie durften wir hoffen, Fairness, großzügige Auffassungen, ja nur gesunden Menschenverstand in einer Umgebung anzutreffen, deren Luft vollständig vom Spionagebazillus verpestet war? Hier waltete doch die Voreingenommenheit, daß jeder Nicht-Japaner ein Spion sei, zum mindesten ein potentieller. Und ganz so unbegründet war die Spionagefurcht der Japaner wiederum auch nicht — sie machten genügend schlechte Erfahrungen. Es waren vor allem englische Agenten, die der Kempetai Sorgen bereiteten, meist Leute, die aus der Luft über dem Dschungel abgeworfen wurden. So bearbeitete unser Gegenüber am Schreibtisch den Fall dreier Engländer, die ein Flugzeug in Ostburma absetzte, und denen es gelang, aus den dortigen Stämmen eine kleine Truppe aufzustellen, um sie für den Guerillakrieg abzurichten. Eine von der Kempetai ausgesandte Expedition brauchte Wochen dazu, die Eingeborenentruppe unschädlich zu machen, und weitere Wochen, um der Engländer habhaft zu werden, richtiger gesagt, des Anführers, da die beiden anderen bei der Verfolgung erschossen wurden. Der Anführer wurde später nach einer wilden Jagd, bei der ihm die Verfolger auf Elefanten nachsetzten, in halbtotem Zustand gefangengenommen und stand nun vor einem Kriegsgericht.

Doch die Verwendung von Engländern für Spionageaufträge bildete den Ausnahmefall; gewöhnlich kamen Burmesen vom Himmel herniedergeschwebt, die mit einem Sendegerät ausgerüstet waren und ihre Nachrichten auf dem Radiowege übermittelten. Viele von ihnen meldeten sich gleich bei den Japanern, aber es gab auch solche, die ihren britischen Auftraggebern treu blieben; und so einen, den die Kempetai gegriffen hatte, lernten wir kennen, er befand sich sogar dauernd um uns, da er die Stellung eines Bürodieners bekleidete.

Er war ein junger Mensch, vielleicht achtzehn Jahre alt, den die Lehrer der amerikanischen Missionsschule auf ihrer Flucht nach Indien mitgenommen hatten. Dort wurde er von den Engländern im Morsen ausgebildet und später über Burma abgeworfen. Das Auffallendste an ihm war, daß er noch lebte, ja er wurde nicht einmal bestraft — die Japaner hielten ihn lediglich in ihrer Nähe; wie wir überhaupt dahinter kamen, daß mehrere Burmesen mit ähnlicher Vorgeschichte als Schreibkräfte, Übersetzer oder Boten von der Kempetai beschäftigt wurden.

Eines Tages brachten die Soldaten einen sino-burmesischen Mischling ins Büro, einen vor Furcht todesbleichen Menschen unbestimmten Alters, der ungeachtet seines Kindergesichtes etwas Greisenhaftes hatte. Er hockte den ganzen Tag auf dem Fensterbrett, und allmählich machte seine Angst einer grausigen Apathie Platz, einer Starre, als stünde er unter dem Einfluß einer schweren Droge. Erst abends auf dem Zimmer konnten wir unsere Neugierde befriedigen, als unser Stubengenosse auf Befragen erklärte, daß es sich bei dem Mann um einen Agenten im Dienste der Tschungking-Chinesen handle. Wir hätten gern noch weitere Einzelheiten über den Fall, wie auch über manchen anderen vernommen, allein wir getrauten uns nicht zu fragen. Die Japaner waren alles andere als mitteilsam, oft antworteten sie, wenn wir um eine Auskunft baten, überhaupt nicht, erzählten nur selten etwas ohne Aufforderung und entwickelten niemals ein von uns angeschnittenes Thema von sich aus weiter. Nicht nur aus Geheimnistuerei schwiegen sie still, sondern auch deshalb, weil Einsilbigkeit bei ihnen als Zeichen der Gescheitheit und der feinen Bildung gilt. Für klug wird in dem „Land ohne Erörterung" — wie Japaner ihre Insel gelegentlich nennen — nicht der gehalten, der am geistreichsten, sondern derjenige, der am wenigsten spricht, eine Eigentümlichkeit, die die Unterhaltung mit Japanern so unendlich mühsam macht. Ihre Verschwiegenheit war aber nicht der einzige Grund, weshalb wir den Verneblungsschleier um uns her nie ganz zu durchdringen vermochten; schon aus eigenen Sicherheitsgründen durften wir es nicht tun, denn jede Frage konnte uns zum Nachteil ausgelegt werden.

Durch seine Lage in unmittelbarer Nähe von Hafen und Fluß war das Hauptquartier der Geheimpolizei ein gefährlicher Aufenthaltsort bei Luftangriffen, und jedesmal, wenn nachts die alliierten Flugzeuge über Rangun erschienen, mußten alle Insassen des Gebäudes hinab in den Keller. Der Monsun hatte seinen Höhepunkt überschritten, und zuweilen stieg der Mond für einige Stunden über den regenschweren Wolkenwänden empor, auf ihre Ränder einen fahlen, gelblich-grauen Schein werfend. In solchen Nächten konnte man mit Sicherheit einen

Angriff erwarten. Dann heulten gegen Mitternacht die Sirenen, und unter Vorantritt unseres Wärters tasteten wir uns durch das stockfinstere Treppenhaus zum Luftschutzraum. Zwischen Sandsäcken und Stützgebälk lagen hier die Soldaten der Kempetai, kaum erkennbar in dem matten Licht der Lampe, das ihren Gesichtern eine grünliche, leichenhafte Färbung gab. Nur der harte, abwärtsführende Zug um den Mund und die breiten, eckigen Wangenknochen traten hervor. Die Augen verbarg der dunkle Schatten des Mützenschirmes, und diese verdeckten Augen, fühlten wir mit Schaudern, ruhten alle auf uns. In finsterem Schweigen, wie erstorben, saßen die Männer, allenfalls einen Gesichtsmuskel straffend, wenn ein naher Einschlag die Kellerfundamente des großen Hauses leise erzittern ließ.

Es war bei solchem nächtlichen Zusammensein mit den Japanern, daß wir mehr als sonst das Trennende empfanden — statt angesichts der gemeinsamen Gefahr ihnen näher zu rücken —, stärker denn je des Fremdartigen, Rätselhaften ihres Wesens innewurden. Dann überkam uns im langen Warten der Eindruck, mit ihnen, zu denen wir nicht gehörten, zusammen eingemauert, lebendig begraben zu sein, und ihre Gegenwart rief das Empfinden eines nicht Geheuren, tief Unheimlichen hervor.

Denn wir harrten ja hier im Keller mit Leuten aus, von denen wir wußten, daß sie zu extremen Dingen fähig waren; die Männer, unter denen wir still und zusammengezogen hockten, waren dieselben, die es fertig bringen würden, sich als lebende Bomben unter ihre Feinde zu stürzen, die imstande waren, in einer letzten, selbstmörderischen Banzai-Attacke solange gegen das feindliche Feuer anzurennen, bis der letzte Mann gefallen wäre. Es waren dieselben, die aus geringfügigem Anlaß sich selbst entleiben würden, etwa weil sie durch Abkanzelung vor versammelter Front zu viel Gesicht verloren hatten oder weil ihnen irgend ein Zubehör ihres Gewehrs abhanden gekommen war — in ihren Augen ein todeswürdiges Verbrechen, weil eine Veruntreuung kaiserlichen Eigentums.

Es war uns auch bekannt, daß alle, die beim Hauptquartier

Dienst leisteten, bis herunter zum Dolmetscher und Sanitätsgehilfen, sich durch Schwur verpflichtet hatten, ihrem Leben selbst ein Ende zu bereiten, falls die Gefahr der Gefangennahme bestünde. Sie kamen gelegentlich auf diesen Punkt zu sprechen, doch schien er ihnen nebensächlich und kaum erwähnenswert. Leute, denen der Austritt aus dem Leben so wenig bedeutete, die infolgedessen auch ein Äußerstes wie der Krieg mit seinen möglichen Folgen für ihre Person völlig gleichgültig ließ, mußten zum Tode eine besonders nahe Beziehung unterhalten, gleichsam auf gutem Fuße mit ihm stehen. Sollte jetzt, unter einem schweren Volltreffer, das Haus zusammenstürzen und der Augenblick gekommen sein, da die Soldaten dem Kaiser ihr Leben darbringen müßten, so hatte das für sie als Buddhisten gar nichts so Furchtbares an sich. Sie gaben ja nichts so Wichtiges hin. Sie sahen im Sterben keine Katastrophe, keinen gräßlichen Abschluß, der Hingang war ihnen nur ein Übergang, eine Verwandlung in einen höheren Zustand.

Und dieses ruhige Gefaßtsein, diese Gelassenheit gegenüber extremen Möglichkeiten war es namentlich, die unserer Umgebung ihre eigentümliche Prägung gab. Eine schaurig abgeschiedene, klösterliche Stimmung herrschte bei der japanischen Truppe; die Vorschatten des Todes lagen über allem, und in der Tat waren ihre Krieger gleich Mönchen einer Sache geweiht, die nicht mehr diejenige des Lebens war. Mit der Aufnahme in die Armee wurde der Soldat gewissermaßen dem Tode versprochen, begab er sich in den Stand der Anwartschaft auf Zulassung in das Reich der Götter; er schied damit aus dem bürgerlichen Verbande, und seine Familie gedachte seiner nicht in der heimlichen Sorge, sondern fast in der frohen Erwartung, daß er nicht mehr wiederkehren werde.

In diesen Todgeweihten, vom Leben Abgeschnittenen, die unbeweglich wie Steinbilder in der Dunkelheit des Kellerraums um uns her saßen, unsere Richter zu wissen, war eine Erkenntnis, die uns mit leisem, durchdringendem Grauen erfüllte. Wir fühlten uns Mächten preisgegeben, die in ihrer Abgründigkeit auf Vorstellungsherde und Zuständlichkeiten hindeuteten, die uns unfaßlich, dunkel und unheimlich erschienen wie alles Asiatische. Vergebens suchten wir in diesen Gedankenwelten nach einem zuverlässigen Halt, nach bekannten Begriffen, verwandten Grundsätzen, die uns gleichsam hätten Schutz bieten können, nur um zu finden, daß hier nichts war, was unserem Bedürfnis nach Sicherheit entgegenkam. Und dieses negative Ergebnis wog um so schwerer, als wir deutlich gewahrten, wie vollständig das japanische Kriegertum von eben diesen unbegreiflichen, sei es mythologischen, sei es religiösen Vorstellungen beherrscht wurde.

Eines Nachts brachten die Soldaten einen Sterbenden von der Straße in den Luftschutzraum, einen Angehörigen der Truppe, der wohl durch einen Flaksplitter tödlich verwundet worden war. Sie legten ihn in ihre Mitte, derart, daß zwei Mann ihn unter den Armen faßten, und stimmten dann eine ihrer wilden Hymnen an. Jedesmal, wenn er bewußtlos zu werden drohte, rissen sie ihn rauh empor und verstärkten ihren Gesang. Vermutlich war es ihnen darum zu tun, daß der Sterbende nicht hinüberdämmere, sondern im Augenblick des Übertritts in Gedanken beim Gott-Kaiser weile. Denn als treuer Sohn seines Volkes glaubte er an die Göttlichkeit des Mikado, des Nachfahren der Sonnengöttin Amaterasu, war er stets überzeugt gewesen von dem unmittelbar himmlischen Ursprung seiner Befehle. Ja, er, der gemeine Mann, wähnte an dem göttlichen Fluidum, das vom Tenno ausging, selber teilzuhaben, wenn auch nur als eine Art Stromleiter, durch den es hindurchfloß. Und jenes Teilhaben hatte seinem Tun die höchste Rechtfertigung gegeben, seinem Zweifel den Boden genommen: Denn wie konnte die höchsteigene Sache der Götter durch die Mächte dieser Erde eine Niederlage erleiden? ...

Mit dem Verwundeten ging es zu Ende; er verschied unter dem wilden, tumultuarischen Singen seiner Kameraden, und sein Körper wurde mit einer Sackleinwand bedeckt. Nun war er wieder in das unpersönliche Gesamtleben, von dem er bloß ein vorübergehendes Erzeugnis dargestellt hatte, zurückgenommen. Indessen, sein Tod war nur ein gewöhnlicher Tod gewesen, — die Armee Nippons hielt auch eine höhere Form des Exitus für ihre Angehörigen bereit, eine Form, die sich uralter asiatischer Meditationspraktiken bediente: der des indischen Yoga nämlich, denn auf diesem beruhte die Ausbildung der Kamikaze, der Selbstmordpiloten, die sich verpflichteten, vom Angriffsfluge nicht wiederzukehren. Der Todeskandidat sollte sich durch Konzentrationsübungen auf den Augenblick des Aufschlagens auf sein Ziel ganz ähnlich vorbereiten wie der Yogin auf die unio mystica. Hier wie dort Vorgenuß des Todes...

Doch wenn wir, als Weiße, eingekeilt zwischen grimmigen Vertretern der Yamato-Rasse im Bunker saßen und die Bomben fielen — von Weißen abgeworfene Bomben, wohlgemerkt —, dann schwebten uns freilich weniger die einstudierten, geordneten und höheren Formen japanischen Endverhaltens vor, dann achteten wir vielmehr mit entsetzter Neugierde darauf, ob es nicht bei ihnen leise zu kriseln begann, dachten wir an die labile Seite ihrer Natur, an ihre Neigung zum plötzlichen Umschlagen und Durchdrehen. Etwas Rauschhaftes, ja Orgiastisches verbarg sich hinter dem gefaßten, enthaltsamfarblosen Äußeren der Soldaten, etwas, das machte, daß sie in der Blutschwüle des Kampfes rot sahen, daß der Mordrausch des malaiischen Kopfjägers sie befiel — und dann liefen sie Amok.

Im unbestimmten Warten, im Harren auf einen fernen, in den Nebeln der Zukunft liegenden Tag durften wir als Sachverständige gelten, denn hinter dem Draht hatte unser Dasein ja im Nichts-als-Warten, im bloßen Stillehalten in der Zeit bestanden. Doch nachdem auch hier wieder Wochen des reinen Zeitabsitzens verstrichen waren, Wochen, in denen unser Gleichmut in der zweideutigen Rolle des Gastgefangenen auf harte Proben gestellt wurde, hielten wir den Augenblick für gekommen, bei der Kempetai auf die längst fällige Entscheidung zu drängen.

Aber alle unsere Bemühungen blieben ohne Erfolg. Wir wurden weder bei dem Oberstleutnant vorgelassen, noch gingen die Japaner auf unseren Vorschlag ein, mit den deutschen Vertretungen in Bangkok und Tokio Verbindung aufzunehmen. Auch alle unsere Vorstellungen wegen der unzureichenden Verköstigung trafen auf taube Ohren, was wir besonders übel vermerkten, denn ganz unstreitig litten wir an Mangelerscheinungen: Die Haare fielen uns büschelweise aus, Schwerhörigkeit und Nervenschmerzen stellten sich ein. Neben der Unterernährung war es vornehmlich die Sorge, daß es den Japanern zu guter Letzt doch noch einfallen könnte, uns für den Rest des Krieges einzusperren, die unseren Aufenthalt bei der Kempetai zu einer wahren Streckfolter machte. Es war doch auffallend, daß man uns so geflissentlich an der Fühlungnahme mit deutschen Stellen hinderte, und Have zitierte wiederholt den Ausspruch seines Verhörleiters, der verwundert gefragt hatte, ob wir denn gar nicht mit der Möglichkeit gerechnet hätten, daß sie, die Japaner, statt sich der umständlichen Arbeit zu unterziehen, die mit der Aufklärung unseres Falles verbunden wäre, den bequemeren Weg einschlagen könnten, ihn bis zum Kriegsende in der Schwebe zu lassen?

Unser Beschleunigungsversuch zeitigte lediglich die Folge, daß durch allseitiges Abrücken, Verstummen, Aus-dem-Wege-Gehen ein Vakuum um uns her entstand, was zu der Annahme berechtigte, daß von oben her eine Verkehrs- und Mitteilungssperre über uns verhängt worden ist. Auch im Büro war eine Änderung eingetreten, seitdem wir anläßlich eines Morgengebetes an den Kaiser, dem wir nicht beiwohnen sollten, in einen leerstehenden Nebenraum abgeschoben wurden, vorübergehend, wie wir dachten, doch endgültig, wie sich herausstellte.

Unser menschlicher Kontakt beschränkte sich nunmehr — abgesehen von unserem Zimmergenossen, mit dem wir aber infolge der Sprachschwierigkeiten kaum ein Wort wechseln konnten – auf einen indischen Jungen, der für die Japaner kleine Botendienste leistete und den ganzen Tag im Hause herumlungerte. Ungeachtet seiner elf Jahre war er geschäftstüchtig und verschlagen, betrieb einen kleinen Handel und oblag hin und wieder auch der Kuppelei. Den Japanern gegenüber konnte er sich alles herausnehmen, in ihrer sprichwörtlichen Kinderliebe sahen sie ihm alle Ungezogenheiten nach.

Zu seinem Pflichtenkreis gehörten die seltsamsten Verrichtungen. So wurden wir einmal, als wir noch mit den anderen zusammensaßen, Zeugen folgender Szene: Plötzlich erhob sich der Abteilungsleiter von seinem Prunkstuhl, rief dem Jungen zu, er möge schnell die Jodflasche bringen, knöpfte alsdann seelenruhig seine Beinkleider auf, die er zu Boden gleiten ließ, und gebot dem Jungen, seine schmerzende Hinterpartie einzupinseln. Obwohl sich der Vorgang inmitten des vollbesetzten Dienstraumes abgespielt hatte, und immerhin ein Offizier den Hauptdarsteller abgab, dachte sich keiner der Anwesenden auch nur das allergeringste dabei – außer uns selbstverständlich, die wir uns über so viel Unschuld und Natürlichkeit nicht genug wundern konnten.

Dieser selbe Junge nun leistete uns, nachdem wir isoliert worden waren, öfters Gesellschaft und half uns mit seinem altklugen Geplapper die Zeit vertreiben. Als wir uns einmal nach seinen Familienverhältnissen erkundigten, die nicht die besten sein konnten, hatte er eine traurige Geschichte zu berichten. Sein Vater war nämlich einer Metzelei zum Opfer gefallen, einem Pogrom, den die Burmesen in jenen wüsten Tagen, als die Engländer Rangun bereits verlassen hatten, die Japaner aber noch nicht eingerückt waren, unter den Indern veranstaltet hatten, die sie als Ausbeuter und Wucherer haßten. Damals sei überhaupt alles drunter und drüber gegangen: Der Mob habe die Lagerhäuser und Läden geplündert, die Villen der Reichen gebrandschatzt, und zwischen Burmesen und Karenis – einer teilweise christgläubigen Minorität – hätten blutige

Kämpfe getobt. Erst durch die Japaner sei die Ordnung wiederhergestellt worden.

Wenn wir so in unserer Klause auf dem Nagelbrett der Zeit lagen, litten wir an der krankhaften Neigung aller Gefangenen, die über ihr Los im dunkeln gelassen werden, das heißt, wir verfielen der Sucht des Kombinierens und Motivforschens, indem wir uns unablässig fragten, welches die Beweggründe des japanischen Verhaltens wohl sein mochten. Genügend Anregungen zu dieser selbstquälerischen Tätigkeit wurden uns geliefert, und da wir sonst kein Auskunftsmittel besaßen, unterzogen wir jede hingeworfene Bemerkung, jede Gebärde und Maßnahme der Japaner sofort einer radikalen Analyse, um sie, sei es zur Stützung, sei es zur Entkräftung einer unserer Theorien zu verwenden. Die lange Wartezeit, der wir ausgesetzt waren — so lautete beispielsweise eines unserer Forschungsergebnisse —, sei vornehmlich auf die verschwenderische Zeitbewirtschaftung zurückzuführen, wie sie im Osten allgemein üblich ist. Was anderwärts in drei Stunden geklärt und entschieden wird, das braucht östlich von Suez ebenso viele Monate. Angesichts des verschiedenen Zeitmaßstabes hat also Drängen unsererseits gar keinen Sinn; es wird als unverschämtes Querulieren aufgefaßt und führt zu nichts als Verstimmung. Ein anderes deutete auf Scheu vor Verantwortung hin: Niemand mochte es gern auf seine Kappe nehmen, mutmaßliche Spione für Deutsche auszugeben, wie umgekehrt niemand zwei Angehörige einer verbündeten Macht endgültig wie Feinde behandeln wollte. So stand zu erwarten, daß unser Fall mit lauen, eigenen Stellungnahmen immer höheren Instanzen zugeschoben würde, um schließlich einmal in Tokio entschieden zu werden. Und ferner stellten wir auch folgendes einwandfrei fest: Von ihrem Standpunkt aus behandelten uns die Japaner mit Zuvorkommenheit. Sie gaben uns Offiziersrationen, anständige Unterkunft und ließen uns in Ruhe. Alles andere, worüber wir uns ärgerten, war auf Rechnung ihrer besonderen Mentalität oder auf objektives Unvermögen zu setzen. Sie waren nun einmal nach unserer Meinung mißtrauisch, fremdenfeindlich und hartherzig und außerstande, uns europäische Behandlung zuteil werden zu lassen.

Sechs Wochen seit unserer Ankunft in Rangun mochten verstrichen sein, als die Japaner ganz unerwartet verkündeten, daß Weisung vorläge, uns einer neuen Behörde zu übergeben, die alles Weitere veranlassen würde. Wir sollten uns folgenden Tags für den Abmarsch bereit halten. So unbestimmt die Ankündigung auch lautete, und so bestimmt wir damit rechnen mußten, daß unser Fall nun wieder von der neuen Stelle von Anfang an aufgerollt und mit bekannter Zeitvergeudung bearbeitet würde, wir waren doch froh, von der Kempetai freigegeben, aus ihrer Umarmung, die so leicht hätte verhängnisvoll werden können, endlich befreit zu sein. Wahrscheinlich würden wir nun einer zivilen Behörde überantwortet — der japanischen Botschaft in Rangun, wie wir aus früheren Andeutungen und dem kürzlichen Besuch eines mysteriösen Zivilisten, der vermutlich dem Konsulardienst angehörte, glaubten schließen zu dürfen.

Am nächsten Morgen, zur verabredeten Stunde — wir warteten schon beim Hauptportal und wollten uns gerade beglückwünschen, daß wir diesem Orte, wo das Leben so billig war, mit heiler Haut entronnen waren — erschien ein Sendbote des zweiten Stocks, des Offizier-Stockwerks, wo die Vorgesetzten saßen, um uns mitzuteilen, daß im letzten Augenblick Befehl ergangen sei, den früheren Befehl zu widerrufen, also unseren Abtransport nicht durchzuführen, sondern uns weiter unter Verschluß zu halten.

„Wenn die fortfahren, bei jeder Gelegenheit einen neuen Verzögerungssatz einzuschalten, dann kann es noch Jahre dauern, bis wir freikommen!“ meinte Have verdrießlich.

So blieb auch weiterhin unser Verkehr mit der Außenwelt auf den Blick aus unserem Zimmerfenster beschränkt, und das war ein melancholischer Ausblick, denn das Bild, das sich darbot, zeigte den völlig verödeten Flußhafen Ranguns. Wo einst vor dem Kriege Dampfer an Dampfer gelegen hatte, war jetzt nicht mehr ein einziges seetüchtiges Schiff zu erblicken. Möglicherweise hatten die Japaner, um Luftangriffen zu entgehen, ihren Nachschub über einen anderen, unscheinbareren Platz geleitet, aber nach den bisher gewonnenen Eindrücken war das unwahrscheinlich. Nein, hätten unsere Bundesgenossen ihre Versorgung voll aufrechterhalten können, so wäre Rangun der naturgegebene Umschlaghafen gewesen, und da sie ihn nicht benützten, war man zur Annahme gezwungen, daß unsere Verbündeten in Burma bereits völlig von der See abgeschnitten waren.

Vom ersten Tage an, da wir zu den Japanern stießen, hatten wir schon die Vermutung gehegt, daß sie ihre Indienfront mit unzulänglichen Mitteln versorgten, die Grenze des Möglichen schon überschritten, ihre Kräfte überspannt hatten, und wir fanden nun diesen Verdacht vollauf bestätigt. Wir konnten feststellen, daß sie nicht in der Lage waren, die ungeheuren Gebiete, die sie im Fluge erobert hatten, für ihr Kriegspotential auszuwerten, denn das hätte natürlich in erster Linie einen umfangreichen Schiffsverkehr vorausgesetzt. Wie wenn die Japaner uns hätten demonstrieren wollen, auf welche Weise sie das schwere Materialdefizit auszugleichen gedächten, hielten sie in dem toten Hafengelände ihre Truppen zu endlosen Übungen im Bajonettieren an. Von unserem Fenster aus sahen wir täglich, wie die Soldaten mit frenetischem Gebrüll auf Strohpuppen einstachen. Trugschluß, sagten wir uns, daß im modernen Krieg eine Unterlegenheit in der Ausrüstung durch besseren Angriffsgeist oder größere Todesverachtung wettgemacht werden könne.

Tag um Tag verstrich, und schon war fast der zweite Monat mit Abwarten vergangen — da schienen die Dinge unvermutet in Fluß zu kommen. Wir saßen ahnungslos in dem Nebengemach des Büros, in Lektüre vertieft, als der einäugige Dolmetscher, das „Glasauge", hereinstürmte und uns aufforderte, ihm schleunigst in den zweiten Stock zu folgen. Aha, dann war etwas Besonderes zu gewärtigen, denn Besuche im zweiten Stock hatten bisher immer Außerordentliches gezeitigt.

Zu den übelsten Begleiterscheinungen der Gefangenschaft zählt der Umstand, daß man sich an sie gewöhnt. Und ähnlich erging es auch uns, die es beinahe in Ordnung fanden, daß man uns vor den Blicken der Menschen versteckte und in Verschlägen verborgen hielt. Es war daher ohne die geringste Rücksichtnahme auf unsere Gefangenenmentalität, daß man uns plötzlich aus der hermetischen Abkapselung herausriß und vor das grelle Licht der Öffentlichkeit zerrte; denn als wir auf dem zweiten Flur anlangten, drängte man uns durch eine Tür in ein Zimmer, wo wir uns unversehens von einer Schar nachrichtenlüsterner Reporter umringt fanden, die ihre Bleistifte gezückt über den Stenogrammblöcken hielten. Ein bedeutsamer Schritt vorwärts: Man stellte uns vor die Presse! In dem überfüllten Raum befanden sich zwei Sessel, die für uns freigehalten worden waren. Als wir auf sie zugingen, rief einer der Anwesenden, ob wir krank seien, denn das wäre der Eindruck, den wir machten. Nein, antwortete das „Glasauge“ an unserer Statt, nein, wir erfreuten uns durchaus bester Gesundheit.

Wir setzten uns nieder, in dem peinlichen Bewußtsein, daß nun jedes Wort, das über unsere Lippen käme, in die Welt hinausgetragen und zweifellos seinen Weg auch zu den Engländern finden würde. Unter keinen Umständen durften wir daher etwas verlauten lassen, das irgend jemanden im Lager oder außerhalb belasten könnte. „Wir müssen höllisch aufpassen!“ flüsterte mir Have ins halbtaube Ohr. Das Interview begann, indem ein anwesender Offizier, dessen Aufgabe es war, die Reporter an der Kandare zu halten, uns über das „Glasauge“ ersuchte, dem Zuhörerkreis einen Bericht über unsere Flucht zu geben. Ich mußte den Anfang machen und bemühte mich, über Punkte wie die Geldbeschaffung und anderes hinwegzuhuschen, was mir auch gelungen wäre, hätte nicht ausgerechnet das „Glasauge“ den Dolmetscher abgegeben. Denn da er mich seinerzeit verhört hatte, kannte er die Einzelheiten unserer Geschichte sehr genau, bemerkte natürlich meine Auslassungen sofort und verhinderte sie durch entsprechende Rückfragen und eigene Ergänzungen. Have erging es nicht besser.

Wir baten daher zum Schluß den Zensuroffizier, er möge auf die Zeitungsvertreter in dem Sinne einwirken, daß sie gewisse Stellen des Berichtes, die wir bezeichneten, nicht veröffentlichen mögen. Es wurde zugesagt. Als wir am nächsten Tag den Artikel im Ranguner Lokalblatt lasen — man hatte ihn in sensationeller Aufmachung mit einigen Zudichtungen auf der ersten Seite gebracht —, fanden wir, daß nur unsere Namen weggelassen worden waren, worum wir gar nicht gebeten hatten, denn die Namen der beiden Entflohenen waren ja das einzige, was die Engländer über unsere Flucht genau wußten.

Das Interview bedeutete für uns insofern einen Wendepunkt, als wir damit wieder aus der Versenkung auftauchten. Unser Dasein war nicht mehr zu verheimlichen, und mit Fug und Recht durften wir uns sagen, daß die Japaner Leute, die sie für Spione hielten, nicht vor die Presse lassen würden. Sie mußten unseren Aussagen doch schließlich Glauben geschenkt haben, und hiefür einen schlüssigen Anhaltspunkt zu besitzen, war in unserer Lage immerhin einiges wert. Wenn wir uns aber den gleichzeitigen Schluß erlaubten, daß nunmehr unsere Isolierung aufhören werde, so war das eine übereilte Folgerung, denn wir wurden, nachdem man uns kurz vorgezeigt hatte, wieder sorgfältig in das Futteral zurückgesteckt und, genau wie vorher, weggeschlossen.

Doch das Rad des Geschehens war ins Rollen geraten; nun ließ es sich nicht mehr aufhalten: die erneute Abschließung währte nur kurz. Wenige Tage nach unserem Auftreten vor der Presse wurden wir vor den Oberstleutnant mit dem eingepuderten Hals geführt, der uns, unter voller Ausnützung des Elements der Überraschung, eine wichtige Ankündigung machte, eine Ankündigung, die dem langen Schwebezustand, der vor vier Monaten mit dem Ausbruch aus Dehra Dun begann, das lang erhoffte Ende bereitete: Er verkündete uns nämlich, daß wir auf hohe Order hin nach Tokio befördert würden, und zwar auf dem Luftwege. Die Plätze seien schon bestellt, die Abreise wäre auf den dritten Tag, von heute gerechnet, festgesetzt.

Er sagte kein Wort darüber, wie diese Entscheidung zustande gekommen und was die japanische Seite schließlich dazu bewogen hätte, ihren Verdacht gegen uns fallen zu lassen. So haben wir denn nie erfahren, welchem Umstande wir es zu verdanken hatten, daß uns die Japaner mit dem Leben davonkommen ließen. Wir glaubten damals, daß die Auskünfte der von uns bezeichneten Personen den Ausschlag gegeben hätten, doch stellte sich später heraus, daß man an die Betreffenden überhaupt nicht herangetreten war. Unsere Überzeugung, daß die Japaner unübertroffene Meister in der Kunst des Mystifizierens seien, fand somit aufs neue ihre Bestätigung. Der Oberstleutnant erklärte uns noch, daß unsere Absicht, auf kürzestem Wege nach Deutschland zu gelangen, somit nicht verwirklicht werden könne, Außenstellen wie Rangun seien für diese Frage nicht zuständig, er stelle es uns aber anheim, sie in Tokio erneut aufzuwerfen. Jetzt möchten wir nur noch äußern, welchen seiner Kempetai-Leute wir zum Reisebegleiter wünschten, denn ein solcher müsse uns beigegeben werden. Wir nannten unseren Zimmergenossen, eine Wahl, die der Oberstleutnant guthieß.

Die Ereignisse überstürzten sich.

Wir wurden mehrmals zum Impfen geschickt, in viel zu kleine Armeehosen — obwohl es die größten der vereinigten Kleiderkammern von Rangun waren — eingepaßt, wurden, Tanzbären gleich, allen möglichen hohen Offizieren und Stäben vorgeführt, und der Oberstleutnant überreichte uns sogar ein Geldgeschenk. Er genehmigte uns auch, einer Einladung Folge zu leisten, die von Subhas Chandra Bose an uns ergangen war, dem indischen Freiheitskämpfer, dessen Hauptquartier, als des Oberstkommandierenden der INA, sich damals in Rangun befand. Bis in die frühen Morgenstunden blieben wir mit ihm und seinen engsten Mitarbeitern beisammen. Bose, den wir schon bei der ersten Begegnung sehr schätzen lernten, zeigte besonderes Verständnis für unsere Lage, da er ja selbst vor den Engländern aus Indien geflohen war. Er litt darunter, daß die Japaner ihm mißtrauten, woraus er uns gegenüber kein Hehl machte, und schien mit ihnen einen verbissenen, aber wohl aussichtslosen Kampf um seine Selbständigkeit zu führen. Mit den Indern zu sprechen tat uns wohl; wir wurden endlich wieder eines echten Kontakts mit anderen Menschen teilhaftig. Zu Bose durften wir ohne Begleitung gehen, doch am Eingang des Kempetai-Gebäudes saß die ganze Nacht wartend ein Beauftragter, der uns wieder in Empfang nehmen sollte. Er schien schon ganz verstört, weil wir erst kurz vor Sonnenaufgang zu seinem Warteplatz zurückkehrten.

In unserer Stube erhielten wir am laufenden Band Besuch. Es kamen meist Soldaten, die ihren Angehörigen in Japan etwas mitschicken wollten, außer Briefen bezeichnenderweise eine mit dem kaiserlichen Chrysanthemen-Wappen versehene Geschenkpackung Zigaretten, die der Tenno unter seine Truppen hatte verteilen lassen, und die nun von den Beglückten als greifbares Unterpfand allerhöchster Gnade nach Hause gesandt wurde, um dort ihren Platz am Hausaltar einzunehmen.

Unser armer Reisebegleiter war diese letzten Tage ganz aus dem Häuschen. Seit drei Jahren war er nicht mehr in Japan gewesen und sollte nun unverhofft dorthin gelangen, im Flugzeug sogar, er, der nie geflogen war. Die letzten Nächte schloß er kein Auge, zog Auskünfte ein über die Zwischenlandungsplätze Bangkok — Saigon — Taihoku, verstärkte durch emsige Nadelarbeit sämtliche Nähte seiner Uniform, packte beständig das Reisebündel um, von Zeit zu Zeit ein Auge auf seine beiden Schutzbefohlenen werfend, für die er sich jetzt hätte in Stücke hauen lassen; denn sein Auftrag lautete nunmehr, sie unversehrt nach Tokio zu geleiten, und er war mit einem heiligen Ernst, als hätte sein oberster Kriegsherr persönlich ihn damit betraut, entschlossen, ihn auszuführen.

Mehrfach schon, in verschiedenen Abwandlungen, hatten wir die Empfindung gehabt, frei zu sein. Zum erstenmal seinerzeit, als der Ausbruch gelungen war und wir uns plötzlich, bestürzt und benommen, außerhalb des Lagers fanden — im Freien zwar, aber noch nicht frei. Dann in Kalkutta, wo unser Eintauchen in das Getriebe der Großstadt den Besitz der Freiheit fast vollkommen vortäuschte, doch nicht so vollkommen, daß wir nicht gewußt hätten, ihr Genuß sei kurzlebig und erschlichen, allenfalls nur eine Vorwegnahme künftiger Rechte. Und später wiederum, beim Übertritt auf die japanische Seite, kosteten wir Befreiungsfreuden aus, berechtigterweise diesmal, wenn auch ihre Voraussetzungen nicht anerkannt wurden, so daß wir zwar frei waren, aber von der Freiheit keinen Gebrauch machen konnten. Das erstemal, endlich, daß wir uns als freie Männer betrachten durften, war am letzten Morgen in Rangun, als wir vom Hauptquartier der Kempetai abfuhren. Es war daher in gehobener, feiertäglicher Stimmung, daß wir auf dem Flugplatz anlangten.

Die Flugmotoren dröhnten ... Langsam setzte sich die Maschine, die uns nach Japan bringen sollte, in Bewegung ... Der Oberstleutnant der Kempetai und ein Oberst vom Generalstab der Burma-Armee, die zu unserer Verabschiedung auf den Flugplatz gekommen waren, standen reglos wie kleine Steinfiguren, die Hand an der Mütze. Wir winkten ihnen zurück ...

Als das schwere Flugzeug sich in die Luft erhob, allmählich an Höhe gewinnend, saßen wir nachdenklich und still auf unseren Sitzen. Soviel Unwahrscheinliches, Außergewöhnliches hatte sich ereignet — wir waren noch ganz benommen davon.

Es war keine gewöhnliche Erfahrung, die uns die Flucht vermittelt hatte, kein Abenteuer im üblichen Sinne — es war ein Grenzerlebnis, etwas, das macht, daß man ein anderer wird, als man vorher war. Sie hatte alte Vorstellungen zerstört, an überkommenen Maßstäben gerüttelt — denn was bedeutete jetzt Wirklichkeit? Was war real, was Traum? Wo war die Trennungslinie zu ziehen?

FINALE IN FERNOST

Wer sich einmal dem Ungewissen überantwortet hat, wie wir es damals durch unseren Ausbruch aus der Zwangsordnung von Dehra Dun getan hatten, der erwarte nicht gleich wieder die Herrschaft des Alltäglichen, denn eine geraume Weile hält die Zauberkraft des Ungewöhnlichen, das heraufbeschworen wurde, an. So dünkte es uns phantastisch, planwidrig und doch wieder selbstverständlich, auf dem Wege nach Japan zu sein, der fernen Insel der Blüten und Schwerter. Wir, über die beschlossen schien, daß wir ortsfest für die Dauer des Krieges bleiben sollten, flogen hoch im tropischen Ätherblau einem Lande entgegen, das uns auch in unseren verwegensten Erwartungen als unerreichbar erschienen war.

Der Golf von Martaban zog sich unter uns hin, aber schon zeichnete sich der Küstensaum des Festlandes ab, aus dem weiter im Süden die Malaiische Halbinsel hervorgeht. Welche Helle und welche Transparenz der wolkenlosen Atmosphäre! Tief drunten eine selige Märchenwelt: das türkisfarbene Meer, durchsichtig bis auf den Grund — weißgelb das schmale, geschwungene Band des Uferstreifens, der das grüne Gewühl, den Vegetationsüberschwang des Bergdschungels, von der spiegeligen Glätte der Andamanischen See trennt. Trotz der großen Flughöhe kann man jede Einzelheit erkennen, jede Palmhütte am Strand, jedes Kanu. Schon fliegen wir über Urwälder, unwirtliche Bergketten und unbewohnte Täler hinweg. Wie verlockend geben sie sich aus dieser Höhe! Unerklärliche Anwandlungen befallen hier oben den der Natur entfremdeten Zivilisationsmenschen. Man möchte in die große, heilende Stille tauchen und dort unten von vorne beginnen.

Nun wurden die Lichtungen häufiger, von einzelnen Baumhütten bestanden; hier und dort zeichneten sich die ersten Äcker als kleine Rechtecke ab; dann folgte rasch der Übergang zum Flachland und zu dörflichen Siedlungen, um die sich, wie kleine, blinkende Spiegel, die bewässerten Reisfelder breiteten. Wir näherten uns dem Flußgebiet des Menam, an dem Bangkok liegt.

Der Weiterflug nach Saigon sollte erst am nächsten Morgen erfolgen, es blieb uns ein halber Tag für die siamesische Hauptstadt. In praller Sonne, an bunten Stupas und Tempelanlagen vorbei, durch ein Gewirr von Kanälen, auf denen zahllose Hausboote wimmelten, führte unser Begleiter seine Schutzbefohlenen in eine Unterkunft der Kempetai und bat sie — es war früh am Nachmittag —, abends um zehn wieder bei ihm in der Baracke zu sein. Wir telephonierten sofort mit der deutschen Gesandtschaft und meldeten dort unseren Besuch an. Man nahm uns wie verlorene Söhne auf und lud uns ein, vor einem kleinen Kreis geladener Gäste die Geschichte unserer Flucht zu erzählen. An diesen ersten Kontakt schloß sich eine Reihe freundschaftlich-festlicher Einladungen. Überall verwöhnte und beschenkte man uns nach Kräften, und die Familie des Gesandten machte in liebenswürdigster Weise den Anfang. Allerdings versetzten wir ihr auch einen gelinden Schock: auf einen Sitz verzehrten wir ihre sämtlichen Schinken- und Spargelvorräte.

Am frühen Morgen flogen wir wieder, als die drei einzigen Passagiere, in der zweimotorigen Mitsubishi hoch über unberührten Dschungeln weiter nach Osten, Indochina zu. Aus zartem Morgendunst, der die Täler verhüllte, hoben sich Kette um Kette dichtbewachsener Kuppen und Gipfel. Zur Linken, unsichtbar in der Ferne, verbarg sich im Dschungel Angkor, die Tempelstadt; denn wir befanden uns bereits über Kambodscha, dem indochinesischen Königreich, das vor einem halben Jahrtausend die Khmer beherrschten, von denen die Tempelbauten stammen.

Lange noch vor Saigon ging das Flugzeug auf niedrige Höhe herab, in die dampfigen Glutschichten, die über dem dichtbesiedelten Delta des Mekong lasten. Wir schossen nahe über den Wasserflächen der Reisfelder und Moraste hin, die hier, wo es keine Wälder mehr gibt, alles bedecken. Der Boden, über den der Schatten des Flugzeugs pfeilschnell huschte, glänzte lehmig-braun, sonst stach nur das Strohgelb der Hütten hervor. Man spürte, wie die giftige Schwüle des Deltas auch langsam in die Kabine eindrang.

In Saigon wünschten die Japaner nicht, daß den französischen Behörden unsere Ankunft bekannt würde. Ein japanischer Offizier holte uns am Flugplatz ab und brachte uns in einer geschlossenen Limousine in ein Hotel, das die Japaner beschlagnahmt hielten. Er verabschiedete sich mit der Bitte, wir möchten in Saigon zurückhaltend auftreten und den Kontakt mit den Franzosen meiden. Wir befolgten diesen Wunsch und sahen nur einige Deutsche, die zu jener Zeit in Saigon lebten.

Beim Betreten des Hotelzimmers fuhr ich zusammen. Was ich plötzlich vor mir sah, war mein eigenes Bild in voller Länge im Spiegel. Das war mir seit Jahren nicht widerfahren, denn im Camp besaßen wir nur kleine Handspiegel. Nun war plötzlich wieder die ganze Gestalt beisammen! Ich eilte, Have von meiner Begegnung mit mir selbst zu berichten und öffnete die Verbindungstür zu seinem Zimmer. Doch mochte ich ihn dann nicht stören: Er saß vor dem Frisiertisch und stellte die Seitenspiegel ein, um sich dem langentbehrten Genuß der Betrachtung seines Profils hinzugeben ...

Der nächste Flugabschnitt sollte uns bereits in die Nähe Japans bringen, nach Formosa. Das asiatische Festland lag rasch hinter uns, wir flogen über die südchinesische See. Es kam uns sehr willkommen, daß man für unsere Beförderung nach Japan den Luftweg gewählt hatte, denn die Schiffsverbindungen waren sehr unsicher geworden. Doch jetzt, da wir über offenem Meer flogen, in einem Bereich, wo feindliche, auf Flugzeugträgern stationierte Jäger uns hätten anfallen können, schien mir auch das Flugzeug kein sicheres Transportmittel mehr. Besorgt spähte ich nach einem Angreifer aus und fand es dann ärgerlich, daß die Jalousien an den Fenstern herabgelassen wurden.

Nach einer Weile landeten wir zum Tanken auf einer kleinen Insel, von der wir indes den Namen nicht erfahren konnten. Die Fenster blieben verhängt, bis wir hoch in den Lüften und längst außer Sichtweite des Stützpunkts waren.

Nach mehreren Stunden ununterbrochenen Fluges durch unheimliche Wolkenmassen gingen die Jalousien wieder herunter, und kurz darauf setzte die Maschine auf dem Flugfeld von Taihoku, der Hauptstadt von Formosa, auf. Im Auto fuhren wir rasch an den Stadtrand hinaus, wo unser Begleiter uns zu einem Gästehaus der Kempetai brachte. Es war ein zierliches japanisches Häuschen, wie alle ohne Schornstein und ohne Keller, die Räume ganz leer, mit reinlichen Matten aus Reisstroh bedeckt, Schiebetüren statt Fenstern, das Gitterwerk mit durchscheinendem Papier beklebt. Japanische Mädchen warteten uns auf. Die fröhlichen, kugelrunden Dinger wußten sich vor Lachen nicht zu fassen, als die beiden Riesen tolpatschig in den Puppengemächern umherstampften. Beim Lachen hielten sie sich die Hand vor den Mund wie wir beim Gähnen.

Am nächsten und vierten Tage unseres Fluges betraten wir schließlich den Boden Japans, den heiligen Boden der „Insel der Götter". Um die Mittagsstunde gingen wir in Fukuoka nieder, auf Kiuschu, der südlichsten Insel des Kaiserreiches.

Es gibt wohl kaum ein Land der Erde, das es mit der Schönheit Japans aufnehmen kann. Der Zauber des Landes nahm uns denn auch auf der Reise nach Tokio, die nun mit der Bahn fortgesetzt wurde, sogleich gefangen. Der Expreß fuhr lange Strecken an der gebirgigen Ostküste, unmittelbar am Meer entlang, vorbei an Halbinseln, Vorsprüngen, an kleinen und großen Buchten, übersät mit unzähligen Felseninselchen, die kaum Platz für einige Schirmkiefern boten. Er jagte durch Schluchten, die immer neue, überraschende Durchblicke auf abenteuerliche Felsgebilde und Wasserstürze gewährten.

Vor Sonnenuntergang tauchte zwischen den Bergen der regelmäßige Kegel des heiligen Fudschi, des alten, erloschenen Feuerberges auf. Seine Spitze war jetzt, im Frühherbst, schneefrei; im Licht der sinkenden Sonne überzog sie ein blasses Violett. Bis Tokio war es nun nicht mehr weit. Bald fuhren wir in die Hauptstadt ein. Auf dem Bahnsteig erwarteten uns einige Vertreter der Deutschen Botschaft und zwei Offiziere der Deutschland-Abteilung des japanischen Generalstabes. Unser Kempetai-Begleiter aus Rangun machte in der Bahnhofshalle noch eine letzte, sehr tiefe, sehr lange Verbeugung und zog sich endgültig zurück.

Aber was wir als vorübergehenden Aufenthalt, als kurzen Fluchtstop auf dem Wege nach Hause eingeschätzt hatten — unseren Besuch in Japan —, sollte sich auf volle drei Jahre ausdehnen. Denn zu jenem Zeitpunkt erwies sich unsere Rückkehr nach Deutschland bereits als undurchführbar.

In Tokio, wo wir erst als Gäste in den benachbarten Häusern zweier deutscher Botschaftsattachés und später im Hause des Botschafters wohnten, hießen wir nur „die beiden Flüchtlinge", und jedermann behandelte uns mit Wohlwollen. Auch die Japaner nahmen sich freundlich der Ausreißer an, doch schienen sie beleidigt, daß wir beim Überschreiten ihrer Frontlinie in Burma nicht von ihren Soldaten erschossen worden waren.

Bis zu dem Punkt, da wir vor ihre Linien gelangten, gefiel ihnen unsere Fluchtgeschichte ausgezeichnet, aber daß wir dann unentdeckt an ihren Schützen vorbeigewischt und nicht zur Strecke gebracht worden waren, kränkte sie anscheinend tief.

Es war bereits Anfang September 1944, als wir in Tokio eintrafen. Japan mußte damals die ersten empfindlichen Rückschläge hinnehmen: Die Amerikaner hatten den äußeren Perimeter der japanischen Verteidigung durchbrochen und drangen in großen Sprüngen von Insel zu Insel näher an das Stammland heran. Japan verlor die Luft- und Seeherrschaft in seinem ausgedehnten Machtgebiet. Es war eine Zeit wachsender Beklommenheit.

Wir mußten uns also auf einen längeren Aufenthalt einrichten, eine Beschäftigung und ein Einkommen suchen. Bei den deutschen Firmen war kein Platz mehr, auch bei der I.-G.-Vertretung nicht; im Vergleich zu den ihnen verbliebenen Aufgaben waren sie überbesetzt. Auch eine Reise nach Schanghai, die wir nun auf den Rat des deutschen Botschafters unternahmen, um festzustellen, ob wir nicht dort eine geeignete Betätigung finden könnten, hatte nicht den gewünschten Erfolg. Aber sie bot uns Gelegenheit, China zu sehen.

Im Februar 1945 kehrten wir nach Tokio zurück. Wir mieteten dort gemeinsam ein kleines Haus; eine alte japanische Amah versah unseren Haushalt. Wir hatten nun bei der Deutschen Botschaft eine Beschäftigung gefunden und waren bis auf weiteres verankert.

Die Amerikaner hatten sich inzwischen vom Südosten her Japan so weit genähert, daß sie von der Insel Saipan aus mit schweren Luftbombardements beginnen konnten. In den folgenden Wochen und Monaten heulten wieder und wieder die Sirenen, und die Fliegerangriffe mehrten sich. Dichtbewohnte Viertel Tokios gingen in Flammen auf; die Amerikaner warfen nur Brandbomben ab — bei den japanischen Holzhäusern, die wie Zunder brannten, das wirksamste Mittel, um ganze Stadtteile einzuäschern. Auch hunderttausende Menschen kamen dabei ums Leben.

Es kam der Tag, der die Nachricht von der Kapitulation Deutschlands brachte. Die japanische Regierung zieh Deutschland der Untreue und äußerte sich abfällig über seinen Waffengefährten. Doch der einfache Mann zeigte sich verständnisvoller, ja bekundete Mitleid. Ein deutsches Ehepaar, das draußen in der Provinz lebte, erhielt in diesen Tagen von japanischen Bekannten als Zeichen der Teilnahme einen Fliederzweig mit den Worten überreicht, wie sie nur Japaner finden können: „Es ist jetzt die Zeit, wo in deiner Heimat der Flieder blüht —."

Jedes Volk scheint viele Gesichter zu haben, und der Krieg stellt sein häßlichstes ins Scheinwerferlicht. Wir hatten das ungute Antlitz Japans im burmesischen Frontgebiet kennengelernt und entdeckten nun allmählich sein liebenswertes mit den freundlichen Zügen: seine braven, treuherzigen Bauern und Fischer, die in innigstem Einklang mit der Natur lebten, seine gesitteten Mädchen und Frauen mit dem sanftmütigen Wesen, das Reinliche, Geläuterte aller japanischen Lebensformen und den mondenen Glanz, der über allem echt Japanischen liegt.

Für Japan begann nun die Zeit der schweren Prüfungen. Die Amerikaner verstärkten ihre Luftangriffe, und Ende Mai war Tokio wieder das Ziel einer Luftarmada, die über den Pazifischen Ozean heranflog. In jener Nacht wurde auch die deutsche Botschaft zerstört.

Wir hausten in einer verödeten, geisterhaften Stadt, denn Tokio wurde von Zivilisten allmählich verlassen. Have und ich verbrachten die Tage auf dem Botschaftsgelände, wo sich ein großer Bunker befand.

An einem tropisch warmen, drückenden Augusttag, als wir wieder einmal im Botschaftskeller saßen, kam eiligen Schrittes ein Beamter des Kaiserlichen Ministeriums des Auswärtigen, ein guter Bekannter von uns, in unser Trümmerkontor hereingestürmt. Bei seinem Eintritt geschah es zum erstenmal, daß ich auf dem Gesicht eines Japaners deutliche Zeichen der Bestürzung erkannte. Doch er zwang sich zu einem Lächeln, als er hervorstieß: „Etwas Ungeheures ist soeben geschehen. Die Amerikaner haben über einer unserer Städte, Hiroschima, eine neuartige Bombe abgeworfen. Die ganze Stadt ist vernichtet, durch eine einzige Bombe! Ich habe eben Truman über das Radio gehört —. Er sagte, es sei die Atombombe!" ...

Es kam der Tag des 15. August 1945. Für die Mittagsstunde war in Tokio etwas sehr Ungewöhnliches angesagt: eine Radioansprache des Tenno Heika, des Kaisers, an die Nation. Noch nie hatte er über den Rundfunk gesprochen, und jeder erwartete eine entscheidende Ankündigung. Als die kurze Ansprache beendet war, baten wir einen ehemaligen Dolmetscher der Botschaft, uns den Inhalt der Rede des Tenno mitzuteilen. „Der Kaiser hat befohlen, den Krieg zu beenden", sagte er. Die Kapitulation Japans war damit ausgesprochen.

Als ein Glück sollte es sich für Japan erweisen, daß seine Kapitulation in die Jahreszeit der schweren Stürme, in die Zeit der Taifune fiel. Denn das zwang die Amerikaner, ihre Landung um einige Wochen aufzuschieben und gab den Japanern eine kurze Frist, sich zu beruhigen und innerlich auf die Begegnung mit dem Sieger vorzubereiten. Es ereignete sich ja das allererste Mal in seiner langen Geschichte, daß Japan von einem fremden Eroberer besetzt wurde. Noch nie hatte ein Feind Nippons Boden betreten.

Die Ankunft der Amerikaner veränderte auch unser Leben in mancherlei Hinsicht. Als unsere Unterkunft von der US-Armee benötigt wurde, schob man uns erst nach Hakone, dann nach Atami ab, einem bezaubernden, unverfälscht japanischen Städtchen an der Ostküste, etwa 50 Kilometer südlich von Tokio. Für die Dauer von anderthalb Jahren wurde dort ein japanisches Hotel unser Wohnsitz.

Alsbald nach der Landung der Amerikaner stand fest, daß sie die Mehrzahl der Deutschen aus Japan entfernen würden. Der Zeitpunkt der Repatriierung blieb jedoch unbestimmt; Termine, die gerüchtweise verlauteten, wurden immer wieder verschoben. Jedenfalls blieben Have und ich mit einer Handvoll Deutscher und einigen Achsendiplomaten gleichsam auf Abruf in Atami, wo wir auf Kosten der japanischen Regierung — diese Regelung hatten die amerikanischen Besatzungsbehörden den Japanern auferlegt — als Vollpensionäre das Hotel Mampei bewohnten — bei rasch kleiner werdenden Rationen.

In Atami, in unserer erzwungenen Muße, kamen wir in enge Berührung mit dem eigentlichen, dem unverdorbenen Japan. Wir machten dabei die erstaunliche Entdeckung, daß es auf dieser Welt noch ein großes Volk gibt, das ganz im Dienste des Schönen lebt. In allem unterwirft es sich strengen ästhetischen Normen: beim Bau der Häuser, der Herstellung von Gerät, in der Kleidung und in seinen Umgangsformen. Man kann, ohne sehr zu übertreiben, sagen, daß einem im echt japanischen Milieu kaum etwas Geschmackloses oder Häßliches vor Augen kommt.

Es mehrten sich die Anzeichen, daß unsere Rückführung nach Deutschland in absehbarer Zeit erfolgen würde. Als Tag der Abreise wurde schließlich der 17. August 1947 bestimmt. Die Japaner zeigten durch viele Beweise der Anhänglichkeit, daß sie uns gut gesinnt seien und auch nach der räumlichen Trennung die Freundschaft bewahren wollten.

Auf dem Bahnhof fand sich eine große Schar Japaner ein, um den scheidenden Deutschen gute Reise zu wünschen. Dann forderte der amerikanische Begleitoffizier zum Einsteigen auf, und wenige Augenblicke später rollte der Sonderzug zum Bahnhof hinaus. In Jokohama nahm uns der „General Black“ an Bord. Als wir an der Insel entlangfuhren, zeigte sich noch einmal der Gipfel des Fudschi — nach dem Volksglauben ein Zeichen, daß wir Japan wiedersehen würden.

Nach einer Reise von 45 Tagen erreichten wir die Heimat, das eigentliche Ziel unseres Unterfangens, das in Dehra Dun vor mehr als drei Jahren seinen Anfang genommen hatte. Wie anders kam alles, als wir dachten! Und welche Ironie schien es jetzt, daß unsere Kameraden aus dem Lager fast ein ganzes Jahr vor uns — die wir es so eilig hatten — zu Hause eingetroffen waren.

„Der Stacheldraht scheint eine seltsame Anziehungskraft auf uns auszuüben“, lachte Have, als wir im Repatriierungslager

Ludwigsburg, einer amerikanischen Auffangstätte für rückgeführte Auslandsdeutsche, wieder einmal auf der falschen, der inneren Seite einer Lagerumzäunung standen.

Man hätte glauben können, die Engländer hätten uns doch noch überlistet...

INHALT

Rolf Magener, um 1930

NACHWORT

Diesen Bericht habe ich zunächst nur für mich selbst geschrieben, weil ich erforschen wollte, weshalb dieses aberwitzige Unterfangen, eine Flucht quer durch Südostasien, gelingen konnte. Wie war es möglich, dass die lange Glückskette bis zum Schluss nicht ein einziges Mal riss? Rational lässt es sich nicht erklären. Denn mit dem Fluchtentschluss hatten wir uns auf eine Partie mit dem Ungewissen eingelassen. Und mit dem ersten Schritt ins Freie lieferten wir uns endgültig der Tücke des Unberechenbaren aus. Jetzt war alles möglich: Das Geschick, indessen, entschied für den unwahrscheinlichsten, uns günstigsten Fall, für die Überwindung der Nullchance des Entkommens. Das war's, va banque war's, und es bleibt ein Rätsel immerdar.

Sicher hat der Bluff-Effekt zum Erfolg beigetragen – der Bluff nämlich, dass wir uns – es scheint täuschend echt – als Engländer darstellten und damit den unverletzlichen Status kolonialherrschaftlicher Personen erlisteten. Das galt für das Fortkommen in Indien.

Im Dschungel war das anders. Dort war es eine Art Selbstüberbietung unserer Kräfte – mehr Körper als Kopf – die uns vorantrieb. Dass uns keine Fehler unterliefen, lag wohl daran, dass wir uns in einem Dauerzustand höchster Konzentration befanden. Diese brachte, wie von selbst und blitzschnell, die

Abwehr des finalen Schlages. So kam es zu dem sich immerfort wiederholenden Schema des Fluchtverlaufes: Erst vorsichtige Fortbewegung – dann plötzlich herandrohende Krisis – erfolgreiches Ausweichen – Blick in den Abgrund – Erstaunen über Vermeiden des Absturzes – tiefes Durchatmen – weiterbewegen. So geschah es wieder und immer wieder.

Ich komme zu Have : An meiner Seite marschierte ein Mensch, ein furchtloser, siegeslauniger Draufgänger. Er liebte die Gefahr, die seine Kräfte steigerte, überwand Hindernisse lächelnd und wie im Spiel. Es langweilte ihn, wenn die Atmosphäre nicht knisterte. Ohne ihn, meinem Herzensbruder, und seine Schnellkraft, säße ich heute noch in Dehra Dun.

Auch der tägliche Umgang im Lager mit Heinrich Harrer – wir übten Leichtathletik über Monate zusammen und wurden enge Freunde – brachte durch seine Wildheit, mit der er unablässig nach draußen drängt, meine inneren Triebwerke in Bewegung.

Blicke ich heute zurück auf mein Leben, erscheint mir die gelungene Flucht als Höhepunkt meiner Existenz. Nichts kann daneben bestehen, es bleibt im Vergleich blass und zweitrangig. Nach Rückkehr wurde mein Maßstab für eigenes Vollbringen strenger, man erwartete wohl auch mehr von mir; wetteiferte ich mit anderen, so hatte ich, wenn es enger wurde, stets eine geheime Reserve im Hintergrund: die Ungeheuerlichkeiten des Bergdschungels.

Auch für mich gilt die Einsicht, dass der Mensch gerade solche Wagestücke für besonders wichtig hält, die er sich eigentlich nicht zugetraut hat.

Rolf Magener, im März 2000

DIE FLUCHTROUTE VON MAGENER UND HAVE